Leben leben

Lehrerband

Ausgabe Baden-Württemberg

Götz Distelrath
Andreas Höffle
Dr. Anita Rösch
Felix Stadtfeld
Cornelia Vetter

Ernst Klett Verlag
Stuttgart · Leipzig

INHALT

Einleitung — 5

1 Ethik – ein neues Fach — 7
1. Übersicht Themen – Kompetenzen – Lernaufgaben — 7
2. Didaktischer Leitfaden — 7
3. Aufgabencheck — 7
4. Durchführung der Unterrichtseinheit — 11
5. Medientipps — 11

2 Wer bin ich? — 12
1. Übersicht Themen – Kompetenzen – Lernaufgaben — 12
2. Didaktischer Leitfaden — 12
3. Bildungsplanbezug — 13
4. Tipps zum Umgang mit der Lernaufgabe – Jemandem den Spiegel vorhalten — 14
5. Umgang mit der Kompetenzseite — 14
6. Aufgabencheck — 15
7. Durchführung der Unterrichtseinheit — 21
8. Medientipps — 22
9. Bewertungsbogen — 23

3 Frei und verantwortl-ICH — 24
1. Übersicht Themen – Kompetenzen – Lernaufgaben — 24
2. Didaktischer Leitfaden — 24
3. Bildungsplanbezug — 25
4. Tipps zum Umgang mit der Lernaufgabe – Eine Diskussion führen und auswerten — 26
5. Umgang mit der Kompetenzseite — 27
6. Aufgabencheck — 27
7. Durchführung der Unterrichtseinheit — 34
8. Medientipps — 35
9. Bewertungsbogen — 36

4 Chancen für eine gerechte Welt — 37
1. Übersicht Themen – Kompetenzen – Lernaufgaben — 37
2. Didaktischer Leitfaden — 37
3. Bildungsplanbezug — 38
4. Tipps zum Umgang mit der Lernaufgabe – Ein Lernplakat gestalten — 39
5. Umgang mit der Kompetenzseite — 39
6. Aufgabencheck — 39
7. Durchführung der Unterrichtseinheit — 45
8. Medientipps — 46
9. Bewertungsbogen — 47

5 Miteinander statt gegeneinander — 48
1. Übersicht Themen – Kompetenzen – Lernaufgaben — 48
2. Didaktischer Leitfaden — 48
3. Bildungsplanbezug — 49
4. Tipps zum Umgang mit der Lernaufgabe – Die Auswahl eines Unworts des Jahres begründen — 50
5. Umgang mit der Kompetenzseite — 51
6. Aufgabencheck — 51
7. Durchführung der Unterrichtseinheit — 60
8. Medientipps — 61
9. Bewertungsbogen — 62

6 Streiten will gelernt sein — 63
1. Übersicht Themen – Kompetenzen – Lernaufgaben — 63
2. Didaktischer Leitfaden — 63
3. Bildungsplanbezug — 64
4. Tipps zum Umgang mit der Lernaufgabe – Eine Fotostory mit zwei Konfliktverläufen gestalten — 65
5. Umgang mit der Kompetenzseite — 65
6. Aufgabencheck — 66
7. Durchführung der Unterrichtseinheit — 72
8. Medientipps — 73
9. Bewertungsbogen — 74

7 Vernetzt — 75

1. Übersicht Themen – Kompetenzen – Lernaufgaben — 75
2. Didaktischer Leitfaden — 75
3. Bildungsplanbezug — 76
4. Tipps zum Umgang mit der Lernaufgabe – Kopfstand-Texte schreiben — 77
5. Umgang mit der Kompetenzseite — 77
6. Aufgabencheck — 77
7. Durchführung der Unterrichtseinheit — 84
8. Medientipps — 85
9. Bewertungsbogen — 86

8 Genug ist (nicht?) genug! — 87

1. Übersicht Themen – Kompetenzen – Lernaufgaben — 87
2. Didaktischer Leitfaden — 87
3. Bildungsplanbezug — 88
4. Tipps zum Umgang mit der Lernaufgabe – Einen Flyer für ein Projekt gestalten — 89
5. Umgang mit der Kompetenzseite — 89
6. Aufgabencheck — 89
7. Durchführung der Unterrichtseinheit — 97
8. Medientipps — 97
9. Bewertungsbogen — 98

9 Wie gehen wir mit Tieren um? — 99

1. Übersicht Themen – Kompetenzen – Lernaufgaben — 99
2. Didaktischer Leitfaden — 99
3. Bildungsplanbezug — 100
4. Tipps zum Umgang mit der Lernaufgabe – Eine Tierschutzampel erstellen — 100
5. Umgang mit der Kompetenzseite — 101
6. Aufgabencheck — 101
7. Durchführung der Unterrichtseinheit — 107
8. Medientipps — 108
9. Bewertungsbogen — 109

10 Mensch, Natur, Technik — 110

1. Übersicht Themen – Kompetenzen – Lernaufgaben — 110
2. Didaktischer Leitfaden — 110
3. Bildungsplanbezug — 111
4. Tipps zum Umgang mit der Lernaufgabe – Ein Fotoheft erstellen — 112
5. Umgang mit der Kompetenzseite — 112
6. Aufgabencheck — 113
7. Durchführung der Unterrichtseinheit — 119
8. Medientipps — 120
9. Bewertungsbogen — 121

11 Religion in unserer Gesellschaft — 122

1. Übersicht Themen – Kompetenzen – Lernaufgaben — 122
2. Didaktischer Leitfaden — 122
3. Bildungsplanbezug — 123
4. Tipps zum Umgang mit der Lernaufgabe – Ein Gedankenexperiment durchführen — 124
5. Umgang mit der Kompetenzseite — 124
6. Aufgabencheck — 124
7. Durchführung der Unterrichtseinheit — 131
8. Medientipps — 132
9. Bewertungsbogen — 133

12 Wenn sich meine innere Stimme meldet … — 134

1. Übersicht Themen – Kompetenzen – Lernaufgaben — 134
2. Didaktischer Leitfaden — 134
3. Bildungsplanbezug — 135
4. Tipps zum Umgang mit der Lernaufgabe – Ein Tagebuch der Entscheidungen führen — 136
5. Umgang mit der Kompetenzseite — 136
6. Aufgabencheck — 137
7. Durchführung der Unterrichtseinheit — 146
8. Medientipps — 147
9. Bewertungsbogen — 148

Einleitung

Der 2016 in Kraft getretene Bildungsplan entwickelt die Kompetenzorientierung, wie sie 2004 bereits angelegt wurde, konsequent weiter. Ausdrücklich zielt er auf „eine systematische individuelle Förderung als Grundlage für einen angemessenen Umgang mit Heterogenität".[1]

Ausgangspunkt der Überlegungen ist die Beobachtung, dass unsere Lerngruppen zunehmend heterogener werden. Dies gilt für alle Schulformen und Fächer, ist jedoch in ganz fachspezifischer Weise im Ethikunterricht zu beobachten. Die Lernenden im Fach Ethik zeichnen sich neben der allseits zu beobachtenden Leistungsheterogenität zusätzlich durch eine Heterogenität im Hinblick auf nationale Herkunft, Muttersprache und Religionszugehörigkeit aus.

Um den individuellen Lernprozess zu begleiten, wurden für die Hauptfächer vom Landesinstitut für Schulentwicklung sogenannte Kompetenzraster erstellt. Kompetenzraster dienen dazu, die Schülerleistungen individuell zu bewerten – aus Schüler- und/oder Lehrersicht. Sie begreifen Lernen als Prozess, legen einen Fokus auf die Progression und damit auf die Förderbarkeit von Kompetenzen.

Für das Fach Ethik hat der Klett Verlag, orientiert am neuen Bildungsplan Ethik, ebenfalls Kompetenzraster erstellt. Die prozessbezogenen Kompetenzbereiche des Bildungsplans wurden in Kompetenzen differenziert.[2] Sie gliedern sich wie folgt:

Wahrnehmen und sich hineinversetzen	Wahrnehmungskompetenz Perspektivübernahme Empathie
Analysieren und interpretieren	Textkompetenz (Texte verstehen, Texte verfassen) Sprache untersuchen Interdisziplinär arbeiten Konflikte lösen
Argumentieren und reflektieren	Argumentieren Reflektieren Diskurse führen
Beurteilen und (sich) entscheiden	Moralisches Argumentieren Ethisches Urteilen

Leben leben führt die „prozessbezogenen Kompetenzen, die sich aus der Zielbeschreibung des Ethikunterrichts, der ethisch-moralischen Urteilsbildung in praktischer Absicht, ergeben"[3], mit den stufenspezifischen inhaltsbezogenen Kompetenzen in den einzelnen Schulbuchkapiteln zusammen. Jedes Schulbuchkapitel fördert also explizit eine prozessbezogene Kompetenz, indem diese auf ein Thema des Bildungsplans angewendet wird.

Prozessbezogene Kompetenzen

- Wahrnehmen und sich hineinversetzen
- Analysieren und interpretieren
- Argumentieren und reflektieren
- Beurteilen und (sich) entscheiden

Freiheit
Gerechtigkeit
Verantwortung

ethisch-moralische Urteilsbildung in praktischer Absicht

Inhaltsbezogene Kompetenzen

Ich und Andere · Konflikte und Gewalt · Medien und Wirklichkeiten · Armut und Reichtum · Mensch und Natur · Glauben und Ethos · Ethik und Moral · Lebensaufgaben und Selbstbestimmung · Konfliktregelung und Toleranz · Zugänge zu philosophischen Begründungen von Moral · Freiheit und Selbstverständnis des Menschen · Gerechtigkeit, Recht und Zusammenleben · Moralphilosophie · Verantwortung und Angewandte Ethik · Moral, Religion und Kritik

Zusammenhang zwischen Kompetenzen, Leitbegriffen und dem Ziel des Ethikunterrichts
(Bildungsplan 2016 für das Fach Ethik, © Landesinstitut für Schulentwicklung)

---

1 Hans Anand Pant: Einführung in den Bildungsplan 2016.
2 Vgl. auch: Rösch, Anita: Kompetenzorientierung im Philosophie- und Ethikunterricht. Entwicklung eines Kompetenzmodells für die Fächergruppe Philosophie, Praktische Philosophie, Ethik, Werte und Normen, LER, Münster ³2012.
3 1.1 Bildungswert des Faches Ethik, Bildungsplan 2016.

Diese Zielsetzungen erfordern spezielle Unterrichtsarrangements, die es den Lernenden ermöglichen, erworbenes Wissen und vermittelte Kompetenzen in handlungsorientierten Szenarien anzuwenden und zu erproben. Lernaufgaben eignen sich in besonderer Weise, diese Ziele umzusetzen.[4]

In einer Lernaufgabe werden Thema und Kompetenz miteinander verzahnt und gefördert. Die Lernprodukte, die als Abschluss der Lernaufgabe entstehen, sind anwendungs- und lebensweltbezogen. Ihre Erstellung fördert die Eigenständigkeit der Schülerinnen und Schüler und wird somit der Heterogenität der Lerngruppen gerecht. Die Bearbeitung ermöglicht differenziertes Arbeiten und lässt unterschiedliche Lösungswege und Arbeitstempi zu. Durch Methodenvielfalt und unterschiedliche Sozialformen wird kooperatives Arbeiten ermöglicht. Alle Lernaufgaben sind in alltagsnahe, für Kinder und Jugendliche relevante und motivierende Situationen eingebettet.

Leben leben basiert konsequent auf dem Lernaufgabenprinzip. Jedes Kapitel fußt auf einer Lernaufgabe, die einen Themenbereich mit einer prozessbezogenen Kompetenz in einer Aufgabe verbindet.

Die Inhaltsseiten liefern Kenntnisse, Anregungen und Fragen, mit denen die Lernaufgaben bewältigt werden können. Sie können aber auch unabhängig von der Lernaufgabe bearbeitet werden. Die Kapitel folgen einem spezifischen Aufbau, der neugierig machen soll, zum Lernen motivieren will und das kritische Fragen und Argumentieren anregt.

Mit den Kompetenzrastern, der Kapitelkonzeption in Form von lernaufgabenbasierten Unterrichtseinheiten sowie den Testaufgaben befördert Leben leben die Fähigkeit zur Selbstregulation, d.h. (die) erfolgreiche „Verknüpfung von Denken (Kognition), Wollen (Motivation) und „Anpacken" (Volition)"[5].

Zur Bewertung der Teilaufgaben bietet das Lehrerhandbuch Lösungshinweise. Für die Bewertung der Lernaufgabe gibt es einen Bewertungsbogen, der Kriterien benennt, anhand derer das Lernprodukt transparent benotet werden kann.

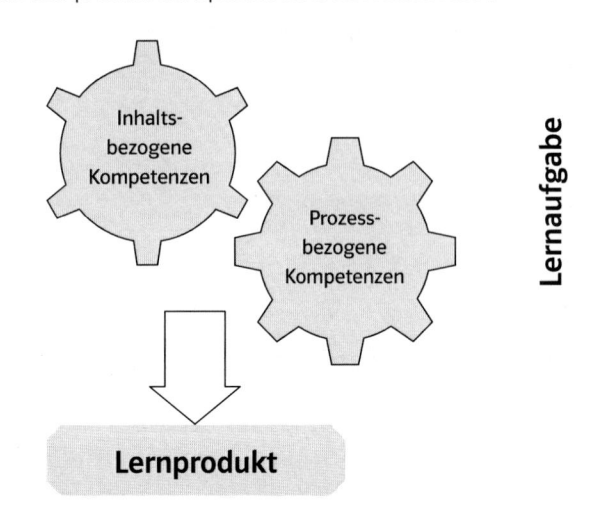

Auftaktseite	Die Seite führt durch ein motivierendes Bild und entsprechende Aufgaben zum Thema hin und zeigt den Lernenden durch einen Kasten ‚Das lerne ich', was sie am Ende des Kapitels können sollten.
Lernaufgabenseite	Auf einer Doppelseite wird den Lernenden die Lernaufgabe präsentiert. Sie erfahren, welches Produkt im Laufe oder nach Abschluss des Kapitels entstehen soll. Tipps geben konkrete Arbeitshinweise, wie sie vorgehen können. Sie machen die Erwartungen transparent und führen Schritt für Schritt durch den Arbeitsprozess. Anhand einer Checkliste können die Lernenden das eigene Produkt überprüfen, bevor sie es präsentieren. Dies fördert das selbständige Arbeiten und die Selbsteinschätzung der Schülerinnen und Schüler. Aufgaben mit dem Eulensymbol begleiten die Lernenden durch das Kapitel. Sie markieren die Einzelaufgaben, die zum Lernprodukt führen.
Kompetenzseite	Auf einer Doppelseite wird die zentrale Teilkompetenz des Kapitels erläutert. Detailliert wird in einem ‚So geht's'-Kasten beschrieben, wie diese Kompetenz angewendet wird. Anhand eines Beispiels können die Schülerinnen und Schüler diese Schritte nachvollziehen. Eine Anwendungsaufgabe gibt Gelegenheit, die Kompetenz selbständig anhand eines Inhalts des Kapitels anzuwenden. Auf den folgenden Kapitelseiten wird kontinuierlich Gelegenheit gegeben, die Kompetenz anzuwenden, zu wiederholen und zu üben.
Themenseiten Zum Auswählen Zum Vertiefen	Auf den Themenseiten werden alle im Bildungsplan Ethik ausgewiesenen Inhalte in Bildern, Texten und Aufgaben präsentiert. Die Aufgabenstellungen berücksichtigen die Erkenntnisse der Leseforschung. Dies ist vor allem in Ethiklerngruppen wichtig, da zumeist nicht alle Lernenden Muttersprachler sind. Jede Textbearbeitung wird durch eine Vorwissen aktivierende Aufgabe eingeleitet, die durch ein entsprechendes Piktogramm gekennzeichnet ist. Diese Aufgaben bereiten auf den Inhalt des Textes vor, aktivieren Wissen, Einstellungen und Erfahrungen, sollen motivieren und entlasten den Leseprozess. Die zweite Aufgabe offeriert den Schülerinnen und Schülern einen konkreten Leseauftrag, um ihnen das gezielte Auffinden relevanter Informationen zu erleichtern. Im Anschluss an den Text bieten eine oder mehrere Aufgaben Gelegenheit, sich mit dem Gelesenen auseinanderzusetzen, es kritisch zu hinterfragen und das neue Wissen auf neue Zusammenhänge anzuwenden. Online-Codes am Seitenrand verweisen auf Zusatzmaterialein und Arbeitsblätter, die ergänzend und differenzierend eingesetzt werden können. Unter www.klett.de können diese Materialien heruntergeladen werden. Pro Themenschwerpunkt je Kapitel werden mindestens eine Aufgabe zum Auswählen und eine Vertiefungsaufgabe angeboten. Sie unterbreiten den Lernenden interessen- und leistungsdifferenzierte Angebote und tragen so der Heterogenität der Lerngruppe und der Differenzierung Rechnung. Die Anzahl der Themenseiten variiert je nach Umfang der Lehrplanvorgaben.
Wissensseite	Die Wissensseite fasst die wichtigsten Inhalte noch einmal in einem Schaubild zusammen. Sie bietet dadurch zum einen die Möglichkeit, Teilaspekte des Themas in ein Globalverständnis einzuordnen, gibt aber auch Gelegenheit zum Nachschlagen, Wiederholen und Lernen.
Testseite	Mit den Aufgaben auf der Testseite können die Lernenden Wissen und Kompetenzen überprüfen und mit Hilfe der Lösungen am Buchende das Gelernte in Einzel- oder Partnerarbeit überprüfen.

---

4 Vgl. Josef Leisen: www.aufgabenkultur.de

5 Hans Anand Pant: Einführung in den Bildungsplan 2016

1 Ethik – ein neues Fach

1. Übersicht Themen – Kompetenzen – Lernaufgaben

Kapiteltitel	Thema
1 Ethik – ein neues Fach	Die vier kantischen Fragen

2. Didaktischer Leitfaden

Für viele Schülerinnen und Schüler ist das Fach Ethik, beginnend mit Klasse 7, ein neues Fach im Stundenplan. Andere haben bereits die Ethik-AGs in den Klassenstufen 5–6 besucht. Kapitel 1 hat das Ziel, auf schülernahe und motivierende Weise in das neue Fach einzuführen und die unterschiedlichen Vorerfahrungen und das unterschiedliche Vorwissen zusammenzuführen. Die Lernenden sollen mit der Grundstruktur der philosophischen Disziplinen, orientiert an den vier kantischen Fragen *Was kann ich wissen? Was soll ich tun? Was darf ich hoffen? Was ist der Mensch?* bekannt gemacht werden und die Themen des Ethiklehrplans in diese Struktur einordnen können. Zugleich kann sich die Lerngruppe mit Hilfe der ausgewählten Materialien und Aufgabenstellungen besser kennenlernen.

Auf die einzelnen Fragen kann bei Bedarf nach Abschluss der zu diesem Fragebereich passenden Kapitel unter Umständen noch einmal zurückgegriffen werden, um die ersten Erwartungen mit dem neuen Wissen abzugleichen.

Didaktische Zielsetzung

- Die Schülerinnen und Schüler erwerben Wissen zum Thema ‚Ethik – ein neues Fach'.
  - Sie setzen sich mit der spezifischen Form philosophischen Fragens auseinander.
  - Sie diskutieren verschiedene philosophische Fragen.
  - Sie lernen die philosophischen Fragen nach Kant kennen.
  - Sie reflektieren Bedingungen und Grenzen menschlicher Wahrnehmung.
  - Sie setzen sich mit der besonderen thematischen Ausrichtung des Fachs Ethik auseinander.
  - Sie erfahren, anhand welcher Maßstäbe in der Ethik zwischen guten und schlechten Entscheidungen und Verhaltensweisen unterschieden werden kann.
  - Sie reflektieren unterschiedliche Vorstellungen der Ethik und Religion in Bezug auf die Frage nach der Hoffnung angesichts von Schicksalsschlägen.
  - Sie stellen charakteristische Merkmale eines Menschen zusammen und wenden sie auf Mitschüler an.
  - Sie formulieren Erwartungen an das neue Schulfach Ethik.

	Material
Ethik – ein neues Fach	a | Was kann ich wissen?
	b | Was soll ich tun?
	c | Was darf ich hoffen?
	d | Was ist der Mensch
Gelerntes anwenden und überprüfen	Das weiß ich

3. Aufgabencheck

a) Klassifizierung der Aufgaben

Folgende Aufgaben …	
sind wahl- oder interessendifferenziert	Auftakt, S. 7, Nr. 1+3
enthalten kreative Elemente	c | Was darf ich hoffen?, S. 10, Nr. 3
machen unterrichtsorganisierende Vorschläge	a | Was kann ich wissen?, S. 8, Nr. 1 und 2 d | Was ist der Mensch?, S. 11, Nr. 3 und 4
sind handlungs- oder produktorientiert	a | Was kann ich wissen?, S. 8, Nr. 1 und 2 b | Was soll ich tun?, S. 9, Nr. 6 d | Was ist der Mensch?, S. 11, Nr. 5
machen Zusatzangebote (Code/DUA)	⊕ Schablone für Formen, Arbeitsblatt zum Ergänzen

b) Hinweise und Lösungen mit Zuordnungen der Online-Codes

	Hinweise und Lösungen	Ergänzendes Material
Problemaufhänger, S. 7	Die Schüler sollen anhand der Bearbeitung ausgewählter Fragen erkennen, dass es auf philosophische Fragen keine einfachen und eindeutigen Antworten gibt.	

Zuordnung der Fragen zu den Fragen Kants:

Was kann ich wissen?	– Was ist wahr? – Was kann ich wissen? – Wer sagt mir, was richtig und falsch ist?
Was soll ich tun?	– Was soll ich tun? – Was ist Gut und Böse? – Wieviel Rücksicht muss ich nehmen? – Wofür trage ich Verantwortung? – Kann ich machen, was ich will? – Was ist Toleranz? – Was darf ich tun? – Wie soll ich mich entscheiden? – Welche Verantwortung tragen wir für die Natur? – Was ist gerecht? – Wie kann man in Frieden zusammenleben? – Woran soll ich mich im Leben orientieren? – Dürfen wir alles, was technisch möglich ist?
Was darf ich hoffen?	– Wie können Menschen gut leben? – Gibt es ein Leben nach dem Tod? – Was ist eigentlich Liebe? – Woran glauben die anderen? – Was ist Religion?
Was ist der Mensch?	– Wer bin ich? – Was beeinflusst mich? – Ist der Mensch ein Tier? – Sind wir alle gleich?

Die Fragen Kants sollen zu einer ersten Strukturierung der Themen des Doppeljahrgangs beitragen:

Was kann ich wissen?	– Vernetzt
Was soll ich tun?	– Frei und verantwortl-ICH – Chancen für eine gerechte Welt – Miteinander statt gegeneinander – Streiten will gelernt sein – Genug ist (nicht?) genug! – Wie gehen wir mit Tieren um? – Mensch, Natur, Technik – Wenn sich meine innere Stimme meldet …
Was darf ich hoffen?	– Religion in unserer Gesellschaft
Was ist der Mensch?	– Wer bin ich?

Ethik – ein neues Fach

	Hinweise und Lösungen	Ergänzendes Material
a| Was kann ich wissen? S. 8	**S. 8, Nr. 1** Die Schüler/innen werden sich bewusst, dass das, was sie als objektive Farbwahrnehmung eingeschätzt haben, von den Voraussetzungen unserer Augen abhängt. Es entsteht ein Problembewusstsein für die Abhängigkeit von Sinneswahrnehmungen von körperlichen Gegebenheiten. **S. 8, Nr. 2** Z. 26/27: dir als Kreis erscheinen Z. 32/33: der Kreis mehr und mehr zu einem Oval wird Z. 37/38: nur noch eine Linie sein Z. 43/44: du die Formen nicht mehr unterscheiden kannst, weil alle nur noch als Linie wahrnehmbar sind. **S. 8, Nr. 3** Wir leben in einem dreidimensionalen Raum. Unsere Erkenntnis ist an die Dreidimensionalität gebunden. Diese Raumwahrnehmung ist jedoch nicht selbstverständlich. **S. 8, Nr. 4** Die Frage nach der Wahrnehmung wird in Biologie und Physik gestellt. Erkenntnistheorie jedoch spielt nur in Ethik/ Philosophie eine Rolle.	⊕ Schablone für Formen, Arbeitsblatt zum Ergänzen
b | Was soll ich tun? S. 9	**S. 9, Nr. 1, mögliche Lösung** Gute Tat: Beispiele für z. B. Hilfsbereitschaft, Rücksichtnahme, Unterstützung Böse Tat: Beispiele z. B. für Rücksichtslosigkeit. **S. 9, Nr. 2** Heck hat seinem Freund Geld gestohlen. Er hat ein schlechtes Gewissen und überlegt, wie er das Geld zurückgeben kann. **S. 9, Nr. 3** Eine gute Tat ist eine Tat, die mit bester Absicht begangen wurde. Eine Handlung, die versucht, einen vorher begangenen Schaden möglichst unauffällig wiedergutzumachen, ist keine gute Tat. **S. 9, Nr. 4** Heck hat nicht gestohlen, um sich zu bereichern, sondern aus Not. Für den Bestohlenen ändert sich an der Tat nichts, aber die Motive sind durchaus nachvollziehbar. Sie rechtfertigen Diebstahl jedoch nicht. Heck hätte ehrlich zu seinem Freund sein können und sich Geld ausleihen können. **S. 9, Nr. 5** - Teilgebiet der Philosophie - Ethik befasst sich mit dem rechten Handeln - Was soll ich tun? - Wie verhalte ich mich richtig? - Maßstäbe für gerechtes Verhalten - Probleme und Konflikte - Absichten und Gründe eines Verhaltens - Folgen des Verhaltens - Handlungsrichtlinien und Werte - Was wäre, wenn alle so handeln würden? **S. 9, Nr. 6** Heck sollte seinem Freund die Wahrheit sagen. Grundsätzlich sollte man erwarten, dass Freunde ehrlich zueinander sind und dem anderen von den eigenen Nöten berichten können und dafür Verständnis finden.	

	Hinweise und Lösungen	Ergänzendes Material
	S. 9, Nr. 7	
	Vgl. Bildungsplan Ethik: „Ethisch-moralische Urteilsbildung in praktischer Absicht wird hierbei immer sowohl als Resultat als auch als Prozess der Urteilsbildung verstanden. Sie soll sich dabei grundsätzlich an der Praxis, der Lebenswelt der Schülerinnen und Schüler orientieren und ihnen Handlungsperspektiven anbieten, ohne ihnen jedoch konkrete Handlungen vorzuschreiben. Die Schülerinnen und Schüler sollen in Situationen, die ethisch-moralisches Urteilen und Handeln erfordern, begründet und reflektiert entscheiden und handeln können. Das Wissen um Werte und Normen und ihre Bedeutung für das Zusammenleben bilden dabei eine wichtige Grundlage. Der Ethikunterricht verfolgt keine Erziehung zu einer bestimmten Gesinnung, sondern fördert Selbstbestimmung und unterstützt den Prozess der ethisch-moralischen Urteilsbildung. Der Zusammenhang zwischen Urteilen, Entscheiden und Handeln in ethisch-moralisch relevanten Kontexten soll dabei immer wieder explizit hergestellt werden. Weitere Ziele des Ethikunterrichts wie Moralerziehung, Unterstützung bei der Auseinandersetzung mit existenziellen Fragen oder der Erwerb moralphilosophischer Kenntnisse sind ebenfalls relevant und zu berücksichtigen, bleiben aber dem genannten Hauptziel des Ethikunterrichts nachgeordnet." (Bildungsplan Ethik Gymnasien, Stuttgart 2015, S. 6)	
c | Was darf ich hoffen? S. 10	**S. 10, Nr. 1**	
	Handeln: Unsere Hoffnungen prägen unser Handeln. Sie entscheiden mit darüber, ob wir resignieren oder aktiv sind/werden. Religion: Für viele Menschen ist die Religion ein Fundament für ihr Leben, das ihnen Hoffnung gibt. Zukunft: Hoffnung basiert auf Erfahrungen aus Vergangenheit und Gegenwart und ist immer auf die Zukunft gerichtet. Zweifeln: Wer die Hoffnung verliert, zweifelt am Sinn seines Tuns und seines Lebens. Glauben: Da die Zukunft nicht bekannt ist, gehört auch ein gewisser Glauben – nicht nur im religiösen Sinne – in Form von Optimismus an eine bessere Zukunft zur Hoffnung hinzu. Erwartungen: Sinn: Wer die Hoffnung verliert, zweifelt am Sinn seines Lebens. Glück: Hoffnungen basieren auf subjektivem Glücksempfindungen bzw. Glückserwartungen.	
	S. 10, Nr. 2	
	In Candice Leben gibt es eine Mengen Probleme: Plötzlicher Tod der Schwester, Brustkrebserkrankung der Mutter, Eheprobleme der Eltern, Streit zwischen Vater und Bruder. Sie sieht keine Perspektive. Alle haben die Hoffnung auf ein bisschen Glück verloren.	
	S. 10, Nr. 3	
	Das Bild zeigt, das es schwer ist, die Hoffnung zu bewahren. Hoffnung kommt nicht von selbst, man muss sie sich hart erarbeiten. Dies gilt auch für Candice Familie. Alle sehen nur das Negative und haben den Blick für positive Ereignisse und Beziehungen vollkommen verloren. Im Bild gesprochen: Sie stehen unten am Berg und versuchen gar nicht, die Hoffnung den Berg hinaufzuschieben, weil ihnen diese Aufgabe als nicht lösbar erscheint.	
	S. 10, Nr. 4, mögliche Lösung	
	Sich die positiven Aspekte bewusstmachen, Beziehungen pflegen, miteinander über den Kummer reden.	
	S. 10, Nr. 5	
	Religionsunterricht betrachtet das Leben als in Gottes Hand liegend. Hoffnung in diesem Kontext ist eine religiöse Hoffnung. Ethikunterricht geht davon aus, dass der Mensch mit Schicksalsschlägen aktiv umgehen sollte. Lösungen ergeben sich aus verschiedenen Menschenbildern und unterschiedlichen ethischen Modellen.	

	Hinweise und Lösungen	Ergänzendes Material
d | Was ist der Mensch? S. 11	S. 11, Nr. 1 und 2	
	Das Bild zeigt, dass Menschen zum einen verschiedene Facetten besitzen, zum anderen die Menschen auch sehr verschieden sind.	
	S. 11, Nr. 3	
	Aussehen, Herkunft, Erfahrungen, Selbstbild, Ziele	
	S. 11, Nr. 4	
	z. B. Alter, Interessen, Talente, Religion, Nationalität	
	S. 11, Nr. 5	
	Freie Schülerarbeit. Zu achten ist darauf, dass die Beschreibungen nicht diskriminierend formuliert werden.	
	S. 11, Nr. 6	
	a) vgl. Bildungsplan Ethik b) freie Schülerarbeit	

4. Durchführung der Unterrichtseinheit (Vorschlag für 3 Doppelstunden)

1. Doppelstunde	Einstieg: Auftaktseite, S. 7	Erarbeitung: Was kann ich wissen, S. 8	
2. Doppelstunde	Einstieg: Was soll ich tun?, S. 9, Nr. 1–4 Erarbeitung: Was soll ich tun?, S. 9, Nr. 5–7	Einstieg: Was darf ich hoffen?, S. 10, Nr. 1 Erarbeitung: Was darf ich hoffen?, S. 10, Nr. 2–3 + 5	Hausaufgabe: Was darf ich hoffen?, S. 10, Nr. 4
3. Doppelstunde	Einstieg: Was ist der Mensch?, S. 11, Nr. 1–2 Erarbeitung: Was ist der Mensch?, S. 11, Nr. 3–4 Anwendung: Was ist der Mensch?, S. 11, Nr. 5	Problematisierung: Was ist der Mensch?, S. 11, Nr. 6 Wiederholung: Das merke ich mir, S. 12	

5. Medientipps

Für Lehrer

Barbara Brüning: Anschaulich philosophieren. Mit Märchen, Fabeln, Bildern und Filmen. Weinheim: Beltz & Gelberg 2007
Vorschläge für paraxisorientierten Ethik- und Philosophieunterricht anhand anschaulicher Materialien

Gerhard Friedrich, Viola Galgóczy, Cornelia Klein: Mit Kindern philosophieren. Gemeinsam staunen – fragen – verstehen. Weinheim: Beltz & Gelberg 2013
Das Buch enthält acht Geschichten zu ethisch-philosophischen Themen mit didaktischen Hinweisen zur Umsetzung.

Für Schüler

Jens Soentgen: Selbstdenken! 20 Praktiken der Philosophie. Weinheim: Gulliver 2016
Philosophische Praktiken werden anhand von Beispielen, Geschichten und Anekdoten erläutert.

Brigitte Hellmann: Der kleine Taschenphilosoph. Ein Lesebuch für Nachdenkliche. München: dtv Sachbuch 2004
Die Grundfragen des Philosophierens werden anhand philosophischer und literarischer Texte vorgestellt.

2 Wer bin ich?

1. Übersicht Themen – Kompetenzen – Lernaufgaben

Kapiteltitel	Thema	Kompetenz	Instrumentarium zum Kompetenzerwerb	Lernaufgabe
2 Wer bin ich? Texte verstehen und beurteilen	Identität, Individualität und Rolle	Analysieren und interpretieren	**Texte verstehen und beurteilen: Fragen an einen Text stellen** (Erwartungen an den Text und Problemfragen formulieren, Aussagen bewerten)	Jemandem den Spiegel vorhalten

2. Didaktischer Leitfaden

Die Pubertät ist eine Zeit des Umbruchs – nicht nur körperlich, sondern auch sozial. Die Hauptaufgabe des Jugendalters besteht in der Entwicklung der Ich-Identität. Dazu gehören beginnende Abnabelungsprozesse von den Eltern, die Peer Group spielt zunehmend eine größere Rolle. Jugendliche stellen sich die Frage, wie sie auf andere wirken und experimentieren mit Rollen. In Interaktionsprozessen müssen sie ihre Identität im Zusammenspiel der Erwartungen anderer und dem Bewahren persönlicher Bedürfnisse ausbalancieren. Identität ist abhängig von der Zugehörigkeit zu einer Gruppe und der Resonanz des Umfeldes. Die Umgebung gibt Rückmeldungen, sie bewertet das Verhalten, belohnt oder kritisiert. Für Jugendliche mit noch nicht gefestigter Identität ist diese Rückmeldung besonders wichtig. Andererseits besteht auch die Gefahr, sich dem Diktat der Meinung anderer zu unterwerfen, weil die eigene Persönlichkeit nicht genug gefestigt ist.

Eine wichtige Rolle im Entwicklungsprozess nimmt der Umgang mit dem eigenen Körper ein. Das Körpergefühl spielt eine eminent wichtige Rolle und steht im Mittelpunkt des Interesses im Umgang mit sich selbst. Die Konfrontation mit vermeintlichen Schönheitsidealen und die Erkenntnis, ihnen nicht (ganz) zu entsprechen, erzeugt häufig eine massive Verunsicherung.

In Jugendbüchern wird das Thema Identitätsfindung in vielfältiger Weise behandelt und bearbeitet. Vielfältige Auszüge aus Jugendbüchern machen daher einen großen Teil des Materials in diesem Kapitel aus. Sie dienen der Identifikation mit Gleichaltrigen und ihren Problemen und helfen, in eine gewisse Distanz zu eigenen Fragen und Problemen zu treten. Zugleich sind diese Texte geeignet, die Textkompetenz der Schülerinnen und Schüler zu schulen.

Textkompetenz umfasst die Fähigkeit, Texte fachspezifisch zu erschließen, zu interpretieren und eigene Texte zu verfassen. Sie setzt sich aus *Lese- und Schreibkompetenz* zusammen. Beide Teilkompetenzen werden in diesem Kapitel berücksichtigt. Aufbauend auf den Erkenntnissen der Leseforschung werden alle Texte des Bandes Leben leben 2 unter Anwendung des Dreischritts *Vorwissen aktivieren*, *Text erarbeiten* und *Anschlusskommunikation* erschlossen.

Didaktische Zielsetzung

- Die Schülerinnen und Schüler schulen ihre **Textkompetenz**, indem sie lernen, Texte zu verstehen und zu beurteilen.
  - Sie lernen, Erwartungen an einen Text zu formulieren.
  - Sie lernen, eine fragende Haltung zum Text zu entwickeln.
  - Sie lernen, Problemfragen zum Inhalt zu formulieren.
  - Sie lernen, Textaussagen zu bewerten.

- Die Schülerinnen und Schüler erwerben Wissen zum Thema **Identität, Individualität und Rolle**.
  - Sie setzen sich damit auseinander, wie Identität entsteht.
  - Sie erfahren, aus welchen Elementen Identität besteht.
  - Sie lernen, dass die Ausbildung der eigenen Identität abhängig von den Reaktionen der anderen ist.
  - Sie wissen, wie sich Selbst- und Fremdwahrnehmung unterscheiden können.
  - Sie denken darüber nach, dass und warum Menschen Rollen spielen.
  - Sie setzen sich mit verschiedenen Rollenerwartungen auseinander.
  - Sie reflektieren Gründe für Anpassung und Abgrenzung.
  - Sie reflektieren, wovon es abhängt, sich selbst zu akzeptieren.
  - Sie denken über die Maßstäbe dessen nach, was wir als schön empfinden.
  - Sie denken über Voraussetzungen eines verantwortlichen Miteinanders nach.

- Die Schülerinnen und Schüler wenden ihre **Textkompetenz** und ihr Wissen über **Identität, Individualität und Rolle** an, indem sie einer fiktiven Person einen Spiegel vorhalten.
  - Sie lernen, eine Person mithilfe von Informationen aus einem Text zu analysieren.
  - Sie üben, eine Person treffend zu charakterisieren.
  - Sie lernen, ihren persönlichen Eindruck einer Person begründet zu formulieren.
  - Sie lernen, Verhalten und Gefühle einer Person zu erklären und ihre Erklärungen in einem Text zu formulieren.

	Material	Lernfortschrittsbereich
Lernaufgabe bearbeiten	Jemandem den Spiegel vorhalten	LF 1–LF 6
Kompetenzen entwickeln	Texte verstehen und beurteilen Fragen an einen Text stellen	
Was macht mich unverwechselbar?	a ǀ Ich in der Zeit	
	b ǀ „Er ist es!"	LF 1
	c ǀ Säulen der Identität	
	d ǀ Gar nicht cool	LF 2

	Material	Lernfortschritts-bereich
Was erwartet ihr von mir?	a | Sich ein Bild machen	LF 2
	b | Sich abgrenzen	LF 3
	c | Sich anpassen	LF 3
	d | In Schubladen gesteckt werden	LF 2
	e | Eine Rolle spielen	LF 5
Schön = Schlank?	a | Verflixtes Spiegelbild	LF 4
	b | Krankhafter Diätwahn	LF 5

	Material	Lernfortschritts-bereich
Sich selbst akzeptieren	a | Zu dick, na und!	LF 3
	b | Ich wäre gerne anders	LF 3
	c | Ein Junge tanzt nicht Ballett!	LF 3
Du bist anders? Na und?!		LF 6
Gelerntes anwenden und überprüfen	Das weiß ich	
	Das kann ich	

3. Bildungsplanbezug

Lehrplaninhalte: Standards für inhaltsbezogene Kompetenzen	
3.1.1 Ich und Andere	
3.1.1.1 Identität, Individualität und Rolle	
Die Schülerinnen und Schüler können 1. ausgehend von der eigenen Person identitätsstiftende Merkmale herausarbeiten und sich zu ihrem Einfluss auf die Individualität äußern (zum Beispiel Begabungen, Stärken, Schwächen, Einschränkungen, Wertvorstellungen, Interessen, Herkunft, soziales Umfeld, Alter, Geschlecht)	Ich in der Zeit, S. 18 Säulen der Identität, S. 19
2. unterschiedliche Rollenerwartungen an die Einzelne oder den Einzelnen in der Vielfalt sozialer Beziehungen beschreiben und sich daraus ergebende Rollenkonflikte im Kontext von Freiheit und Abhängigkeit untersuchen und bewerten (beispielsweise Familie, Freunde, Gruppe, Gemeinde)	Sich ein Bild machen, S. 20 Sich abgrenzen, S. 21 Sich anpassen, S. 22 In Schubladen gesteckt werden, S. 22 Eine Rolle spielen, S. 23 Ein Junge tanzt nicht Ballett!, S. 27
3. Begriffe wie Identität, Individualität und Rolle erläutern und voneinander abgrenzen	Kompetenzseite, Beispiel, S. 17 „Er ist es!", S. 18 Eine Rolle spielen, S. 23
4. Möglichkeiten und Gefahren für die Einzelne oder den Einzelnen innerhalb verschiedener sozialer Beziehungen identifizieren und bewerten (zum Beispiel Freundschaften, Peergroups, Familie, Verein, Klasse)	Gar nicht cool, S. 19 Verflixtes Spiegelbild, S. 24 Krankhafter Diätwahn, S. 25 Zu dick, na und!, S. 26 Ich wäre gerne anders, S. 27 Ein Junge tanzt nicht Ballett!, S. 27
5. allgemeine Bedingungen für ein verantwortliches Miteinander erläutern und begründen (zum Beispiel bezogen auf Respekt, Achtung, Fairness, Gerechtigkeit)	Du bist anders? Na und?!, S. 28

Standards für prozessbezogene Kompetenzen	
Schwerpunktkompetenz des Kapitels: Texte verstehen und beurteilen	Kompetenz, S. 16–17 „Er ist es!", S. 18, Nr. 2 Gar nicht cool, S. 19, Nr. 2 Sich abgrenzen, S. 19, Nr. 2 Sich anpassen, S. 22, Nr. 2 und 3 In Schubladen gesteckt werden, S. 22, Nr. 2 und 3 Eine Rolle spielen, S. 23, Nr. 2 Verflixtes Spiegelbild, S. 24, Nr. 2 Krankhafter Diätwahn, S. 25, Nr. 3 Zu dick, na und!, S. 26, Nr. 1 und 2 Ich wäre gerne anders, S. 26–27, Nr. 1 und 2 Ein Junge tanzt nicht Ballett!, S. 26–27, Nr. 1 und 2 Du bist anders? Na und?!, S. 28, Nr. 2
Prozessbezogene Kompetenzen Wahrnehmen und sich hineinversetzen Die Schülerinnen und Schüler können 3. eigene Bedürfnisse, Interessen und Gefühle und die anderer erkennen und formulieren	Sich abgrenzen, S. 21, Nr. 3–5 Verflixtes Spiegelbild, S. 24, Nr. 2 Du bist anders? Na und?!, S. 28, Nr. 1–3
4. durch Perspektivenwechsel und wechselseitigen Austausch mögliche Empfindungen und Sichtweisen Beteiligter oder Betroffener erfassen und benennen	„Er ist es!", S. 18, Nr. 4 Sich abgrenzen, S. 21, Nr. 3–5 Verflixtes Spiegelbild, S. 24, Nr. 2 und 3 Krankhafter Diätwahn, S. 25, Nr. 3 und 4 Zu dick, na und!, S. 26, Nr. 1 und 2 Ich wäre gerne anders, S. 26–27, Nr. 1 und 2 Ein Junge tanzt nicht Ballett!, S. 26–27, Nr. 1 und 2 Du bist anders? Na und?!, S. 28, Nr. 1–3
7. Situationen und Sachverhalte aus verschiedenen Perspektiven betrachten und beschreiben	Sich ein Bild machen, S. 20, Nr. 1–3 Sich abgrenzen, S. 21, Nr. 3–5 Verflixtes Spiegelbild, S. 24, Nr. 2 Ein Junge tanzt nicht Ballett!, S. 26–27, Nr. 1 und 2 Du bist anders? Na und?!, S. 28, Nr. 1–3

Standards für prozessbezogene Kompetenzen	
9. Grundbedingungen verschiedener Perspektiven (beispielsweise Alter, physische oder psychische Merkmale, Geschlecht, sexuelle Identität oder Orientierung, Religion, Herkunft, Erfahrungen, Kultur) erkennen und erklären	Säulen der Identität, S. 19, Nr. 1–3 Ein Junge tanzt nicht Ballett!, S. 27, Nr. 1 und 2
Analysieren und interpretieren **Die Schülerinnen und Schüler können** 3. die Beteiligten und Betroffenen in ethisch-moralischen Situationen identifizieren und deren Stellenwert altersgemäß einschätzen	Sich anpassen, S. 22, Nr. 3 In Schubladen gesteckt werden, S. 23, Nr. 3 Zu dick, na und!, S. 26, Nr. 1 und 2 Ein Junge tanzt nicht Ballett!, S. 26–27, Nr. 1 und 2 Du bist anders? Na und?!, S. 28, Nr. 1–3

Standards für prozessbezogene Kompetenzen	
4. die Interessenlage der Beteiligten, die zugrundeliegenden Wertvorstellungen und mögliche Wertekonflikte erläutern	Gar nicht cool, S. 19, Nr. 3 und 4 Eine Rolle spielen, S. 23, Nr. 3–5 Zu dick, na und!, S. 26, Nr. 1 und 2 Ich wäre gerne anders, S. 26–27, Nr. 1 und 2 Ein Junge tanzt nicht Ballett!, S. 27, Nr. 1 und 2 Du bist anders? Na und?!, S. 28, Nr. 1–3
5. Handlungsalternativen und ihre jeweiligen Folgen herausarbeiten und erklären	In Schubladen gesteckt werden, S. 23, Nr. 3 Ein Junge tanzt nicht Ballett!, S. 26–27, Nr. 1 und 2 Du bist anders? Na und?!, S. 28, Nr. 1–3
6. persönliche Erfahrungen mit Lebenssituationen und Einstellungen anderer vergleichen und einordnen	Gar nicht cool, S. 19, Nr. 5 Sich ein Bild machen, S. 20, Nr. 1–3

4. Tipps zum Umgang mit der Lernaufgabe – Jemandem den Spiegel vorhalten

Jugendliche nutzen Gleichaltrige in der Phase ihrer Identitätsbildung als Spiegel. Die Reaktion ihrer Umwelt ist für sie der Gradmesser für Akzeptanz oder notwendige Veränderung. Bei differenzierter Betrachtung können Diskrepanzen oder Übereinstimmungen von Selbst- und Fremdbild wahrgenommen werden.

Das Bild des Spiegels bietet sich daher an, über im Lehrwerk genannte Personen und Figuren des Kapitels zu reflektieren, ihr Verhalten und ihre Selbstwahrnehmung zu analysieren und über ihre Wirkung auf andere nachzudenken.

Um das Bild des Spiegels auch optisch deutlich zu machen, wird ein DIN A3-Blatt in zwei Hälften geteilt. Auf die linke Seite wird der Umriss eines Spiegels gezeichnet, in den ein Brief an eine Figur aus dem Kapitel geschrieben wird. Auf der gegenüberliegenden Seite wird das im Kapitel erworbene Wissen über Identität sowie Selbst- und Fremdwahrnehmung angewendet, um die Person und ihr Verhalten genauer zu analysieren. Damit hilft die Lernaufgabe, sowohl Text- als auch Schreibkompetenz zu fördern.

Die Tipps „**So entsteht dein Spiegelbild**" geben Hinweise zum Schreiben des Briefes und des erläuternden Textes. Unter den online-Codes ⊕ **Fragen zur Personenanalyse** und ⊕ **Formulierungshilfen** erhalten die Lernenden weitere Unterstützung, die ihnen hilft, das Verhalten der Personen zu erschließen und die Texte zu verfassen.

Vorbereitet wird die Lernaufgabe, die am Ende der Unterrichtseinheit gelöst wird, durch die ▢-Aufgaben. Sie setzen bei jedem Text spezielle Akzente, unter welchem Blickwinkel sich die Figuren beleuchten lassen. Am Ende des Kapitels sollen die Schülerinnen und Schüler dann entscheiden, welche Figur sie besonders interessiert. Die Wahl kann dabei entweder auf eine Figur fallen, mit der sie sich gut identifizieren können, oder auf eine, deren Verhalten und Einstellung sie zu Kritik reizt.

5. Umgang mit der Kompetenzseite

Es ist sinnvoll, vor der Besprechung der Kompetenzseite mit den Schülerinnen und Schülern zu besprechen, welche Texterarbeitungsstrategien und -techniken sie bereits kennen und welche Erfahrungen sie damit gemacht haben.

Im Anschluss an die Besprechung der Kompetenzschritte sollten die Schülerinnen und Schüler zunächst in Einzelarbeit versuchen, diese Schritte am Text ‚Wer oder was bin ich?' selbständig zu erproben. Die Lösungen auf der Seite können bei Schwierig- keiten weiterhelfen oder als Kontrolle herangezogen werden. Schwächere Lernende können die W-Fragen der Kompetenzseite mit Hilfe des Textes beantworten, statt eigene Fragen zu formulieren.

Schnellere Lerner können ihre formulierten Fragen mit einem Nachbarn austauschen und mit Hilfe des Textes beantworten, um ihr Textverständnis zu sichern.

6. Aufgabencheck

a) Klassifizierung der Aufgaben

Folgende Aufgaben …	
sind leistungsdifferenziert	Zur Lernaufgabe, S. 14–15: ⊕ Fragen zur Personenanalyse, ⊕ Formulierungshilfen „Er ist es!", S. 18, Nr. 5 Zu S. 18, „Er ist es!": ⊕ Gedankenexperiment: Schiff des Theseus Zu S. 19, Gar nicht cool: ⊕ Zum Weiterlesen (ausführlicher Textausschnitt) Zu S. 19, Gar nicht cool: ♪ Hörtext Eine Rolle spielen, S. 23, Nr. 5 Zu S. 26, Zu dick, na und!: ⊕ Zum Weiterlesen (längerer Textausschnitt) und ♪ Hörtext Zu S. 27, Ein Junge tanzt nicht Ballett!: ⊕ Zum Weiterlesen (längerer Textausschnitt) und ♪ Hörtext Krankhafter Diätwahn, S. 25, Nr. 6 Zu S. 25, Krankhafter Diätwahn: ⊕ Zum Weiterlesen (längerer Textausschnitt) und ♪ Hörtext Zu S. 24–25: ⊕ Materialien zu Essstörungen
sind wahl- oder interessendifferenziert	Sich selbst akzeptieren, S. 26–27, Nr. 1 und 2
enthalten kreative Elemente	Ich in der Zeit, S. 18
machen unterrichtsorganisierende Vorschläge	„Er ist es!", S. 18, Nr. 4 Sich anpassen, S. 22, Nr. 3 Eine Rolle spielen, S. 23, Nr. 3 und 5 Krankhafter Diätwahn, S. 25, Nr. 1 und 2 Du bist anders? Na und?!, S. 28, Nr. 1
sind handlungs- oder produktorientiert	Säulen der Identität, S. 19, Nr. 2 Gar nicht cool, S. 19, Nr. 1, Nr. 5 Sich ein Bild machen, S. 20, Nr. 3 Krankhafter Diätwahn, S. 25, Nr. 6
machen Zusatzangebote (Code/DUA)	Zu S. 14–15, Lernaufgabe: ⊕ Fragen zur Personenanalyse und ⊕ Formulierungshilfen Zu S. 18, Ich in der Zeit: ⊕ Figurumriss Zu S. 18, „Er ist es!": ⊕ Gedankenexperiment: Schiff des Theseus Zu S. 19, Gar nicht cool: ⊕ Zum Weiterlesen (ausführlicher Textabschnitt) und ♪ Hörtext Zu S. 24, Verflixtes Spiegelbild: ⊕ Songtext: Mehr Gewicht und ⊕ Song: Mehr Gewicht Zu S. 24–25: ⊕ Materialien zu Essstörungen Zu S. 25, Krankhafter Diätwahn: ⊕ Zum Weiterlesen (längerer Textausschnitt) und ♪ Hörtext Zu S. 26, Zu dick, na und!: ⊕ Zum Weiterlesen (längerer Textausschnitt) und ♪ Hörtext Zu S. 27, Ein Junge tanzt nicht Ballett!: ⊕ Zum Weiterlesen (längerer Textausschnitt) und ♪ Hörtext

b) Hinweise und Lösungen mit Zuordnungen der Online-Codes

	Hinweise und Lösungen	Ergänzendes Material
Problemaufhänger	Die Aufgaben können theoretisch besprochen werden. Es wäre aber auch möglich, dass die Lernenden sich auf einem Podest inszenieren und Bilder von sich machen.	
Lernaufgabe: Jemandem den Spiegel vorhalten, S. 14–15		⊕ Fragen zur Personenanalyse ⊕ Formulierungshilfen
Kompetenzseite: Texte verstehen und beurteilen: Fragen an einen Text stellen: „…und jetzt du", S. 16–17	Zur Anwendung der Kompetenz eignen sich alle Texte des Kapitels. Die Aufgaben regen jeweils zur Anwendung des Lesehauses an.	
a | Ich in der Zeit, S. 18	Die Zeichnung hält die Schülerinnen und Schüler an, über persönliche Merkmale und Eigenschaften nachzudenken. Sie sollen erkennen, dass sich äußerliche Merkmale wandeln können, grundlegende Charaktereigenschaften in der Regel aber bestehen bleiben.	⊕ Figurumriss

	Hinweise und Lösungen	Ergänzendes Material
b | „Er ist es!", S. 18	**S. 18, Nr. 1**	⊕ Gedankenexperiment: Schiff des Theseus
	Durch die Arbeit mit dem Figurumriss ist diese Aufgabe gut vorbereitet. An Vorwissen über den Ablauf von Gerichtsprozessen kann angeknüpft werden.	
	S. 18, Nr. 2, mögliche Lösung	
	Aufgabe Zeuge: Identifizieren, als unverwechselbar erklären Identität: Einzigartige Kombination von persönlichen und unverwechselbaren Eigenschaften, Unterscheidbarkeit Vergangenheit – Zukunft: Kontinuität in der Zeit	
	S. 18, Nr. 3	
	Diese Aufgabe knüpft an die Beschriftung des Figurumrisses an. Durch das Zusatzmaterial ⊕ **Gedankenexperiment: Schiff des Theseus** können die Lernenden erkennen, dass ein Schiff nur äußerliche Merkmale hat, der Mensch aber auch durch Erfahrungen und Erlebnisse gekennzeichnet ist. Es bietet sich an, im Vorfeld den Begriff *Gedankenexperiment* zu klären. Diesem kann man sich über Experimente in den naturwissenschaftlichen Fächern nähern, um daran anschließend das Ziel des Gedankenexperimentes, Thesen und Überlegungen zu überprüfen, zu definieren.	
	S. 18, Nr. 4, mögliche Lösung	
	Neben äußerlichen Änderungen, Namensänderung und neuem Wohnort ist auch das Schaffen einer komplett neuen Biografie nötig.	
	S. 18, Nr. 5	
	Jugendliche sind auf der Suche nach einer eigenen Identität. In Abgrenzung von anderen, wenn Selbst- und Fremdbild kollidieren oder die Rückmeldungen durch andere widersprüchlich sind, kann dies zu einer Identitätskrise führen.	
c | Säulen der Identität, S. 19	**S. 19, Nr. 1, mögliche Lösung**	
	Es bietet sich an, die gefundenen Beispiele auf der Folie zu notieren. Beispiele könnten sein: *Arbeit und Leistung* Job, Arbeit, Pflichten, Fleiß, Schule, Noten, Versetzung, Karriere *Soziales Netz* Freunde, Familie, Kommunikation, Internet, Religion, Schulklasse, Vereinsmitgliedschaft *Körper und Geist* Sport, Gesundheit, Erholung *Normen und Werte* Bewertung von ‚gut' und ‚böse', gesellschaftliche Werte, Regeln einhalten Verhalten bewerten, Respekt, Religion Materielle Sicherheit: Arbeit, Geld, Grundbedürfnisse	
	S. 19, Nr. 2 und 3	
	Schüler sollen sich im Gespräch für eine Wertigkeit entscheiden. Entscheidend ist ihre Begründung.	
d | Gar nicht cool, S. 19	**S. 19, Nr. 1, Lösung**	⊕ Zum Weiterlesen 🕪 Hörtext
	Boden: Martin, Mitte: Philipp, Marcus und Jan, Mädchen, oben: FabFour	
	S. 19, Nr. 2, mögliche Lösung	
	Warum ist Martin ein Außenseiter? Warum stehen die FabFour ganz oben? Aus wessen Sicht ist die Einteilung vorgenommen worden? Ist die Einteilung richtig?	

Wer bin ich?

	Hinweise und Lösungen	**Ergänzendes Material**
	S. 19, Nr. 3	
	Für die FabFour zählen materielle Werte und der Körper (Sport). Martin hat vor allem Talente im Bereich Geist sowie Arbeit und Leistung.	
	S. 19, Nr. 4, freie Schülerarbeit	
	In der Reflexion von Martins Selbstdarstellung sollten die Schüler erkennen, dass Martin Qualitäten hat, die ein so negatives Selbstbildnis nicht rechtfertigen. Sie sollten auch überlegen, was Martin tun kann, um aus seiner Außenseiterrolle heraus zu kommen.	
a | Sich ein Bild machen, S. 20	S. 20, Nr. 1	
	Fotos sind durch Kleidung, Hintergrund, Mimik und Gestik sehr oft inszeniert. Je nach Anlass fällt die Darstellung ganz unterschiedlich aus.	
	S. 20, Nr. 2, Lösung	
	Je nach Anlass fallen die Fotos ganz unterschiedlich aus. In einem sozialen Netzwerk möchte sich Tim so darstellen, wie er gerne von anderen gesehen werden möchte, als sportlich und naturverbunden. Er weiß, dass seine Oma ihn gern in festlicher Kleidung sieht. Also hat er ihr ein Bild, das auf einer Familienfeier aufgenommen wurde, geschenkt. Für den Schülerausweis ist ein Passfoto erforderlich, das bestimmte formale Kriterien erfüllt.	
	S. 20, Nr. 3, Lösung	
	Jedes Foto von Tim zeigt immer nur einen Teil von ihm, d.h. die Spitze des Eisberges. Der Rest ist verborgen. Je nach Zielgruppe ist immer ein anderer Teil von Tim sichtbar und unsichtbar.	
	S. 20, Triptychon, freie Schülerarbeit	
	Das Triptychon kann Lernenden deutlich machen, wie unterschiedlich sie von Menschen wahrgenommen werden und wie u. U. Selbst- und Fremdwahrnehmung auseinanderklaffen. Es sollte den Schülern in jedem Fall freigestellt werden, ob sie ihr Triptychon im Kurs präsentieren. In jedem Fall können aber grundlegende Erkenntnisse über Übereinstimmungen und Unterschiede in den Beschreibungen thematisiert werden.	
b | Sich abgrenzen, S. 21	S. 21, Nr. 1	
	Die Mädchen haben die gleiche Körperhaltung. Alle tragen Shirts mit Aufdruck und alle haben lange, offene Haare.	
	S. 21, Nr. 2	
	Alle Elftklässlerinnen sehen gleich aus: Kleidung, Frisur, Accessoires, Musik, Freizeitbeschäftigung	
	S. 21, Nr. 3	
	Sarah grenzt sich bewusst ab. Sie isoliert sich optisch und auch räumlich. Sie hat seit der 7. Klasse nicht dazu gehört und sich auch nicht um Integration bemüht.	
	S. 21, Nr. 4	
	Sarah verhält sich eher trotzig. Sie ist ausgegrenzt und macht sich vor, dass es ihre freie Entscheidung sei. Durch ihr Verhalten provoziert sie.	
	S. 21, Nr. 5	
	Die Elftklässlerinnen bemühen sich nicht um Individualität. Sie wünschen sich vielmehr Konformität, die sie mit Anerkennung der Gruppe gleichsetzen. Sarah zeigt sehr viel Individualität, aber zu dem Preis, aus der Gruppe ausgeschlossen zu sein.	
	S. 21, Nr. 6, Freie Schülerarbeit	
	In der Reflexion von Sarahs Verhalten sollten die Lernenden reflektieren, dass Gruppenzugehörigkeit nicht bedingungslose Anpassung erfordert, aber vollkommene Andersartigkeit zur Isolation führen kann.	

	Hinweise und Lösungen	Ergänzendes Material
c | **Sich anpassen, S. 22**	S. 22, Nr. 1	
	Beliebt ist, wer auf andere zugeht, kontaktfreudig ist, auf andere eingeht, rücksichtsvoll ist, humorvoll und hilfsbereit ist.	
	S. 22, Nr. 2	
	Wer beliebt sein will, muss sich anstrengen. Er muss cool sein, ohne dass es aufgesetzt wirkt. Beliebt sein bedeutet unter Umständen, auf seine Individualität zu verzichten, um sich der Mehrheit anzupassen.	
	S. 22, Nr. 3	
	Wer sich zu stark an die Gruppenmeinung anpasst und eine Rolle spielt, die nicht mit der eigenen Person übereinstimmt, gibt nicht nur seine Individualität auf, sondern letztendlich auch seine Identität.	
d | **In Schubladen gesteckt werden, S. 22**	S. 22, Nr. 1	⊕ Zum Weiterlesen
	Die Schubladen sind mit möglichen Eigenschaften beschriftet. Der Slogan ‚Kein Mensch passt in eine Schublade' zeigt, dass ein Mensch eine Summe von Eigenschaften ist und nicht auf eine einzige Eigenschaft reduziert werden kann und darf.	
	S. 22, Nr. 2	
	Jedes Jahr hängt eine Liste in einer Schule aus, die die Schüler in schön und hässlich kategorisiert.	
	S. 23, Nr. 3	
	Die Liste reduziert Schülerinnen rein auf das Äußerliche. Andere Eigenschaften spielen keine Rolle. Das verschärft die Oberflächlichkeiten an der Schule, weil viele danach streben, zu den Schönen zu gehören. Dies übt einen ungeheuren Anpassungsdruck aus.	
e | **Eine Rolle spielen, S. 23**	S. 23, Nr. 1	
	In Gesellschaften spielen Menschen Rollen, d.h. sie passen sich an die Erwartungen der anderen an. Da wir den größten Teil des Tages unter Menschen sind, kommen wir kaum dazu, wir selbst zu sein. Das Bild macht dies durch die verschiedenen Fotos, die vor das Gesicht gehalten werden, deutlich.	
	S. 23, Nr. 2	
	Menschen übernehmen auch im Alltag Rollen, um sich den Erwartungen anderer anzupassen. Zeitweilig verinnerlichen Sie diese Rollen so, dass sie selbst Rolle und Wirklichkeit nicht mehr unterscheiden können. Das Rollenspiel hat die Funktion, sich den vermuteten Erwartungen anderer anzupassen. Daher der Vergleich mit einem Push-up-BH, der auch etwas vortäuscht, was nicht vorhanden ist bzw. das Vorhandene in ein besonders gutes Licht rücken soll.	
	S. 23, Nr. 3	
	Hier werden die Lernenden vermutlich Erfahrungen mit neuen Gruppen wie Schulklasse, Sportverein usw. benennen.	
	S. 23, Nr. 4	
	Die Fab-Four pushen ihr Image durch Kleidung, Frisuren, Sport, Handys, Angebereien und Sprüche auf.	
	S. 23, Nr. 5	
	Jugendliche folgen häufig dem Gruppendruck: Sie passen sich der vermeintlichen Gruppenmeinung an oder verhalten sich, wenn sie anders sind und sich nicht anpassen möchten, so unauffällig wie möglich. Da in der Pubertät die Meinung der Clique und das Bedürfnis nach Zugehörigkeit besonders ausgeprägt sind, bedarf es einer sehr starken Persönlichkeit, dem Gruppendruck zu widerstehen.	

Wer bin ich?

	Hinweise und Lösungen	Ergänzendes Material
a | Verflixtes Spiegelbild, S. 24	S. 24, Nr. 1, Lösung	⊕ Songtext: Mehr Gewicht
	Das Bild thematisiert vor allem die Differenz zwischen Selbst- und Fremdwahrnehmung bzw. die Fehlinterpretation des Gesehenen. Interessant wäre eine Diskussion in der Lerngruppe, ob dieses Verhalten mädchentypisch ist oder auch Jungs betrifft.	
	S. 24, Nr. 2, Lösung	
	Simone fühlt sich in ihrem Körper unwohl und macht eine Diät nach der anderen. Ihre Freundinnen finden ihre weiblichen Formen sehr hübsch, aber sie misst ihre Schönheit an den Maßen der Frauenzeitschriften. Anna ist etwas pummelig und wird von den Mitschülern gehänselt. Lisa dagegen ist schlank, aber insgeheim bulimisch. Sie misst sich an den Reaktionen der anderen und deren bewundernder Reaktion auf ihre Schlankheit.	
	S. 25, Nr. 3, mögliche Lösung	
	Anne möchte von ihrem Schwarm gemocht werden und nimmt sich sein Lästern daher sehr zu Herzen. Simone scheint zu denken, dass ihre Freundinnen sie sowieso mögen und ihre Aussage daher nicht so kritisch und ehrlich ausfällt.	
b | Krankhafter Diätwahn, S. 25	S. 25, Nr. 1, freie Schülerarbeit	⊕ Zum Weiterlesen
	Die Aufgabe gibt den Lernenden die Gelegenheit, sich über ihre Fernseherfahrungen auszutauschen.	⊃ Hörtext
	S. 25, Nr. 2, freie Schülerarbeit	⊕ Link-Tipps: Essstörungen
	Es ist wichtig darauf zu achten, dass bei dieser Diskussion niemand in der Klasse wegen seiner Figur diskriminiert wird.	
	S. 25, Nr. 3, mögliche Lösung	
	Tina, wie fühlst du dich, wenn … … du beim Essen mit deiner Familie am Tisch sitzt? … du anderen beim Essen zusiehst? … du dich im Spiegel ansiehst? … du immer schwächer wirst? … du nachts nicht schlafen kannst? … du keinen Sport mehr machen kannst?	
	S. 25, Nr. 4, mögliche Lösung	
	Tina wird hin und her gerissen von Stolz auf ihre Selbstdisziplin und Abwehr gegenüber dem, was aus ihr geworden ist.	
	S. 25, Nr. 5	
	Magersucht: Fachausdruck *Anorexia nervosa*. Wörtlich übersetzt bedeutet Anorexie „Appetitverlust oder -verminderung" – eine irreführende Bezeichnung, da nicht unbedingt der Appetit, sondern in erster Linie das Essverhalten gestört ist. Der Zusatz „nervosa" weist auf die psychischen Ursachen der Essstörung hin. Anorexie wird gekennzeichnet durch einen signifikanten Gewichtsverlust, hervorgerufen durch extreme Diät. Bei dem Versuch, immer noch mehr Gewicht zu verlieren, vermeiden Magersüchtige die Nahrungsaufnahme bzw. kalorienreiche Nahrung, was im Extremfall bis zum Tode führen kann. (Quelle: http://www.magersucht-online.de/index.php/informationen-zu-magersucht) Zunächst sind Magersüchtige stolz auf ihre Diäterfolge und geraten so in einen Teufelskreis, der sie immer weiter hungern lässt, was den Aspekt der Sucht beinhaltet. Wenn sie die Gefahren erkennen, gelingt es ihnen oft nicht, mit der Diät aufzuhören.	
	S. 25, Nr. 6, freie Schülerarbeit	
	Der Aufklärungstext sollte die im Kapitel erworbenen Kenntnisse anwenden.	

2

	Hinweise und Lösungen	Ergänzendes Material
a | Zu dick, na und!, S. 26	**S. 26, Nr. 1**	🌐 Zum Weiterlesen 🔊 Hörtext
	Weitgehend muss man sich selbst akzeptieren und lernen, mit vermeintlichen Fehlern und Schwächen umzugehen. Es gibt aber auch Dinge, die man ändern kann, z. B. die Offenheit, auf andere Menschen zuzugehen, oder das Selbstbewusstsein, zu seiner eigenen Persönlichkeit zu stehen.	
	S. 26, Nr. 2, mögliche Lösung	
	a) Der Text scheint von jemandem zu handeln, der oder die übergewichtig ist, aber damit selbstbewusst umgeht. b) Wie wirkt das Übergewicht auf Eva? Warum spricht Eva von der ‚anderen Eva'? Welche Empfindungen hat Eva, als sie mit Franziska einkaufen geht? Wie schafft Franziska es, Eva Mut zu machen und ihr Selbstbewusstsein zu stärken? Wie empfindet Eva sich selbst in der neuen Kleidung? c) Freie Schülerarbeit: Berücksichtigt werden sollten Aspekte wie Selbstbewusstsein, sich selbst akzeptieren, Mut, anders zu sein, Verhalten, der Umgebung.	
b | Ich wäre gerne anders, S. 27	**S. 26, Nr. 2, mögliche Lösung**	
	– Der Text scheint von jemandem zu handeln, der sich nicht selbst akzeptiert. – Das Mädchen sagt ‚Ich bin dazwischen'. Was meint es damit? Warum empfindet sie sich als langweilig? Warum will sie so sein wie eine aus der Zwölften? Was würde sie gerne an sich ändern? – Freie Schülerarbeit: Berücksichtigt werden sollten Aspekte wie Selbstbewusstsein, sich selbst akzeptieren, Mut, anders zu sein, Verhalten, der Umgebung	
c | Ein Junge tanzt nicht Ballett!, S. 27	**S. 26, Nr. 2, mögliche Lösung**	🌐 Zum Weiterlesen 🔊 Hörtext
	In dem Text scheint es um einen Jungen zu gehen, der Ballett tanzen möchte, aber auf Ablehnung stößt. Warum findet Billy Ballett normal? Warum findet der Vater Ballett unmännlich? Was macht ein richtiger Junge aus Sicht des Vaters, statt Ballett zu tanzen? Freie Schülerarbeit: Berücksichtigt werden sollten Aspekte wie Selbstbewusstsein, sich selbst akzeptieren, Mut, anders zu sein, Verhalten, der Umgebung.	
d | Du bist anders? Na und?!, S. 28	**S. 28, Nr. 1**	
	In der Diskussion kann der erste Eindruck und das erste Gespräch unterschieden werden. Außerdem könnte der Ort der Begegnung unterschieden werden (z. B. persönliche Begegnung – soziale Medien)	
	S. 28, Nr. 2	
	Summer setzt sich gerade deshalb zu August, weil er ihr aufgrund seines Äußeren leid tut. Jack achtet zunächst auf das Äußere, erkennt dann aber schnell, dass August ein guter Freund ist. Julian achtet nur auf das Äußere und betrachtet vor allem die Konsequenzen, die es für ihn hätte, wenn er mit August zusammen wäre.	
	S. 28, Nr. 3	
	Summer ist vor allem an Fairness und Achtung gegenüber August gelegen. Jack begegnet August mit Respekt. Julian lässt Respekt, Achtung und Fairness gegenüber August vermissen.	

7. Durchführung der Unterrichtseinheit (Vorschlag für 7 Doppelstunden)

Minimalvorschlag (5 Doppelstunden)

1. Doppelstunde	**Einstieg:** Auftaktseite **Erläuterung der Lernaufgabe:** Jemandem den Spiegel vorhalten, S. 14–15	**Einstieg:** **Bearbeitung der Kompetenzseite:** Texte verstehen und beurteilen: Fragen an einen Text stellen, S. 16–17 Wiederholung bekannter Lesestrategien **Übung:** „… und jetzt du" Selbständige Anwendung der Kompetenzschritte auf den Beispieltext	
2. Doppelstunde	**Einstieg:** Ich in der Zeit: Zeichnung Identität, S. 18 (fakultativ **Vertiefung:** 🌐 Schiff des Theseus) **Erarbeitung:** Er ist es!, S. 18, Nr. 1–4	**Erarbeitung:** Säulen der Identität, S. 19, Nr. 1–3	**Vorbereitende Hausaufgabe:** Gar nicht cool, S. 19, Nr. 1 und 2
3. Doppelstunde	(Hausaufgabe) **Einstieg:** Gar nicht cool, S. 19, Nr. 1–2 **Vertiefung:** Gar nicht cool, S. 19, Nr. 3–4 **Sicherung:** Gar nicht cool, S. 19, Nr. 5	**Erarbeitung:** Sich abgrenzen, S. 21, Nr. 1–4 **Problematisierung:** Sich abgrenzen, S. 21, Nr. 5	**Hausaufgabe:** Sich ein Bild machen, S. 20, Triptychon
4. Doppelstunde	(Hausaufgabe) **Einstieg:** Sich ein Bild machen, S. 20, Nr. 1 und 2 **Vertiefung:** Sich ein Bild machen, S. 20, Nr. 3 **Arbeitsteilig:** Sich anpassen, S. 22, Nr. 1–3 **Und:** In Schubladen gesteckt werden, S. 22–23, Nr. 1–3	**Anwendung:** Sich selbst akzeptieren, S. 26–27, Nr. 1 und 2	**Hausaufgabe:** Eine Rolle spielen, S. 23, Nr. 1 und 2 **Vertiefung:** Eine Rolle spielen, S. 23, Nr. 3–5
5. Doppelstunde	(Hausaufgabe) Verflixtes Spiegelbild, S. 24, Nr. 1–3	**Erarbeitung:** Krankhafter Diätwahn, S. 25, Nr. 1–5	**Hausaufgabe:** Krankhafter Diätwahn, S. 25, Nr. 6
6. Doppelstunde (Vertiefung)	(Hausaufgabe) **Problematisierung:** Du bist anders? Na und!, S. 28, Nr. 1–3	Das kann ich	**Hausaufgabe:** Spiegelbild erstellen (vgl. Lernaufgabe)
7. Doppelstunde Produktpräsentation	Präsentation	Das weiß ich	

8. Medientipps

Für Lehrer

Rolf Eickelpasch, Claudia Rademacher: Identität. Bielefeld: transcript-Verlag 2010
Überblick zu den wichtigen Autoren und Publikationen zum Thema Identität.

Erik H. Erikson: Identität und Lebenszyklus. Frankfurt am Main: Suhrkamp 1973
Das Buch enthält drei Aufsätze Eriksons: 1. Ich-Entwicklung und geschichtlicher Wandel, 2. Wachstum und Krisen der gesunden Persönlichkeit und 3. Das Problem der Ich-Identität. Der zweite Aufsatz beschreibt das Stufenmodell der psychosozialen Entwicklung.

Christoph Käppler, Christoph Morgenthaler (Hrsg.): Werteorientierung, Religiosität, Identität und die psychische Gesundheit Jugendlicher. Praktische Theologie heute, Bd. 126. Stuttgart: Kohlhammer 2012
Ergebnisse einer Studie, in der 1600 Jugendliche verschiedener Religionen zu den Themen Identität, Orientierung, Bedeutung der Religion, Werte, psychisches Gleichgewicht befragt wurden.

Für Schüler

Brigitte Biermann: Engel haben keinen Hunger: Katrin L. Die Geschichte einer Magersucht. Weinheim, Basel: Beltz & Gelberg 2011
Die Autorin schildert auf der Basis von Tagebuchaufzeichnungen das Leben von Katrin, die mit 15 an Magersucht erkrankt und mit 18 an den Folgen der Erkrankung stirbt.

John Greene, David Levithan: Will & Will. München: ctb 2013
Die beiden Autoren erzählen die Geschichte von Will und Will, die gleich alt sind, die gleichen Probleme haben, aber sich nicht kennen. Ein Treffen führt dazu, dass sie über sich und ihr Leben nachdenken.

Katrin Stehle: Nur ein Teil von mir. Weinheim, Basel: Beltz & Gelberg 2013
Lina erfährt eines Tages, dass ihr Vater nicht ihr leiblicher Vater ist, sondern dass sie mit Hilfe einer Samenspende gezeugt wurde. Das löst die Frage in ihr aus, wer sie eigentlich ist und was ihre Identität ausmacht.

Andreas Steinhöfel: Die Mitte der Welt. Hamburg: Carlsen 2004
Dianne und Phil wachsen in schwierigen Verhältnissen auf und sind in ihrem Dorf Außenseiter. Sie sind auf der Suche nach ihrer eigenen Identität.

Fiona Rempt: Vertauscht. Stuttgart: Verlag Urachhaus 2014
Zwei Mädchen erfahren mit 13 Jahren, dass sie unmittelbar nach der Geburt vertauscht wurden. Dies wirft Fragen nach ihrer Identität und ihrem Platz im Leben auf.

Wer bin ich?

9. Bewertungsbogen

Bewertungsbogen für _____

Jemandem den Spiegel vorhalten – Die Lösung deiner Lernaufgabe erfüllt folgende Kriterien:	😊😊 Prima, weiter so!	😊 Gut gemacht!	😐 Nicht schlecht, aber das geht noch besser!	☹ Oh je, daran musst du arbeiten!	✏ Erläuterungen und Tipps
Inhalt (doppelte Wertung)					
Du hast mit Hilfe eines Briefes einer Figur aus dem Kapitel eine Rückmeldung gegeben.					
Du hast das Verhalten und die Einstellung der Figur in einem erklärenden Text untersucht.					
Du hast dazu das Wissen aus dem Kapitel angewendet.					
Du hast das Selbstbild der Person mit ihrer Wirkung auf andere verglichen.					
Du hast die Wirkung der Figur auf dich verglichen.					
Formales (einfache Wertung)					
Du hast einen Brief und einen analysierenden Text geschrieben.					
Deine Formulierungen sind fehlerfrei (Rechtschreibung, Zeichensetzung, Grammatik).					
Du hast sauber und ordentlich gearbeitet.					
Zusätzliche Bemerkungen:					

Überwiegend 😊😊 = sehr gut   😊 😐 und 😊 = gut   😐 und ☹ = befriedigend

😐 und ☹ = ausreichend   Überwiegend ☹ = mangelhaft   Ausschließlich ☹ = ungenügend

Datum: Bewertung:

Unterschrift:

3 Frei und verantwortl-ICH

1. Übersicht Themen – Kompetenzen – Lernaufgaben

Kapiteltitel	Thema	Kompetenz	Instrumentarium zum Kompetenzerwerb	Lernaufgabe
3 Frei und verantwortl-ICH Meinungen austauschen und eine Meinung vertreten	Freiheit und Verantwortung	Argumentieren und reflektieren	Meinungen austauschen und eine Meinung vertreten: Kontra geben (Meinung des anderen spiegeln, widersprechen, Widerspruch und eigene Meinung begründen, schlussfolgern)	Eine Diskussion durchführen und auswerten

2. Didaktischer Leitfaden

Die Begriffspaare „Freiheit und Verantwortung" sowie „Freiheiten und Pflichten" beschreiben zwei Pole, zwischen denen sich ethisch-moralisches Handeln abspielt. Während sich aber der Wunsch nach (mehr) Freiheit in der Regel von selbst einstellt, weil mit dem Heranwachsen auch die Fähigkeiten und Handlungsmöglichkeiten zunehmen, muss für das Gefühl von Verantwortlichkeit und Verpflichtung sensibilisiert werden.

Für Jugendliche äußert sich der Freiheitsdrang konkret im Wunsch nach Selbstbestimmung. Dieser Wunsch, von etwas frei zu sein, bzw. der Wunsch, zu etwas frei zu sein, ist zugleich Ursache vieler Konflikte zwischen Eltern und Kindern, Lehrern und Schülern. Aufgabe von Elternhaus und Schule ist es deshalb, den Jugendlichen immer mehr Freiheiten zu gewähren und gleichzeitig zu Verantwortungsbereitschaft zu erziehen.

Unverantwortliches Verhalten muss diskutiert und soll ggfs. sanktioniert werden. Es gilt aber auch, die Eigenverantwortlichkeit einzufordern. Jugendliche müssen sich dazu erst einmal verantwortlich fühlen. Sie müssen erkennen, dass Handlungen (und Unterlassungen) den Betroffenen der Handlung gegenüber verantwortet werden müssen. Auf der anderen Seite muss ihnen auch bewusst werden, dass man nicht für alles, zu jeder Zeit und in jedem Fall verantwortlich ist, so dass sie sich moralisch nicht überfordert fühlen.

Der Ethikunterricht analysiert verschiedene Vorstellungen von Freiheit und er stellt die Frage nach Möglichkeiten der Selbstbestimmung und nach den Grenzen der Freiheit. Er diskutiert verantwortungsloses und verantwortungsvolles Handeln an Beispielen und bietet so Orientierungswissen für den Alltag.

Diskurskompetenz umfasst die Fähigkeit, Meinungen von anderen zu erfassen und diese mit der eigenen Meinung zu vergleichen. Weichen die Meinungen voneinander ab, geht es darum, den Dissens zu formulieren und die Meinung des anderen in Frage zu stellen. Anschließend ist die eigene Meinung zu formulieren und zu begründen. Im letzten Schritt werden praktische Folgerungen abgeleitet.

Didaktische Zielsetzung

- Die Schülerinnen und Schüler schulen ihre **Diskurskompetenz**, indem sie Meinungen austauschen und eine Meinung vertreten.
  - Sie üben es, aufmerksam zuzuhören und die Meinung der Vorredner zu wiederholen.
  - Sie lernen, wie man sich von Vorrednern abgrenzt und einen Widerspruch begründet.
  - Sie lernen, ihre Meinung mit Argumenten zu begründen.
  - Sie lernen, wie man aus einem Redebeitrag eine Schlussfolgerung zieht und sich positioniert.

- Die Schülerinnen und Schüler erwerben Wissen zum Thema **Freiheit und Verantwortlichkeit.**
  - Sie entwickeln Vorstellungen von persönlicher Freiheit und bestimmen ihre Grenzen.
  - Sie lernen Faktoren kennen, die sie bei ihren Entscheidungen und ihrem Handeln beeinflussen und setzen sich mit Entscheidungsspielräumen auseinander.
  - Sie unterschieden zwischen positiven und negativen Freiheiten.
  - Sie lernen den Begriff der Handlungsfreiheit kennen und verwenden ihn.
  - Sie lernen die Dimensionen verantwortlichen Handelns kennen (wer, wem gegenüber, wofür, weswegen, wann).
  - Sie bestimmen Bedingungen und Grenzen der Verantwortung.
  - Sie erfassen Freiheit als Voraussetzung eines selbstbestimmten Lebens.

- Die Schülerinnen und Schüler bereiten eine **Diskussion** vor, führen diese durch und werten sie aus.
  - Sie üben es ein, Stellung zu nehmen und ihren Standpunkt zu vertreten.
  - Sie bereiten sich exemplarisch auf eine Diskussion vor, indem sie sich Fakten und Hintergründe zu diesem konkreten Thema erarbeiten.
  - Sie lernen die Rollen der Gesprächsleitung, der Diskussionsteilnehmer und Beobachter kennen und üben sie ein.
  - Sie üben den Austausch von Argumenten nach der Methode des Kontra-Gebens.
  - Sie üben die Auswertung einer Diskussion ein.
  - Sie lernen die Kraft des besseren Arguments kennen, wenn sie nach dem Austausch der Argumente, ihre eigene Meinung revidieren oder modifizieren wollen.

	Material	Lernfortschrittsbereich
Lernaufgabe bearbeiten	Eine Diskussion durchführen und auswerten	LF 1–LF 6
Kompetenzen entwickeln	Meinungen austauschen und eine Meinung vertreten	
Freiheit von – Freiheit zu	a | Robert nimmt sich frei	LF 2
	b | Zwei arten der Freiheit	LF 1
	c | Handlungsfreiheit	LF 2
	d | Freiheit und Unfreiheit	LF 1

	Material	Lernfortschritts-bereich
Die Freiheit suchen	a | Ohne Zwänge	LF 3 und LF 5
	b | Ohne Kompromisse	LF 4
	c | Ohne Grenzen	LF 4
Freiheit und Verantwortung	a | Pampa Blues	LF 2
	b | Verantwortung fühlen	LF 5
	c | Ver-ANTWORT-ung	
	d | Die volle Verantwortlich-keit	LF 1
	e | Bedingt verantwortlich	LF 3

	Material	Lernfortschritts-bereich
Auf Freiheiten verzichten – freiwillig?	a | Aus Rücksichtnahme	
	b | Aus Verantwortung	LF 4
Gelerntes anwenden und überprüfen	Das weiß ich	
	Das kann ich	

3. Bildungsplanbezug

Lehrplaninhalte: Standards für inhaltsbezogene Kompetenzen	
3.1.1 Ich und Andere **3.1.1.2 Freiheit und Verantwortung**	
Die Schülerinnen und Schüler können 1. Faktoren, die sie bei ihren Entscheidungen und in ihrem Handeln beeinflussen, gewichten und sich mit Möglichkeiten selbstbestimmten Entscheidens und Handelns auseinandersetzen	Robert nimmt sich frei, S. 36 Ohne Zwänge, S. 38
2. Formen von Freiheit bestimmen und voneinander abgrenzen (zum Beispiel Handlungsfreiheit, Willensfreiheit)	Zwei Arten der Freiheit, S. 36 Handlungsfreiheit, S. 37
3. die Spannung zwischen Abhängigkeit und Freiheit in der Adoleszenz darlegen und dazu Stellung nehmen	Freiheit und Unfreiheit, S. 37 Ohne Grenzen, S. 40
4. Verantwortung in ihren verschiedenen Dimensionen benennen (zum Beispiel wer, wem gegenüber, wofür, weswegen, wann)	Pampa Blues, S. 41 Verantwortung fühlen, S. 42 Ver-ANTWORT-ung, S. 42
5. anhand von Beispielen den Zusammenhang zwischen Freiheit und Verantwortung aufzeigen und eigene Verantwortlichkeiten benennen (zum Beispiel soziale Beziehungen, Nachhaltigkeit)	Die volle Verantwortlichkeit, S. 43 Bedingt verantwortlich, S. 43 Aus Rücksichtnahme, S. 44 Aus Verantwortung, S. 44
6. Aspekte eines selbstbestimmten und glücklichen Lebens erläutern und bewerten (zum Beispiel bezogen auf Berufsziel, Formen der Beteiligung, Beziehungen, sexuelle Identität, Gesundheit, Medien)	Lernaufgabe, S. 32 Ohne Kompromisse, S. 38

Standards für prozessbezogene Kompetenzen	
Schwerpunktkompetenz des Kapitels: Argumentieren und reflektieren **Die Schülerinnen und Schüler können** 1. sich zu ethisch relevanten Themen, Frage- und Problemstellungen äußern und eine Position argumentativ darlegen	Lernaufgabe, S. 32 Zwei Arten der Freiheit, S. 36, Nr. 1 und 2 Freiheit und Unfreiheit, S. 37, Nr. 1, 2 und 4 Ohne Zwänge, S. 38, Nr. 3
2. einen Standpunkt begründet und unter Bezug auf moralische Regeln und ethische Grundsätze vertreten	Pampa Blues, S. 41, Nr. 4 Verantwortung fühlen, S. 42, Nr. 2 und 3
4. verschiedene Argumente in der ethischen Auseinandersetzung in Beziehung setzen und gewichten	Ohne Kompromisse, S. 38, Nr. 1
5. Werte und Normen bei ethischen Frage- und Problemstellungen diskutieren	Ohne Kompromisse, S. 38, Nr. 2 und 4 Bedingt verantwortlich, S. 43, Nr. 4
6. die Geltungsansprüche von leitenden Prinzipien und Regeln hinsichtlich ethischer Fragen und Problemstellungen kritisch prüfen und erörtern	Aus Verantwortung, S. 44, Nr. 2 und 3
7. in kommunikativ-argumentativen Kontexten (beispielsweise Rollenspiele, Szenarien, Fallbeispiele, Diskussionen) Position beziehen und gemeinsam neue Lösungsansätze entwerfen und vertreten	Lernaufgabe, S. 32 Ohne Zwänge, S. 38, Nr. 3 Verantwortung fühlen, S. 42, Nr. 4
Wahrnehmen und sich hineinversetzen **Die Schülerinnen und Schüler können** 3. eigene Bedürfnisse, Interessen und Gefühle und die anderer erkennen und beschreiben	Robert nimmt sich frei, S. 36 Nr. 1 Zwei Arten der Freiheit, S. 36, Nr. 1 Handlungsfreiheit, S. 37, Nr. 4b Freiheit und Unfreiheit, S. 37, Nr. 3

3

Standards für prozessbezogene Kompetenzen	
4. durch Perspektivenwechsel und wechselseitigen Austausch mögliche Empfindungen und Sichtweisen Beteiligter oder Betroffener erfassen und benennen	Robert nimmt sich frei, S. 36 Nr. 2 und 3 Ohne Zwänge, S. 38, Nr. 2 Ohne Kompromisse, S. 39, Nr. 3 Pampa Blues, S. 41, Nr. 2 und 3 Verantwortung fühlen, S. 42, Nr. 1
5. Phänomene, Situationen oder Sachverhalte und die zugrundeliegenden Werte und Normen benennen und differenziert darstellen	Ohne Zwänge, S. 38, Nr. 3
Analysieren und interpretieren **Die Schülerinnen und Schüler können** 1. Informationen aus verschiedenen Quellen als Denkanstoß für die Deutung ethisch relevanter Sachverhalte erschließen	Zwei Arten der Freiheit, S. 36, Nr. 3 Freiheit und Unfreiheit, S. 37, Nr. 2 Ohne Kompromisse, S. 38, Nr. 2 Ohne Grenzen, S. 40, Nr. 2 und 4
2. zentrale Begriffe der Ethik erläutern, voneinander abgrenzen und bestimmen	Zwei Arten der Freiheit, S. 36, Nr. 2 Handlungsfreiheit, S. 37, Nr. 3 und 4a Die volle Verantwortlichkeit, S. 43, Nr. 3

Standards für prozessbezogene Kompetenzen	
3. eine Meinung zu ethisch-moralischen Themen, Frage- und Problemstellungen darlegen und erläutern	Freiheit und Unfreiheit, S. 37, Nr. 4 Ohne Kompromisse, S. 38, Nr. 1 und S. 39, Nr. 4 Ohne Grenzen, S. 40, Nr. 3 Verantwortung fühlen, S. 42, Nr. 4 Bedingt verantwortlich, S. 43, Nr. 4 Aus Verantwortung, S. 44, Nr. 2
4. das eigene Vorverständnis zu ethisch-moralischen Themen, Frage- und Problemstellungen klären und mit Lebenssituationen und Einstellungen anderer vergleichen	Zwei Arten der Freiheit, S. 36, Nr. 1 Freiheit und Unfreiheit, S. 37, Nr. 1 Die volle Verantwortlichkeit, S. 43, Nr. 1 Bedingt verantwortlich, S. 43, Nr. 2
8. Argumentationen (*zum Beispiel aus Texten der Moralphilosophie*) für die Deutung ethisch-moralischer Sachverhalte erarbeiten und einordnen	Ohne Zwänge, S. 38, Nr. 3 Ohne Kompromisse, S. 38, Nr. 2 Die volle Verantwortlichkeit, S. 43, Nr. 2

4. Tipps zum Umgang mit der Lernaufgabe – Eine Diskussion durchführen und auswerten

Den Rahmen der Unterrichtseinheit bildet die Methode der Positionslinie, die gleich nach der Beschäftigung mit der Auftaktseite eingesetzt werden sollte. Im Klassenzimmer wird eine (imaginäre) Linie zwischen den Extrempositionen „Wir Jugendlichen sind frei!" und „Wir Jugendlichen sind nicht frei!" gezogen. Die Schülerinnen und Schüler werden aufgefordert, sich zu positionieren und ihre Meinung/Position zu begründen.

Nach der Bearbeitung des Kapitels und nach der Teilnahme an der Diskussion schließt eine zweite Positionierung die Einheit ab. Der Einsatz dieser Methode hat zwei Zielrichtungen. Zum einen können Schülerinnen und Schüler erleben, dass sie ihre Meinung infolge einer intensiveren Auseinandersetzung mit einem Thema korrigieren wollen oder auch bestätigt sehen. Zum anderen wird deutlich, dass eine Diskussion nicht nur dem Austausch verschiedener Argumente dient, sondern auch Einfluss hat auf die Meinung der Beteiligten bzw. der Zuhörer.

Bei der Bearbeitung der Inhaltsseiten setzen sich die Schülerinnen und Schüler nämlich mit ganz unterschiedlichen Aspekten auseinander, die in der Diskussion als Argument genutzt werden können. Darüber hinaus können auch andere Themen angesprochen werden, die sich im Kontext der Fragestellung eignen.

Vor der Durchführung der Diskussion, für die etwa 30 Minuten eingeplant werden sollte, kann die Checkliste (S. 33) genutzt werden. Anders als bei einer Pro-Kontra-Diskussion geht es hier nicht um eine Gegenüberstellung zweier Lager. Vielmehr sollen die einzelnen Schüler ihre Meinungen vortragen und zur Diskussion stellen. Eine Sitzordnung im Kreis führt in der Regel dazu, dass die Teilnehmer authentisch und offen für den Austausch sind.

Vor der Diskussion werden ein Gesprächsleiter und ein bis zwei Mitschüler als Beobachter bestimmt. Der Gesprächsleiter eröffnet die Diskussion (🌐 **„Themenliste",** 🌐 **„Material zur Moderation"** unterstützen die Gesprächsleiter) und der Austausch der Meinungen beginnt. Wichtig ist, dass die Teilnehmer die Vorgaben der Kompetenzseite berücksichtigen. Der Gesprächsleiter sollte aber nur dann eingreifen, wenn ein Teilnehmer keinen Bezug auf seine Vorredner nimmt oder die vorgebrachte Meinung nicht argumentativ stützt.

Nachdem der Gesprächsleiter die Diskussion nach Ablauf der Zeit beendet hat, geben die Beobachter Feedback zum Gesprächsverhalten der Teilnehmer.

Möglicherweise hat die erfolgreiche Argumentation einer Gruppe sogar direkte Auswirkungen auf die Positionierung auf der Positionslinie, die im Anschluss an die Diskussion angeboten werden sollte. Besonders wichtig ist dabei, dass die Lehrerin/der Lehrer die Schülerinnen und Schüler fragt, ob sie ihre Position infolge der Diskussion oder infolge der unterrichtlichen Beschäftigung mit dem Thema verändert haben.

Die EXTRA-Aufgabe bietet insbesondere für leistungsstärkere Schülerinnen und Schüler die Möglichkeit, Argumente der Diskussion aufzugreifen und auf den konkreten Fall anzuwenden.

Positionslinie und EXTRA-Aufgabe können auch genutzt werden, um die Unterrichtseinheit abzuschließen, wenn die Lernaufgabe gar nicht bearbeitet wurde.

5. Umgang mit der Kompetenzseite

Eine erste Möglichkeit, „Kontra (zu) geben", bietet die Auftaktseite. Hier beziehen die Schülerinnen und Schüler spontan Gegenposition bei der Frage „Ist das nicht unverantwortlich?". Die Lehrkraft kann hier einen ersten Eindruck von der Diskurskompetenz der Schülerinnen und Schüler bekommen und überprüfen, welche Schritte der Kompetenzseite die Schüler möglicherweise schon befolgen.

Die Kompetenzseite zeigt den idealtypischen Verlauf einer Meinungsäußerung, doch sollen die Kompetenzschritte keinesfalls in einem bloßen Formalismus münden. Die Lehrerin/der Lehrer, in der Diskussion auch die Diskussionsleitung, muss im Einzelfall entscheiden, ob die Diskussion unterbrochen wird, wenn die Argumentation lückenhaft oder unlogisch ist, oder ob er/sie das Gespräch weiterlaufen lässt, um die Positionen deutlich werden zu lassen. Mit fortschreitender Routine entwickeln die Schüler selbst ein Gespür für schwache Kontraargumente und ergänzen die Argumentation ihrer Gruppenmitglieder.

Die Anleitung auf der Kompetenzseite (So geht's) stellt das „Kontra geben" vor. Das Beispiel greift den Fall Dekker wieder auf. Frau Wieser steht dem Vorhaben Laura Dekkers kritisch gegenüber und die Schülerinnen und Schüler können sich gut in Ellas Argumentation hineindenken.

Das Übungsangebot (… und jetzt du:) verlangt von den Schülern eine Kontra-Argumentation, die eigentlich auf zwei Aspekte eingehen muss: die Befreiung vom Schulbesuch und die räumliche Distanz zu den Klassenkameraden.

Nachdem sich die Schülerinnen und Schüler zunächst mit Aspekten der Freiheit auseinandergesetzt haben, üben sie im Rahmen der mit dem ▢-Symbol gekennzeichneten Aufgaben mehrfach die Kompetenz ein.

Die Kompetenzseite kann schließlich vor der Durchführung der Diskussion und bei ihrer Auswertung genutzt werden, um die Kriterien für ein produktives Diskussionsverhalten zu wiederholen.

6. Aufgabencheck

a) Klassifizierung der Aufgaben

Folgende Aufgaben …	
sind leistungsdifferenziert	Freiheit und Unfreiheit, S. 37, Nr. 1 Ohne Kompromisse, S. 39, Nr. 3 Verantwortung fühlen, S. 42, Nr. 3 Die volle Verantwortlichkeit, S. 43, Nr. 1 und 3
sind wahl- oder interessendifferenziert	Handlungsfreiheit, S. 37, Nr. 4
enthalten kreative Elemente	Robert nimmt sich frei, S. 36, Nr. 2 und 3 Handlungsfreiheit, S. 37, Nr. 4a Aus Rücksicht, S. 44, Nr. 3
machen unterrichtsorganisierende Vorschläge	Freiheit und Unfreiheit, S. 37, Nr. 3 Ohne Zwänge, S. 38, Nr. 3 Ohne Grenzen, S. 40, Nr. 4 Pampa Blues, S. 41, Nr. 4 Verantwortung fühlen, S. 42, Nr. 4 Bedingt verantwortlich, S. 43, Nr. 1 und 3 Aus Verantwortung, S. 44, Nr. 1
sind handlungs- oder produktorientiert	Handlungsfreiheit, S. 37, Nr. 4b Aus Rücksichtnahme, S. 44, Nr. 3 Aus Verantwortung, S. 44, Nr. 1
machen Zusatzangebote (Code/ DUA)	Lernaufgabenseite, S. 33 ⊕ Themenliste, Material zur Moderation Ohne Kompromisse, S. 39 ⊕ Texterschließungshilfen Verantwortung fühlen, S. 42 ⊕ Entscheidungsübersicht: sich verantwortlich fühlen Die volle Verantwortlichkeit, S. 43 ⊕ Informationen zur Strafmündigkeit

b) Hinweise und Lösungen mit Zuordnungen der Online-Codes

	Hinweise und Lösungen	Ergänzendes Material
Problemaufhänger	Die erste Aufgabe verlangt von den Schülern, sich mit dem Angebot grenzenloser Freiheit auseinanderzusetzen. Dabei macht der Fall Laura Dekkers schnell deutlich, dass Freiheit in vielen Fällen auch die Abwesenheit von Sicherheit und Geborgenheit bedeutet. Die zweite Aufgabe thematisiert das Thema Verantwortung, die Kehrseite der Freiheit. Kann Laura Dekker diese Verantwortung für sich schon übernehmen?	

3

	Hinweise und Lösungen	Ergänzendes Material
Lernaufgabe: Eine Diskussion durchführen und auswerten, S. 32–33	Bevor sich die Schülerinnen und Schüler mit den Themen- und Fragestellungen des Kapitels auseinandersetzen sollen sie sich spontan zur Fragestellung „Wie frei sind wir Jugendlichen eigentlich?" positionieren. Die Bearbeitung des Kapitels kann einem Teil der Schüler Freiheiten aufzeigen, einem anderen Teil Grenzen der Freiheit bewusst machen. Eine wiederholte Positionierung nach Bearbeitung des Themas kann die inhaltliche Auseinandersetzung abbilden.	⊕ Themenliste ⊕ Materialien zur Moderation
Kompetenzseite: **Meinungen austauschen und eine eigene Meinung vertreten:** **Kontra geben:** „… und jetzt du", S. 34–35	Kontroverse Fragestellungen fordern Widerspruch heraus. Die Schüler sollen befähigt werden, auf die Argumente anderer einzugehen und eine eigene Argumentation aufzubauen. Die erste Anwendung der Kompetenzschritte verlangt die Übernahme der Gegenposition. Unabhängig von der persönlichen Meinung des Schülers müssen die Schüler Kontra geben.	
a ǀ Robert nimmt sich frei, S. 36	S. 36, Nr. 1	
	Beispiele für typische Elternsprüche: „Räum dein Zimmer auf!" „Dreh die Musik leiser." „Komm nicht so spät nach Hause!"	
	S. 36, Nr. 2	
	Unmittelbar vor Roberts Verschwinden kritisiert der Vater Roberts Verhalten. Symbolhaft ist der Ruf des Vaters, den Robert nur bruchstückhaft hört. Robert soll nicht „ungeschoren" davonkommen. Naheliegend ist, dass Robert sich von der Kritik und dem Tatendrang des Vaters bedrängt fühlt. Wenn er in sich hineinlauscht, hört Robert vielleicht den Ruf der Freiheit oder Selbstbestimmung („Ich habe keine Lust mehr auf das Gemecker.", „Ich will machen, was ich will.").	
	S. 36, Nr. 3, freie Schülerarbeit	
b ǀ Zwei Arten der Freiheit, S. 36	S. 36, Nr. 1, mögliche Ergänzungen	
	„Freiheit ist für mich … die Abwesenheit von Terminen." die Möglichkeit, zu tun, was ich will." das Gefühl, dass alles möglich ist."	
	S. 36, Nr. 2	
	Die eine Art der Freiheit ist die negative Freiheit. Sie beschreibt die Abwesenheit von Verpflichtungen. Zwänge sind in diesen Fällen „nicht" vorhanden. Die andere Art der Freiheit meint das Vorhandensein von Möglichkeiten, die „gegeben", also vorhanden sind und unter denen man auswählen kann.	
	S. 36, Nr. 3	
	Das Beispiel der Ferien zeigt den Zusammenhang. Nur wenn Verpflichtungen (täglicher Schulbesuch) wegfallen, ist man frei dazu, Freizeitmöglichkeiten zu nutzen.	
	S. 36, Nr. 4, freie Schülerarbeit (Eulenaufgabe)	
c ǀ Handlungsfreiheit, S. 37	S. 37, Nr. 1, mögliche Antworten	
	– Er hat Angst, dass er Ärger mit dem Meister bekommt. – Er weiß, dass er die verschlafene Arbeitszeit nacharbeiten müsste. – Er hat keine Lust auf den Spott der Kollegen, wenn er später auf der Baustelle auftaucht. – …	
	S. 37, Nr. 2	
	Zu den äußeren Einschränkungen zählen: körperliche Behinderungen, wenig Geld, Androhung von Strafe, Gefangenschaft, Gesetze Zu den inneren Einschränkungen zählen: Angst, Unwissen, geistige Behinderung	

	Hinweise und Lösungen	**Ergänzendes Material**
	S. 37, Nr. 3	
	Handlungsfreiheit ist die Fähigkeit, frei, d.h. ohne äußere oder innere Einschränkungen zwischen den vorhandenen Möglichkeiten, zu entscheiden.	
	S. 37, Nr. 4	
	freie Schülerarbeit	
d | Freiheit und Unfreiheit, S. 37	S. 37, Nr. 1, mögliche Schüleräußerungen	
	„Niemand ist völlig frei, weil … – man auf andere Rücksicht nehmen muss." – man die Gesetze der Physik nicht ignorieren kann." – einem das Geld fehlt, um Freiheiten auszuleben." – der eigene Körper und der Verstand Grenzen setzt."	
	S. 37, Nr. 2	
	Im Text genannt werden folgende Einschränkungen: – Krankheiten – Unfälle – Lebensumstände (Schicksal) – Unsicherheit/Orientierungslosigkeit	
	S. 37, Nr. 3, freie Schülerarbeit	
	S. 37, Nr. 4, freie Schülerarbeit (Eulenaufgabe)	
a | Ohne Zwänge, S. 38	S. 38, Nr. 1, mögliche Zuordnungen	
	„ohne Hektik" (links oben): Der Tramper/Obdachlose lebt ohne Hektik in den Tag hinein. Er ist weitgehend frei von familiären oder beruflichen Verpflichtungen. „ohne Eltern" (rechts oben): Die Zeit eines Schüleraustausches oder eines längeren Auslandsaufenthalts ist für viele Jugendliche die erst Phase, in denen Jugendlich keine tägliche Kontrolle durch die Eltern erleben. „ohne Alltag" (links unten): Urlaubs- und Reisezeiten heben sich vom Alltag und seiner Routine ab. An die Stelle von Gleichförmigkeit treten Erlebnisse oder Überraschungen. „ohne Kontrolle" (rechts unten): Die Zeit auf Partys oder in Discotheken wird von Jugendlichen häufig als Freiraum empfunden, weil sie hier frei von elterlicher oder schulischer Kontrolle sind.	
	S. 38, Nr. 2	
	links oben: Die prinzipielle Freiheit, unterwegs zu sein, wird bspw. eingeschränkt von fehlenden finanziellen Möglichkeiten. rechts oben: Die Freiheit, zu tun und zu lassen, was man will, wird möglicherweise eingeschränkt von Unerfahrenheit oder sprachlichen Barrieren. links unten: Die Freiheit, jederzeit etwas Neues zu erleben, wird möglicherweise eingeschränkt von Ängsten (Angst vor Abenteuern). rechts unten: Die Freiheit, Wünsche und Sehnsüchte auszuleben, wird möglicherweise eingeschränkt von gesetzlichen Verboten (Alkoholverbot) oder sozialer Kontrolle (durch die Clique).	
	S. 38, Nr. 3	
	Die Diskussion kann an verschiedenen Punkten ansetzen. Zum einen kann gefragt werden, ob Freiheit „immer" einen Verlust an Freiheit bedeutet. Sie kann fragen, ob dieser „Verlust" negativ zu bewerten ist oder prinzipiell in Frage stellen, ob es in Unfreiheit überhaupt Sicherheit gibt. Wenn bspw. der Auslandsaufenthalt als „unsicher" bewertet wird, stellt sich automatisch die Frage, ob der Alltag sicherer ist.	

	Hinweise und Lösungen	Ergänzendes Material
b | Ohne Kompromisse, S. 38	**S. 38, Nr. 1** Die pauschale Behauptung ruft vermutlich Widerspruch hervor. Kompromisse zwischen Eltern und Kindern werden bspw. gemacht, wenn es um die Mithilfe im Haushalt, um die Ausgehzeiten oder das Verhältnis von Schularbeit und Freizeit geht. **S. 38, Nr. 2** Selbstbestimmung bedeutet die bewusste Auswahl von Freiheiten. Indem man sich dazu entscheidet, bestimmte Freiheiten nicht auszuleben, grenzt man sich ab und bestimmt sein eigenes Profil. **S. 39, Nr. 3** oben links: Das Mädchen trägt Dread-Locks. Sie bringt damit auch einen Lebensstil zum Ausdruck, der sich vom Main-Stream abhebt. oben Mitte: Das homosexuelle Paar lebt die eigene Sexualität aus und zeigt sich in der Öffentlichkeit. oben rechts: Der Stil der jungen Frau ist unkonventionell und kompromisslos gegenüber gesellschaftlichen Konventionen. unten links: Das binationale Ehepaar stellt die eigenen Gefühle über Unterschiede der Herkunft und ignoriert mögliche Erwartungen der Eltern oder Freunde in Bezug auf die Partnerwahl. unten rechts: Der junge Mann bricht mit mehreren Konventionen der Gesellschaft. Er nimmt sich die Freiheit und trägt Spitzenhandschuhe, Fächer, Ohr- und Kopfschmuck. Insofern diese Accessoirs traditionell Frauen zugeschrieben werden, geht er keine Kompromisse bezügliche der Rollenerwartung ein. Mögliche Folgen sind häufig eine erhöhte Aufmerksamkeit des Umfeldes, kritische, aber auch affirmative Rückmeldungen. Im schlimmsten Fall Konfrontation und Ausgrenzung. **S. 39, Nr. 4, freie Schülerarbeit (Eulenaufgabe)**	⊕ Texterschließungshilfe zu „Wie führt man eigentlich ein selbstbestimmtes Leben"
c | Ohne Grenzen, S. 40	**S. 40, Nr. 1, Lösung** Erlaubt ist … Rauchen in der Öffentlichkeit ab 18. der Kauf von Fruchttabak für Wasserpfeifen ab 18. Kauf von E-Zigaretten ab Kauf von Wein, Bier und Sekt ab 16. Kauf von Spirituosen ab 18. ein Gaststättenbesuch bis 24 Uhr ab 16. **S. 40, Nr. 2** Gegenüberstellung: | Schutzfaktoren	Risikofaktoren
---	---
- gesundes Selbstwertgefühl - Freundeskreis, in dem keine Suchtmittel konsumiert werden - Eltern, die verantwortungsbewusst mit Suchtmitteln umgehen	- Alter (Pubertät) - Konsum von „Einstiegsdrogen" - leichte Verfügbarkeit von Suchtmitteln - Konsum von Suchtmitteln in der Familie oder am Arbeitsplatz - positive Erfahrungen mit Suchtmitteln | **S. 41, Nr. 3** Mithilfe der Informationen aus dem Text können die Schülerinnen und Schüler verschiedene Gegenargumente vorbringen. Von Bedeutung ist hier möglicherweise, dass die formulierte Beobachtung nicht falsch ist. Es ist deshalb wichtig, dass beim Kontra-Geben die langfristigen Folgen des Suchtmittelkonsums gegengerechnet werden. Keinesfalls sollten die positiven Folgen wegdiskutiert bzw. negiert werden.	

Frei und verantwortl-ICH

	Hinweise und Lösungen	Ergänzendes Material
	S. 40, Nr. 4	
	beispielhafte Situationen: Die Abhängigkeit von Alkohol und anderen Suchtmitteln äußert sich in dem Zwang, Suchtmittel zu konsumieren. Der Zwang kann dann stärker sein als andere Bedürfnisse und Wünsche und lässt diese an die zweite Stelle treten. - So verlassen Raucher schnell den Kino- oder Theatersaal, weil sie rauchen „müssen". - Ab einem gewissen Alkoholkonsum ist die Handlungsfreiheit eingeschränkt. - Außerdem ist mit gesundheitlichen Einschränkungen zu rechnen. Manche Raucher bekommen schlecht Luft und sind deshalb sportlich nicht so leistungsstark.	
	S. 40, Nr. 5, freie Schülerarbeit (Eulenaufgabe)	
	S. 40, Nr. 6	
	Der Mann in dem Cartoon ist so abhängig von seinem Handy, dass er die Umwelt um sich herum (hier: Baum) nicht mehr ohne sein Smartphone wahrnehmen kann.	
a | Pampa Blues, S. 41	**S. 41, Nr. 1**	
	Der Buchtitel „Pampa Blues" setzt sich zusammen aus „Pampa" (südamerikanisches Grasland), der Inbegriff der Einöde) und „Blues" (Traurigkeit, depressive Stimmung, auch Musikrichtung). Ben leidet also an der Einsamkeit bzw. Rückständigkeit der Provinz.	
	S. 41, Nr. 2	
	Bens Freiheit wird dadurch eingeschränkt, dass – er sich um seinen Großvater kümmern muss. - sein Alltag durch die Pflege- und Hausarbeiten strukturiert wird. - er wegen der Verantwortung für den alten Mann nicht aus Wingroden wegziehen kann. - nicht frei über seinen beruflichen Werdegang (Ausbildung) entscheiden kann.	
	S. 41, Nr. 3	
	Ben fühlt sich für seinen Großvater verantwortlich. Diese Verantwortung resultiert offenbar zunächst daraus, dass sein Vater die Aufgabe nicht übernimmt. Konkret sieht er aber auch, dass der alte Mann Hilfe braucht und er derjenige ist, der sie geben kann („Ich trockne Karl den Rücken ab, weil er das nicht selber kann."). Außerdem nennt Ben Mitleid als Antriebkraft. Seinen großen Traum muss er deshalb zurückstellen.	
	S. 41, Nr. 4	
	Verantwortung sucht man sich oft nicht aus, sondern sie kommt einem häufig (wie ein Geschenk) zu. Übernimmt man diese Verantwortung, hat man die Pflicht, eine Aufgabe oder Arbeit zu erfüllen. An diesen wachsen Fähigkeiten, Haltungen werden ausgebildet. Ben zum Beispiel wird durch die Verantwortung, die er für seinen Großvater hat, reifer. Er handelt umsichtig, zuverlässig und verantwortungsvoll.	
b | Verantwortung fühlen, S. 42	**S. 142, Nr. 1**	⊕ Entscheidungsübersicht: sich verantwortlich fühlen
	Bei einem Gegentreffer, für den man verantwortlich ist, spürt man die Enttäuschung der Mitspieler. Sie haben sich darauf verlassen, dass die Verteidigung übernommen wird. Es ist ein negatives Gefühl und man möchte sich entschuldigen und Erklärungen für das Versäumnis finden. Zugleich versucht man den Fehler auszubügeln. Ebenso schlecht fühlt man sich, wenn man ein Geburtstagsgeschenk vergisst. Die Erwartungen des anderen werden nämlich enttäuscht und man befürchtet, dass das Gegenüber falsche Schlüsse zieht.	

	Hinweise und Lösungen	Ergänzendes Material
	S. 42, Nr. 2–3, freie Schülerarbeit	
	Zu erwarten ist, dass sich die Schülerinnen und Schüler … entscheiden: im Fall 1 für „größtenteils" (weil man selbst die Voraussetzungen geschaffen hat, gleichzeitig aber auch die „richtigen" Aufgaben gestellt wurden) im Fall 2 für „größtenteils" (weil man die Folgen verursacht, aber nicht beabsichtigt hat) im Fall 3 für „teilweise" (weil der Mitschüler auch verantwortlich ist; er muss auch darauf achten, wo das Kabel hängt) im Fall 4 für „teilweise" (weil in dem Fall, dass der Schüler die Hausaufgaben vorzeigen könnte, der Mitschüler gar nicht drangekommen wäre – der Fall ist aber problematisch, weil der Schüler die Auswahl des Mitschülers und die Notenvergabe nicht zu verantworten hat) im Fall 5 für „überhaupt nicht" (weil man keinen Einfluss auf das Wetter nehmen kann) im Fall 4 für „vollständig" (weil es zwei Optionen gibt (anrufen oder nicht anrufen) und man sich für die eine entschieden hat) Andere Einschätzungen sind natürlich denkbar.	
	S. 42, Nr. 4, freie Schülerarbeit	
	Ein Diskussionsergebnis könnte sein, dass eine Betrunkene/ein Betrunkener für sein Verhalten nicht verantwortlich ist. Dass sie/er aber verantwortlich dafür ist, dass sie/er angefangen hat zu trinken bzw. zu viel getrunken hat. Dazu auch: d	Die volle Verantwortlichkeit	
c	Ver-ANTWORT-ung, S. 42	S. 42, Nr. 1, freie Schülerarbeit	
	Beispiel: „Ich bin verantwortlich dafür, unsere Katzen zu füttern."	
	S. 42, Nr. 2	
	Wer? **Ich (bin)** Wovor? **meinen Eltern gegenüber** Weswegen? **wegen unserer Absprache** Wann? **jeden Tag** Was? **für das Füttern der Katzen** (verantwortlich) Wofür? **damit sie nicht hungern.**	
	S. 42, Nr. 3, freie Schülerarbeit (Eulenaufgabe)	
d	Die volle Verantwortlichkeit, S. 43	S. 43, Nr. 1, mögliche Lösungen	⊕ Informationen zur Strafmündigkeit
	„Man ist erwachsen, – wenn man eigenes Geld verdient, weil man dann unabhängig ist." – wenn man 18 Jahre alt ist, weil das gesetzlich festgelegt ist." – wenn man Kinder hat, weil man dann die Rolle wechselt." – …	
	S. 43, Nr. 2	
	Auch Kinder und Jugendliche begreifen sich als Handelnde und erkennen die Folgen ihres Handelns. Entsprechend fühlen sie sich ab einem gewissen Alter auch verantwortlich. Die volle Verantwortlichkeit für ihr Handeln haben aber erst Erwachsene, weil sie (alle) Folgen ihres Handelns vorher abschätzen können und damit bewusst in Kauf bewusst nehmen.	
	S. 43, Nr. 3	
	„Verantwortlichkeit" ist die Zuständigkeit für eine zu erledigende (wichtige) Aufgabe, die – vom Handelnden selbst gefühlt wird, – von anderen zugeschrieben wird oder – per Gesetz zukommt.	
e	Bedingt verantwortlich, S. 43	S. 43, Nr. 1, freie Schülerarbeit	⊕ Information zur Strafmündigkeit
	mögliche Aspekte: – auf etwas vorbereitet sein – sich bewährt haben – ein gewisses Alter/ Lebenserfahrung aufweisen – über bestimmte Voraussetzungen verfügen – …	

	Hinweise und Lösungen	Ergänzendes Material
	S. 43, Nr. 2	
	In Zeile 2 kann „bedingte" durch „eingeschränkte", „begrenzte", „unvollständige" oder „teilweise" ersetzt werden.	
	S. 43, Nr. 3	
	Die gesetzlichen Strafen können Jugendliche vor weiteren Straftaten abschrecken, sie können auf die rechtliche oder ethische Problematik der vorausgegangenen Straftat verweisen. Sie geben dem Täter die Möglichkeit das Fehlverhalten zu büßen/wiedergutzumachen. Sie zeigen den Jugendlichen die Grenzen auf und machen auf die Rechte und Freiheiten anderer aufmerksam.	
	S. 43, Nr. 4	
	freie Schülerarbeit unter Anwendung der Kompetenzschritte, S. 34	
a | Aus Rücksichtnahme, S. 44	S. 44, Nr. 1	
	Rücksicht nehmen heißt, zugunsten anderer auf eine Handlung verzichten, die man gerne ausführen würde. Von Rücksichtnahme wird insbesondere dann gesprochen, wenn das eigenwillige Verhalten nicht geahndet wird. So werden Fahrgäste, die in der Bahn ein Brötchen essen, oder Motorradfahrer, die mehr Gas als erforderlich geben, oder Skifahrer, die lautstark die Piste herunterfahren, nicht bestraft. Man vertraut auf ihre Rücksicht.	
	S. 44, Nr. 2, mögliche Ergänzungen	
	– weil wir dem anderen nichts Negatives antun wollen." – weil wir daran denken, dass wir auch mal in der Situation des anderen sein können und dann auf die Rücksicht anderer hoffen." – weil wir wissen, dass sich der andere sonst ärgert." – weil der andere das von uns erwartet."	
	S. 44, Nr. 3, freie Schülerarbeit	
b | Aus Verantwortung, S. 44	S. 44, Nr. 1, freie Schülerarbeit	
	S. 44, Nr. 2	
	Option 1 (Freiwilliger Verzicht und verantwortungsvoller Umgang) betont die Freiheit des Einzelnen und appelliert an das Verantwortungsgefühl der Verbraucher. Option 2 (Gesetzliches Verbot und beschränkter Gebrauch) schränkt die Freiheit ein, indem Zuwiderhandlungen bestraft werden. Die jeweiligen Begründungen berühren verschiedene Menschenbilder: Wer auf freiwilligen Verzicht setzt, begründet das beispielsweise mit dem Vertrauen, das man in die Einsicht der Verbraucher setzt. Wer auf Verbote setzt, begründet das möglicherweise damit, dass sich die Verbraucher ungern einschränken lassen und nur auf gesetzliche Verbote reagieren.	
	S. 44, Nr. 3, freie Schülerarbeit	
	Um die Diskussion anzustoßen, können konkrete Verzichtsituationen vorgegeben werden: „Schön blöd, wenn ich auf eine schöne lange Dusche verzichte, obwohl ich gar nicht verzichten muss."	

7. Durchführung der Unterrichtseinheit (Vorschlag für 7 Doppelstunden)

Minimalvorschlag 6 Doppelstunden

1. Doppelstunde	**Einstieg:** Auftaktseite, S. 31, Nr. 1 und 2 **Bearbeitung der Kompetenzseite:** Meinungen austauschen und eine Meinung vertreten, S. 34 **Übung:** „... und jetzt du"	**Erläuterung der Lernaufgabe:** Eine Diskussion durchführen und auswerten, S. 32–33 **Einstieg, Erarbeitung:** Robert nimmt sich frei, S. 36, Nr. 1–3 **Präsentation** der Ergebnisse	**Hausaufgabe** (optional): Zwei Arten der Freiheit, S. 36, Nr. 1
2. Doppelstunde	(Hausaufgabe) **Einstieg** Zwei Arten der Freiheit, S. 36, Nr. 1 **Erarbeitung und Übung:** Zwei Arten der Freiheit, S. 36, Nr. 2–4	**Einstieg, Erarbeitung und Ergebnissicherung:** Handlungsfreiheit, S. 36, Nr. 1–3	**Hausaufgabe:** Handlungsfreiheit, S. 36, Nr. 4
3. Doppelstunde	(Hausaufgabe) **Einstieg und Erarbeitung:** Freiheit und Unfreiheit, S. 37, Nr. 1–3 **Diskussion:** Freiheit und Unfreiheit, S. 37, Nr. 4	**Einstieg und Erarbeitung:** Ohne Zwänge, S. 38, Nr. 1–2 **Diskussion:** Ohne Zwänge, S. 38, Nr. 3	
4. Doppelstunde	**Einstieg:** Ohne Kompromisse, S. 38, Nr. 1 **Erarbeitung und Bewertung:** Ohne Kompromisse, S. 38–39, Nr. 2–3	**Einstieg und Erarbeitung:** Pampa Blues, S. 41, Nr. 1–3 **Vertiefung:** Pampa Blues, S. 41, Nr. 4	**Hausaufgabe:** Ohne Grenzen, S. 40, Nr. 1–3 (zu Nr. 3 Notizen anfertigen)
5. Doppelstunde	(Hausaufgabe) **Einstieg und Erarbeitung:** Verantwortung fühlen, S. 42, Nr. 1–3 **Vertiefung** Verantwortung fühlen, S. 42, Nr. 4	**Einstieg, Erarbeitung und Übung:** Ver-ANTWORT-ung, S. 42, Nr. 1–3 **Vorentlastung, Erarbeitung und Sicherung:** Die volle Verantwortlichkeit, S. 43, Nr. 1–3	
6. Doppelstunde	**Einstieg, Erarbeitung und Sicherung:** Die volle Verantwortlichkeit, S. 43, Nr. 1–3 **Diskussion:** Bedingt verantwortlich, S. 43, Nr. 4	**Einstieg, Erarbeitung und Übung:** Aus Verantwortung, S. 44, Nr. 1–3 **Das weiß ich**, Das merke ich mir, S. 45	**Hausaufgabe:** **Das kann ich**, Teste dich, S. 46
7. Doppelstunde Produktpräsentation	(Hausaufgabe) **Lernaufgabe:** Diskussion „Wie frei sind wir Jugendlichen eigentlich?"	**Auswertung der Diskussion:** durch die Beobachter **Abschluss:** Positionslinie	

8. Medientipps

Für Lehrer

Peter Bieri: Das Handwerk der Freiheit. Über die Entdeckung des eigenen Willens. Frankfurt a. Main: Fischer 2011
Bieri stellt die gängigen Vorstellungen der Freiheit auf den Prüfstand, analysiert das Konzept des freien Willens und entwickelt neue Vorstellungen menschlicher Freiheit.

„Wie werde ich ein bisschen freier?" In: philosophie Magazin 06/2013, S. 36–63
Das Dossier problematisiert den Widerspruch zwischen den großen Freiheiten, die unsere Gesellschaft bietet, und der gefühlten Unfreiheit in einer Welt der Zwänge. Nach einer Analyse Wolfram Eilenbergers kommen klassische Philosophen zu Wort. Erfahrungsberichte, „philosophische Tipps" und ein Interview mit Thea Dorn und Byung-Chul Han runden das Dossier ab.

Ted Honderich: Wie frei sind wir? Das Determinismus-Problem. Stuttgart: Reclam 1995
Honderich stellt die Frage nach dem freien Willen bzw. nach dem Determinismus. Er referiert klassische sowie aktuelle Diskussionen und fragt nach deren Bedeutung für Justiz und Gesellschaft.

Für Schüler

Rolf Lappert: Pampa Blues. München: Hanser 2014
Ben lebt zusammen mit seinem demenzkranken Großvater in der Provinz und muss auf die Freiheiten verzichten, die viele andere Jugendliche in seinem Alter haben. Statt seine eigenen Träume zu verwirklichen, übernimmt er die Verantwortung für den alten Mann und die Gärtnerei. Die skurrilen Dorfbewohner und die durchreisende Lena sorgen für Abwechslung.

Thomas Nagel: Was bedeutet das alles? Stuttgart: Reclam 2012
Im 6. Kapitel seiner Einführung beschäftigt sich Nagel mit Fragen der Willensfreiheit. Es kann interessierten Schülerinnen und Schülern zu einer ersten wissenschaftlichen Beschäftigung dienen.

Alexander Rösler: Ich bin nur mal kurz mein Glück suchen … Neues vom Taugenichts. Würzburg: Arena 2009
Robert sucht seine Freiheit. Er haut von zuhause ab und probiert sich aus. Er lernt die Vorzüge und auch die Kosten der Freiheit kennen – und nebenbei sich selbst.

Michael Schmidt-Salomon/Lea Salomon: Leibniz war kein Butterkeks. Den großen und kleinen Fragen der Philosophie auf der Spur. München, Zürich: Piper 2012
Im Gespräch antworten Salomon-Salomon auf die Fragen ihrer Tochter Lea und ordnen sie den klassischen Diskursen zu. Bei der Beantwortung der Frage „Wie sehr können wir uns verändern?" streift das Gespräch nicht nur die Fragen nach dem freien Willen, Schuld und Verantwortung, sondern auch die Problematik der Strafjustiz im Zusammenhang mit dem Determinismus.

Ernst Tugendhat u.a.: Wie sollen wir handeln? Schülergespräche über Moral. Stuttgart: Reclam 2000
Geschrieben für den Ethikunterricht in der Sekundarstufe I präsentiert Ernst Tugendhat 10 Schülergespräche über Moral. Im Austausch mit ihren Lehrern beschäftigt sich eine Schülergruppe mit Fragen der Ethik und thematisiert beispielsweise im achten Kapitel „Strafe und Verantwortlichkeit". Die Dialoge wirken nur selten authentisch, holen die Leserinnen und Leser aber ab und nehmen sie mit auf philosophische Gedankengänge.

9. Bewertungsbogen

Bewertungsbogen für _____

Eine Diskussion durchführen und auswerten	😊😊	😊	😐	☹	✏
Die Lösung deiner Lernaufgabe erfüllt folgende Kriterien:	Prima, weiter so!	Gut gemacht!	Nicht schlecht, aber das geht noch besser!	Oh je, daran musst du arbeiten!	Erläuterungen und Tipps
Inhalt (doppelte Wertung)					
Du hast ausschließlich Themen angesprochen und Argumente formuliert, die zur Fragestellung passen.					
Deine Darstellungen sind sachlich nachvollziehbar und/oder korrekt gewesen.					
Du hast bei der Formulierung deiner Redebeiträge Fachbegriffe bzw. Fachsprache angemessen verwendet.					
Formales (einfache Wertung)					
Du hast bei deinen Redebeiträgen die Meinung des anderen wiederholt bzw. korrekt wiedergegeben.					
Du hast angegeben, warum du der Meinung deines Diskussionspartners/deiner Diskussionspartners widersprichst und hast deinen Widerspruch begründet.					
Du hast deine eigene Meinung klar dargestellt und mit Argumenten begründet.					
Du hast eine Folgerung aus deiner Argumentation abgeleitet und deine Meinung wiederholt und/oder von der Meinung des Diskussionspartners/der Diskussionspartnerin abgegrenzt.					
Zusätzliche Bemerkungen:					

Überwiegend 😊😊 = sehr gut	😊 😊 und 😊 = gut	😊 und 😐 = befriedigend	Bewertung:
😐 und ☹ = ausreichend	Überwiegend ☹ = mangelhaft	Ausschließlich ☹ = ungenügend	

Datum:

Unterschrift:

4 Chancen für eine gerechte Welt

1. Übersicht Themen – Kompetenzen – Lernaufgaben

Kapiteltitel	Thema	Kompetenz	Instrumentarium zum Kompetenzerwerb	Lernaufgabe
4 Chancen für eine gerechte Welt Begriffe untersuchen und verwenden	Gerechtigkeit	Analysieren und interpretieren	Begriffe untersuchen und verwenden: Einen Begriff in den Griff kriegen (Begriff erschließen und abgrenzen, Definition erarbeiten, Begriff in einem neuen Zusammenhang verwenden)	Ein Lernplakat gestalten

2. Didaktischer Leitfaden

Über wenige Dinge regen sich Schülerinnen und Schüler im Schulalltag mehr auf als über Ungerechtigkeit. Was aber ist **Gerechtigkeit**?

Gerechtigkeit ist nach Platon neben Tapferkeit, Weisheit und Besonnenheit eine der Kardinaltugenden und liegt den anderen Tugenden zugrunde. Sie hilft, diese gegeneinander abzuwägen. Gerechtigkeit ist die Grundlage des Zusammenlebens und definiert einen idealen Zustand des sozialen Miteinanders, in dem es einen angemessenen Ausgleich der Interessen bei der Verteilung von Gütern und Chancen gibt. Sie ist damit die Basis jeder staatlichen Ordnung. Daher berufen sich Gesetzgebung und Rechtsprechung auf sie.

Eng mit der Vorstellung einer gerechten Gesellschaft sind die Menschenrechte verbunden. Das sind Rechte, die allen Menschen in gleicher Weise zustehen und deshalb unabhängig von Herkunft, Geschlecht, Alter und Religion Gültigkeit haben sollen. Diese Idee wurde und wird längst nicht überall uneingeschränkt akzeptiert und immer wieder missachtet.

Nach den Erfahrungen mit den totalitären Diktaturen des letzten Jahrhunderts, besonders dem NS-Regime, beschloss die Staatengemeinschaft eine völkerrechtliche Kodifizierung der Menschenrechte, die im Dezember 1948 in der Allgemeinen Erklärung der Menschenrechte der Vereinten Nationen mündete. Im November 1950 folgte die Europäische Konvention zum Schutz der Menschenrechte.

Ergänzt wurde das UN-Menschenrechtsübereinkommen im Dezember 2006 durch das **„Übereinkommen über die Rechte von Menschen mit Behinderungen"**. Die Behindertenrechtskonvention schreibt die Gültigkeit der Menschenrechte auch für behinderte Menschen fest und enthält darüber hinaus viele spezielle auf die Chancengleichheit behinderter Menschen abgestimmte Regelungen. Sie ist die Basis für den Anspruch auf Inklusion, ohne die die Durchsetzung der Menschenrechte unvollständig bleibt.

Um dieses komplexe Themengebiet der Gerechtigkeit tiefer durchdringen zu können, benötigt man große begriffliche Klarheit. Angeleitet durch die Aufgaben im Schülerbuch werden Begriffe erschlossen, voneinander abgegrenzt, Definitionen erarbeitet und Zusammenhänge deutlich gemacht. Dabei geht es nicht nur um begriffliche Klarheit, sondern darum, dass die Schülerinnen und Schüler die Bedeutung der Gerechtigkeit für das eigene Leben begreifen und verantwortlich handeln lernen.

Didaktische Zielsetzung

- Die Schülerinnen und Schüler schulen ihre **sprachanalytische Kompetenz**, indem sie lernen, fachspezifische Terminologie zu verstehen und richtig zu verwenden.
  - Sie lernen, unbekannte Begriffe von verwandten oder leicht unterschiedlichen Begriffen abzugrenzen.
  - Sie lernen, Begriffe zu definieren.
  - Sie lernen, Begriffe in neuen Zusammenhängen zu verwenden.

- Die Schülerinnen und Schüler erwerben Wissen zum Thema **Gerechtigkeit**.
  - Sie lernen, Aspekte von Gerechtigkeit zu beschreiben, zu differenzieren und die Bedeutung der Gerechtigkeit für das eigene Leben und das Leben anderer zu erläutern.
  - Sie setzen sich mit verschiedenen Formen von Gerechtigkeit auseinander, lernen Ungerechtigkeiten in ihrem Lebensumfeld zu erkennen und darauf bezogen Handlungsalternativen für ein Leben nach Maßstäben der Gerechtigkeit zu entwickeln.
  - Sie erlernen die Fähigkeit, ihr Verständnis von Gerechtigkeit und Ungerechtigkeit an Beispielen darzustellen und zu erläutern.
  - Sie vergleichen unterschiedliche Formen von Gerechtigkeit und erörtern diese.
  - Sie zeigen die Bedeutung grundlegender Rechte zur Sicherung von Gerechtigkeit auf und erklären diese.
  - Sie arbeiten die wechselseitige Achtung als wesentliche Grundlage der Gerechtigkeit heraus und legen diese an Beispielen dar.
  - Sie lernen, verantwortliches Handeln im Hinblick auf gerechte Lebensverhältnisse zu entwerfen und zu bewerten.

- Die Schülerinnen und Schüler wenden ihre **sprachanalytische Kompetenz** und ihr Wissen über **Gerechtigkeit** an, indem sie ein Lernplakat gestalten.
  - Sie lernen, Informationen zu beschaffen und weiterzugeben.
  - Sie lernen, Inhalte und Zusammenhänge zu strukturieren und angemessen zu präsentieren.
  - Sie lernen, Inhalte und Zusammenhänge sachlich korrekt zusammenzufassen und darzustellen.
  - Sie lernen, Inhalte und Zusammenhänge zu visualisieren.
  - Sie erlernen den fachgerechten Umgang mit Begriffen und Formulierungen.

4

	Material	Lernfortschritts-bereich
Lernaufgabe bearbeiten	Ein Lernplakat gestalten	LF 1–LF 6
Kompetenzen entwickeln	Begriffe untersuchen und verwenden	LF 1–LF 2
Das soll gerecht sein?	a │ Was gehört zur Gerechtigkeit?	LF 1
	b │ Was heiß eigentlich gerecht?	LF 2
	c │ Gerechtigkeitsformeln	LF 3–LF4

	Material	Lernfortschritts-bereich
Menschenrechte beachten	a │ Ich bin ein Mensch, genau wie du!	LF 1
	b │ Gleiche Rechte für alle	LF 2–LF 3
Wechselseitige Achtung	a │ Menschen mit Behinderung	LF 1
	b │ Alte und neue Sichtweise der „Behinderung"	LF 2–LF 3
	c │ Inklusion	LF 4–LF 6
Gelerntes anwenden und überprüfen	Das weiß ich	
	Das kann ich	

3. Bildungsplanbezug

Standards für inhaltsbezogene Kompetenzen	
3.1.1 Ich und Andere **3.1.1.3 Gerechtigkeit**	
Die Schülerinnen und Schüler können 1. ihr Verständnis von Gerechtigkeit und Ungerechtigkeit an Beispielen darstellen und erläutern (beispielsweise bezogen auf Schulleben, Familie, Freundschaft, Bildung, Sport)	Was gehört zur Gerechtigkeit?, S. 52 Was heißt eigentlich gerecht?, S. 52 Gerechtigkeitsformeln, S. 53 Ich bin ein Mensch, genau wie du!, S. 54 Gleiche Rechte für alle, S. 55 Inklusion, S. 58
2. unterschiedliche Formen von Gerechtigkeit vergleichen und erörtern (zum Beispiel Chancengleichheit, Verhältnismäßigkeit, Gleichberechtigung, Nachteilsausgleich)	Lernaufgabe: Ein Lernplakat gestalten, S. 48–49 Kompetenz: Begriffe untersuchen und verwenden, S. 50–51 Was gehört zur Gerechtigkeit, S. 52 Was heißt eigentlich gerecht?, S. 52–53 Gerechtigkeitsformeln, S. 53
3. die Bedeutung grundlegender Rechte zur Sicherung von Gerechtigkeit aufzeigen und erklären (beispielsweise Menschenrechte, UN-Konvention, Kinderrechte)	Ich bin ein Mensch, genau wie du!, S. 54 Gleiche Rechte für alle, S. 55
4. die wechselseitige Achtung als wesentliche Grundlage der Gerechtigkeit herausarbeiten und darlegen (zum Beispiel Inklusion, Integration, Partizipation)	Menschen mit Behinderung, S. 56 Alte und neue Sichtweise der „Behinderung", S. 57 Inklusion, S. 58
5. verantwortliches Handeln im Hinblick auf gerechte Lebensverhältnisse entwerfen und bewerten	Gleiche Rechte für alle, S. 55 Alte und neue Sichtweise der „Behinderung", S. 57 Inklusion, S. 58

Standards für prozessbezogene Kompetenzen	
Schwerpunktkompetenz des Kapitels: Begriffe untersuchen und verwenden	Kompetenz, S. 50–51 Alle Eulenaufgaben
Prozessbezogene Kompetenzen Analysieren und interpretieren Die Schülerinnen und Schüler können 1. Informationen aus verschiedenen Quellen als Denkanstoß für die Deutung ethisch relevanter Sachverhalte erschließen	Kompetenz, S. 50–51 Gleiche Rechte für alle, S. 55, Nr. 4–6 Alte und neue Sichtweise der „Behinderung", S. 57, Nr. 3 und 4 Inklusion, S. 58, Nr. 4
9. ethisch-moralische Sachverhalte unter verschiedenen Gesichtspunkten und Fragestellungen untersuchen und problematisieren	Menschen mit Behinderung, S. 56, Nr. 1–5 Alte und neue Sichtweise der „Behinderung", S. 57, Nr. 1–4 Inklusion, S. 58, Nr. 1–5
Beurteilen und (sich) entscheiden Die Schülerinnen und Schüler können 3. ethische Grundsätze und moralische Regeln in Frage- und Problemstellungen vergleichen, abwägen und sich begründet entscheiden	Gerechtigkeitsformeln, S. 53, Nr. 1–5 Alte und neue Sichtweise der „Behinderung", S. 57, Nr. 3
6. eigene Handlungsoptionen entwerfen, im Hinblick auf Folgen und Realisierbarkeit bewerten und die Rolle von Vernunft und Gefühl beim Entscheiden kritisch prüfen	Gleiche Rechte für alle, S. 55, Nr. 6 Alte und neue Sichtweise der „Behinderung", S. 57, Nr. 3 Inklusion, S. 58, Nr. 4

4. Tipps zum Umgang mit der Lernaufgabe – Ein Lernplakat gestalten

Ein Lernplakat hat die Aufgabe, die wesentlichen Informationen zu einem Thema auf einen Blick zu präsentieren. Dazu ist es notwendig, dass die Inhalte kompakt zusammengefasst und miteinander in Beziehung gesetzt werden. Eine klare Strukturierung, die Reduktion auf Schlagworte und der Einsatz von Gestaltungsmitteln unterstützen den Informations- und Aussagegehalt.

Ein solches Lernplakat kann dazu dienen, das im Kapitel „Chancen für eine gerechte Welt" erworbene Wissen aufzubereiten. Die Schülerinnen und Schüler treffen nach den einführenden Unterrichtsstunden die organisatorischen Vorbereitungen (Tipps „So entsteht das Lernplakat" 1 und 2, S. 49). Im Lauf der Unterrichtseinheit werden Zettel, am besten Post-its, genutzt, um die Begriffe „in den Griff zu kriegen". Die die Lernaufgabe begleitenden -Aufgaben verlangen jeweils nur einen der vier vorgeschlagenen Begriffskniffe zur Erschließung. Ist der Begriff erschlossen, abgegrenzt, definiert oder in einen neuen Zusammenhang gestellt, können weitere Informationen bzw. Aspekte des Begriffs auf dem Zettel (Post-it) festgehalten werden. Nach der Bearbeitung des Kapitels ordnen die Schülerinnen und Schüler die einzelnen Begriffe, ergänzen weitere Materialien (z. B. eine Kurzdefinition, einen erläuternden Text, ein Bild usw.; siehe Tipp Nr. 6, S. 49) und veranschaulichen Zusammenhänge. Ein Zusatzmaterial (⊕ **Plakatelemente**, S. 49) gibt hierzu konkrete Hilfen. Interessierte Schüler können den Begriff „Benachteiligung" aufnehmen; ein Zusatzmaterial (⊕ **Informationen zum Begriff Benachteiligung**, S. 49) steht dafür zur Verfügung.

Bevor die Schülerinnen und Schüler ihre Plakate abgeben, präsentieren oder (zuhause) aufhängen, haben sie die Möglichkeit, mithilfe der Checkliste (S. 49) die Vollständigkeit überprüfen.

5. Umgang mit der Kompetenzseite

Die Begriffskniffe stellen vier Möglichkeiten vor, mit denen man sich die Bedeutung eines Begriffs erschließen kann. Denn erst wenn die Begriffe voll „erfasst" werden konnten, können sie sinnvoll verwendet werden.

Die Liste beginnt mit der Erschließung aus dem Text- oder Bildzusammenhang, die alternative Begriffe oder Umschreibungen verlangt. Die zweite Möglichkeit ist die der Abgrenzung. So kann ausgedrückt werden, was man gerade nicht meint. Die Erarbeitung einer Definition (Möglichkeit 3) verlangt dagegen schon ein höheres Abstraktionsvermögen, die vierte Möglichkeit beweist das Verständnis im Transfer.

Obwohl die Begriffskniffe wie bereits erwähnt alternativ zu gebrauchen sind, führt die Beispielseite alle vier Möglichkeiten auf, um ihre Funktionsweise zu demonstrieren. Thematisch knüpfen das Beispiel und das Beispiel und die Anwendungsaufgabe („… und jetzt du") an die Auftaktseite an.

6. Aufgabencheck

a) Klassifizierung der Aufgaben

Folgende Aufgaben …	
sind leistungsdifferenziert	Lernaufgabe, S. 48–49 Gerechtigkeitsformeln, S. 53, Nr. 5 Gleiche Rechte für alle, S. 55, Nr. 7 Alte und neue Sichtweise der „Behinderung", S. 57, Nr. 4
sind wahl- oder interessendifferenziert	Ich bin ein Mensch, genau wie du!, S. 54, Nr. 4 Gleiche Rechte für alle, S. 55, Nr. 7
enthalten kreative Elemente	Lernaufgabe, S. 48–49 Gleiche Rechte für alle, S. 55, Nr. 7
machen unterrichts-organisierende Vorschläge	Gerechtigkeitsformeln, S. 53, Nr. 1 Ich bin ein Mensch, genau wie du!, S. 54, Nr. 2 und 3 Gleiche Rechte für alle, S. 55, Nr. 3 Menschen mit Behinderung, S. 56, Nr. 3
sind handlungs- oder produktorientiert	Lernaufgabe, S. 48–49 Was gehört zur Gerechtigkeit? S. 52, Nr. 3 Ich bin ein Mensch, genau wie du!, S. 54, Nr. 2 und 3 Gleiche Rechte für alle, S. 55, Nr. 7 Alte und neue Sichtweise der „Behinderung", S. 57, Nr. 3 Inklusion, S. 58, Nr. 4
machen Zusatzangebote (Code/DUA)	Lernaufgabe, S. 48–49, ⊕ Plakatelemente, ⊕ Informationen zum Begriff Benachteiligung Gleiche Rechte für alle, S. 55, ⊕ Link-Tipps Inklusion, S. 58, ⊕ Link-Tipp Christoffel Blindenmission

b) Hinweise und Lösungen mit Zuordnungen der Online-Codes

	Hinweise und Lösungen	Ergänzendes Material
Problemaufhänger	Das abgebildete Schild ist eines von 24 Schildern, die auf dem Platz der Grundrechte in Karlsruhe stehen. Der Text orientiert sich bewusst nicht an den Zeilen, um den Leser zu einem aufmerksamen Lesen zu animieren. Die Aufgaben können im Unterrichtsgespräch besprochen werden. Es wäre aber auch möglich, dass die Lernenden zum Mittel der Visualisierung greifen sollen, um sie sowohl thematisch als auch methodisch auf den Kapitelschwerpunkt einzustimmen.	
Lernaufgabe: Ein Lernplakat gestalten, S. 48–49		⊕ Plakatelemente ⊕ Informationen zum Begriff Benachteiligung
Kompetenzseite: Begriffe untersuchen und verwenden: Einen Begriff in den Griff kriegen „… und jetzt du", S. 50–51		
a | Was gehört zur Gerechtigkeit?, S. 52	S. 52, Nr. 1, freie Schülerarbeit	
	S. 52, Nr. 2, mögliche Lösung	
	Das Begriffsfeld Gerechtigkeit enthält Begriffe aus verschiedenen Anwendungsfeldern. – Kriterien der Verteilung: Verschiedenheit, Bewertung, Entlohnung, Gleichberechtigung, Verdienst, Gleichbehandlung, Leistung, Ausgleich, Chancen, Gleichheit, Verteilung, Fairness, Interessen, Gesellschaft – Gerechtes Urteil: Gericht, Strafe, Regeln, Macht, Recht, Gesetz – Gerechtigkeitsempfinden: Moral, Gewissen	
	S. 52, Nr. 3	
	Wertvorstellungen und Gerechtigkeitsvorstellungen sind unterschiedlich. Sie hängen von kulturellen Hintergründen, Erfahrungen und Einstellungen ab. Es gibt daher keine eindeutige Lösung, sondern entscheidend sind die Argumentation der Einzelnen und der Diskussionsprozess in den Gruppen.	
	S. 52, Nr. 4 und 5	
	Die Pyramiden können auf Kärtchen geschrieben werden, die mit Magneten an die Tafel geheftet oder auf einem Tisch ausgelegt und im Verlauf der Diskussion verschoben werden können. Anschließend werden sie in das Lernplakat integriert.	
b | Was heiß eigentlich gerecht?, S. 52	S. 52, Nr. 1., Lösung	
	Das hat er verdient! Jemand bekommt, was ihm zusteht. Dies kann positiv im Sinne eines Lohns, einer Belohnung sein oder negativ im Sinne einer Strafe oder auch als Rache.	
	S. 52, Nr. 2., Lösung	
	Gerecht ist es, wenn jemand das erhält, was er verdient. Ungleich ist dann gerecht, wenn zwei Personen Ungleiches verdienen.	
	S. 53, Nr. 3., Lösung	
	Gerecht ist zunächst einmal die Gleichverteilung, wenn nichts dagegen spricht. Ausnahmen von der egalitären Teilung gibt es durch Unterschiede in: – Bedürfnissen – erworbene Rechte – Verdienst/Leistung – Rang	
c | Gerechtigkeitsformeln, S. 53	S. 53, Nr. 1, freie Schülerarbeit	
	S. 53, Nr. 2, Lösung	
	Max: Jedem das Gleiche. Büsra: Jedem nach seinen Möglichkeiten. Lisa: Jedem das Seine. Alexej: Jedem nach seinen Bedürfnissen. Anna: Jedem nach seiner Leistung	

	Hinweise und Lösungen	Ergänzendes Material
	S. 53, Nr. 3, mögliche Lösungen	

	- Jedem das Gleiche:
	  ○ Alle werden gleich, d.h. nach gleichen Maßstäben behandelt.
	  ○ Für die gleiche Fehlerzahl im Diktat gibt es die gleiche Note.
	- Jedem nach seinen Möglichkeiten:
	  ○ Es wird berücksichtigt, was jemand leisten kann.
	  ○ Jüngere Schüler haben nicht so viele Unterrichtsstunden am Tag.
	- Jedem das Seine:
	  ○ Es gibt individuelle Beurteilungsmaßstäbe.
	  ○ Zeugnisse werden nicht mit Ziffern geschrieben, sondern jeder Schüler erhält einen individuellen Beurteilungstext.
	- Jedem nach seinen Bedürfnissen:
	  ○ Maßstäbe werden von den Bedürfnissen der Einzelnen abhängig gemacht.
	  ○ Ein sehbehinderter Schüler erhält einen Aufgabentext mit größerer Schrift.
	- Jedem nach seiner Leistung:
	  ○ Anstrengung und Leistung wird belohnt, auch wenn das Ergebnis vielleicht trotzdem nicht so gut ausfällt.
	  ○ Wer sich im Sport besonders anstrengt, obwohl er unsportlich ist, erhält die Note nicht nur nach der sportlichen Leistung, sondern auch nach dem Engagement.	

	S. 53, Nr. 4, mögliche Lösung	
	Ein Lehrer kann seinen Unterricht an den Leistungsstärksten und Schnellsten, den Mittleren oder den Langsamsten und Schwächsten ausrichten. Wird der Unterricht an den Stärksten ausgerichtet, wird vor allem nach dem Leistungsprinzip gehandelt. Das Scheitern der Mittleren und der Schwächeren wird in Kauf genommen. Sind die Schwächsten der Maßstab, gilt eher das Bedürfnisprinzip. Sind die Mittleren der Maßstab, greift am ehesten das Gleichheitsprinzip, wobei die Schwächeren unter diesen Bedingungen schlechtere Chancen haben.	
	S. 53, Nr. 5, Lösung	
	Die Präferenzen hängen oft davon ab, zu welcher Gruppe man selbst gehört. Vor allem die Schwächeren haben nur eine Chance, wenn explizit auf sie Rücksicht genommen wird.	
a | Ich bin ein Mensch, genau wie du!, S. 54	S. 54; Nr. 1	
	Hintergründe dazu: http://www.menschenrechte.jugendnetz.de/menschenrechte/glossar/menschenwuerde/	
	S. 54, Nr. 2, Lösung	
	Worauf beruhen Menschenrechte? Welche Ideen bilden den Kern der Menschenrechte? Warum ist Freiheit wichtig? Was ist Respekt? Wie können Menschen vor Diskriminierung geschützt werden? Warum sind Toleranz und Anerkennung so wichtig? Was ist Gerechtigkeit? Wie zeigt man seine Verantwortung?	
	S. 54, Nr. 3, mögliche Lösung	

Pyramide (von oben nach unten):
- Menschenrechte
- Schutz vor Diskriminierung | Toleranz und Anerkennung
- Respekt | Verantwortung | Gerechtigkeit
- Freiheit | Menschenwürde | Gleichheit

	Hinweise und Lösungen	Ergänzendes Material
	S. 54, Nr. 4, Lösung	
	a) „Wer auch immer ein einziges Leben rettet, der ist, als ob er die ganze Welt gerettet hätte". Seit dem Spielfilm „Schindlers Liste" gehört dieser Satz zu den vielzitierten aus dem Talmud. Er steht im babylonischen Talmud Traktat Sanhedrin 37a. Der Satz macht deutlich, dass sich der Einsatz für jedes einzelne Menschenleben lohnt. Jeder ist vor Gott einmalig und so bedeutungsvoll, dass sich der Einsatz für sein Leben lohnt. b) Amnesty-Logo: Das Logo kann zweierlei bedeuten: Negativ interpretiert, dass Folter und Gewalt (symbolisiert durch den Stacheldraht) das menschliche Leben (symbolisiert durch die Kerze) bedrohen. Positiv interpretiert stellt es dar, dass auch unter Folter und Gewalt immer noch ein Hoffnungsschimmer (symbolisiert durch die Kerze) vorhanden ist. Human-Rights-Logo: Das Logo zeigt eine Kombination aus einer Hand und einer Friedenstaube.	
b | Gleiche Rechte für alle, S. 55	S. 55, Nr. 1	⊕ Link-Tipps
	Ein Recht haben: einem steht etwas zu, man hat einen Anspruch auf etwas, z. B. Anspruch auf Schulbildung, Anspruch auf Gleichbehandlung vor Gericht.	
	S. 55, Nr. 2., Lösung	
	Der Text weist eine auffällige Struktur auf. Er enthält kaum vollständige Hauptsätze, sondern besteht zum größten Teil aus einer Aneinanderreihung von Satzteilen (z. B. „ohne Unterschied"), Substantiven (z. B. „Rasse, Hautfarbe, …") und Pronomen („jeder, alle, niemand"). Satzteile und Begriffe, die besonders wichtig sind, werden wiederholt.	
	S. 55, Nr. 3	
	Die Schülerinnen und Schüler werden unterschiedliche Akzente setzen. Möglich, dass sie die Indefinitpronomen wie „jeder, alle, niemand" hervorheben, um die Gültigkeit der Menschenrechte für alle Menschen zu betonen. Möglich aber auch, dass sie einzelne Rechte, denen sie besondere Bedeutung zusprechen, auswählen.	
	S. 55, Nr. 4, Lösung	
	„Rechtsfähig" sein, heißt, Rechte besitzen. „Jeder ist rechtsfähig" bedeutet, dass jeder Mensch von Geburt an die gleichen Rechte besitzt.	
	S. 55, Nr. 5, Lösung	
	a) Individuelle Schülerarbeiten. Kritikpunkte können folgende Themen betreffen: Defizite bei der Gleichbehandlung (Geschlecht, Religion usw.), Vermögensunterschiede, Einschränkungen der Freiheit, Ausweisungen, Arbeitslosigkeit, usw. b) Missachtungen der Menschenrechte sind ungerecht, da sie gegen grundlegende Rechte aller Menschen verstoßen. Sie sind schwerwiegend, da sie den Grundsatz der Gleichheit missachten und mit der Idee der Menschenwürde unvereinbar sind. Nur die Achtung der Menschenrechte gewährleistet die volle Entfaltung der Persönlichkeit. Stärkung der Achtung vor den Menschenrechten und Grundfreiheiten.	
	S. 55, Nr. 6	
	Auch Jugendliche können sich schon für Gerechtigkeit engagieren. Die Link-Tipps liefern eine Auswahl von Angeboten.	

Chancen für eine gerechte Welt

	Hinweise und Lösungen	Ergänzendes Material
	S. 55, Nr. 7	
	Das differenzierende Angebot bietet unterschiedliche Zugangsmöglichkeiten zum Thema. Hinweise: - Die Schüler müssen frühzeitig beginnen, Material zu sammeln. Dabei denken sie bereits über das Thema nach, im Idealfall wird Vorfreude geweckt. Beim Durchsuchen von Zeitschriften und Zeitungen setzen sie sich bereits mit dem Thema auseinander bzw. ihr „ethischer" Blick wird geschärft. - Eventuell Beispiele zeigen, um den Ehrgeiz der Schüler zu wecken und Anregungen zu bieten. - Eventuell die eigene Bildkartei/eigene Zeitschriften zur Verfügung stellen. - Es ist möglich und sinnvoll, die Schüler eine kurze Interpretation ihrer Collage schreiben zu lassen. Dies erleichtert ebenfalls das objektive Bewerten.	
a | Menschen mit Behinderung, S. 56	S. 56, Nr. 1	
	„Menschen mit Behinderungen" ist die in Artikel 1 Satz 2 der UN-Behindertenrechtskonvention benutzte Bezeichnung (http://www.behindertenrechtskonvention.info/menschen-mit-behinderungen-3755/). Während der Ausdruck „Behinderte" Menschen auf eine Eigenschaft reduziert und abwertend wirkt, betont der Ausdruck „Menschen mit Behinderung" die Tatsache, dass die Personen in erster Linie Menschen sind, die selbstverständlich die gleichen Rechte besitzen wie jeder Mensch.	
	S. 56, Nr. 2, Lösung	
	Gleichberechtigung funktioniert nicht ohne Barrierefreiheit. Barrieren wie unerreichbare Geldautomaten behindern Menschen in ihrer Teilhabe am normalen Leben. Der Claim der Werbekampagne („Behindern ist heilbar") bringt den Gedanken einer gerechten Gesellschaft wieder. Behindernde Strukturen und behinderndes Verhalten sind „heilbar".	
	S. 56, Nr. 3	
	Individuelle Schüleräußerungen. Respekt ist der Ausdruck der Bewunderung für eine bestimmte Leistung.	
	S. 56, Nr. 4, Lösung	
	Achtung empfinden wir, weil wir unser Gegenüber als gleichwertig empfinden. Wir achten die Würde eines Menschen unabhängig von seinen Leistungen.	
	S. 56, Nr. 5, s. Lernaufgabe, S. 48–49	
b | Alte und neue Sichtweise der „Behinderung", S. 57	S. 57, Nr. 1, freie Schülerarbeit	
	S. 57, Nr. 2	
	Das medizinische Modell sieht Behinderung als Defekt des Individuums. Das soziale Modell sieht Behinderung als ein von gesellschaftlichen Bedingungen hervorgerufenes Problem. | Medizinisches Modell | Soziales Modell | |---|---| | - Behinderung ist nicht normal, muss behandelt werden | - Es gibt bei Menschen keine Norm | | - Vor allem ein Problem der Gesundheitsfürsorge | - Der Umgang mit Menschen mit Behinderung ist ein Menschenrechtsproblem | | - Der behinderte Mensch wird zum Empfänger von freiwilligen Hilfeleistungen (Wohltätigkeit) | - Der Mensch mit Behinderung hat einen Rechtsanspruch auf gleichberechtigte Teilnahme am Leben |	

	Hinweise und Lösungen	Ergänzendes Material
	S. 57, Nr. 3	

	Soziales Modell:
	- keine Norm
	- Gleichbehandlung, Chancengleichheit (→ Grundgesetz, Menschenrechte)
	  ○ Rechtsanspruch: gleichberechtigte Teilnahme am Leben
	  ○ Aufgabe der Gesellschaft: Beseitigung der behindernden Barrieren	

	S. 57, Nr. 4	
	individuelle Antworten (Perspektivwechsel, Anwendung des erworbenen ethischen Wissens)	
c | Inklusion, S. 58	S. 58, Nr. 1	⊕ **Link-Tipp** Christoffel Blindenmission
	individuelle Antworten (räumliche Barrieren auf dem Schulweg und im Schulgebäude, darüber hinaus Problematisierung nicht räumlicher Barrieren möglich)	
	S. 58, Nr. 2, Lösung	
	„Inklusion" heißt, dass kein Mensch ausgegrenzt werden darf. Sie ist ein Menschenrecht und beruht wie die Ansprüche auf Freiheit, Gleichheit und Solidarität auf der Menschenwürde. Die Abbildung illustriert diesen Zusammenhang. Sie zeigt auch, dass Inklusion nicht nur für Menschen mit Behinderung, sondern für Angehörige aller Minderheiten gilt. (Das *Disability Rights Movement* ist historisch eng mit Bürgerrechtsbewegungen und der zweiten Welle des Feminismus verbunden.)	
	S. 58, Nr. 3, Lösung	
	Anders als die Hindernisse in Gebäuden („bauliche Barrieren") sind die „Barrieren in den Köpfen" nicht direkt sichtbar. Sie sind althergebrachte Vorstellungen (siehe das medizinische Modell der Behinderung) oder sogar Vorurteile gegenüber Menschen mit Behinderungen, die die Inklusion erschweren.	
	S. 58, Nr. 4	
	- Bauliche Barrieren. Rampen und Aufzüge statt Treppen, breite Türen, absenkbare Busse, speziell ausgerüstete Fahrzeuge - Außerdem: Formulare in leichter Sprache, Gebärdensprachdolmetscher, Internetseiten mit Bildbeschreibungen für blinde Menschen. (https://www.aktion-mensch.de/themen-informieren-und-diskutieren/barrierefreiheit/barrierefreiheit-bedeutung.html) - Barrieren in den Köpfen: Bewusstsein für die Situation von Menschen mit Behinderungen, Achtung, Anerkennung ihrer Rechte, Inklusion (http://www.institut-fuer-menschenrechte.de/uploads/tx_commerce/Positionen_Nr_8_Barrieren_in_den_Koepfen_abbauen_Bewusstseinsbildung_als_Verpflichtung.pdf)	
	S. 58, Nr. 5, Lösung	
	- Exklusion: Menschen mit Behinderung werden ausgeschlossen und dürfen nicht mitbestimmen und teilnehmen. - Separation: Menschen mit Behinderung werden in einem eigenen, vom Rest der Menschen getrennten System betreut. - Integration: Die Außenseitergruppe soll mit aufgenommen werden. Bei der Integration werden nur einzelne „Behinderte" in die Gesellschaft aufgenommen; wer nicht „integrierbar" ist, bleibt weiter draußen. - Inklusion: Alle Menschen sind gleichberechtigt und nehmen am gesellschaftlichen Leben teil.	

7. Durchführung der Unterrichtseinheit (Vorschlag für 5 Doppelstunden)

Minimalvorschlag 4 Doppelstunden

1. Doppelstunde	**Einstieg:** Auftaktseite, S. 47 **Erläuterung der Lernaufgabe:** Ein Lernplakat gestalten, S. 48–49	**Einstieg:** **Bearbeitung der Kompetenzseite:** Begriffe untersuchen und verwenden: Einen Begriff in den Griff kriegen **Übung:** „… und jetzt du", S. 51 Selbstständige Anwendung der Kompetenzschritte auf das Beispiel	
2. Doppelstunde	**Einstieg:** Was gehört zur Gerechtigkeit?, S. 52, Nr. 1 und 2 **Erarbeitung:** Was gehört zur Gerechtigkeit?, S. 52 Nr. 3–5	**Vertiefung:** Was heißt eigentlich gerecht?, S. 52–53, Nr. 1–3 **Erarbeitung:** Gerechtigkeitsformeln, S. 53, Nr. 1–3	**Hausaufgabe:** Gerechtigkeitsformeln, S. 53, Nr. 4 und 5
3. Doppelstunde	(Hausaufgabe) **Einstieg:** Ich bin ein Mensch, genau wie du!, S. 54, Nr. 1 **Erarbeitung:** Ich bin ein Mensch, genau wie du!, S. 54, Nr. 2 und 3 **Vertiefung:** Ich bin ein Mensch, genau wie du!, S. 54, Nr. 4	**Einstieg:** Gleiche Rechte für alle, S. 55, Nr. 1 **Erarbeitung:** Gleiche Rechte für alle, S. 55, Nr. 2–5	**Hausaufgabe:** Gleiche Rechte für alle, S. 55, Nr. 6 und 7
4. Doppelstunde	(Hausaufgabe) **Einstieg:** Menschen mit Behinderung, S. 56, Nr. 1 **Erarbeitung:** Menschen mit Behinderung, S. 56, Nr. 2–5 Alte und neue Sichtweise der „Behinderung", S. 57, Nr. 1–4	**Einstieg:** Inklusion, S. 58, Nr. 1 **Erarbeitung:** Inklusion, S. 58, Nr. 2–5	**Hausaufgabe:** Fertigstellen der Lernplakate
5. Doppelstunde Produktpräsentation	Präsentation	Das weiß ich Das kann ich	

8. Medientipps

Für Lehrer

Hans Kelsen: Was ist Gerechtigkeit? Stuttgart: Reclam 2000
Hans Kelsen war einer der bedeutendsten Verfassungs- und Völkerrechtler des 20. Jahrhunderts. Er erörtert in diesem Bändchen Gerechtigkeit als Problem von Interessen- und Wertekonflikten.

Michael J. Sandel: Gerechtigkeit. Wie wir das richtige tun. Berlin: Ullstein 2013
Das Buch ist aus den Vorlesungen des Philosophieprofessors Sandel in Harvard hervorgegangen. Anschaulich, mit vielen Beispielen, erläutert, vergleicht und hinterfragt er die diversen Gerechtigkeitstheorien der Philosophiegeschichte.

John Rawls: Eine Theorie der Gerechtigkeit. Frankfurt a. Main: Suhrkamp 1979
Der Klassiker unter den Gerechtigkeitstheorien, der das Thema Gerechtigkeit in der zeitgenössischen philosophischen Diskussion angeregt hat.

Menschenrechte. Dokumente und Deklarationen, Bundeszentrale für politische Bildung, Bonn 2004
Eine Zusammenstellung aller Menschenrechtsdeklarationen und Zusatzvereinbarungen.

Peter-Michael Friedrichs (Hrsg.): Das Lehrerbuch. Menschenrechte im Unterricht. München: Elefanten-Press 2002
Vielfältige Ideen und Materialien für den Unterricht der Fächer Deutsch, Geschichte, Ethik, Sozialkunde und Religion.

http://www.inklusion-als-menschenrecht.de/
Online-Handbuch des Deutschen Instituts für Menschenrechte e.V. Materialien, Spiele, Biografien und Gesetzestexte.

https://www.cbm.de/aktiv-werden/schulen/index_419575.html
Unterrichtsmaterialien der Christoffel-Blindenmission zum Thema „Behinderung bei uns und weltweit".

Für Schüler

Reiner Engelmann/Urs Fiechtner: Frei und gleich geboren. Ein Menschenrechte-Lesebuch. Aarau: Sauerländer 2000
Lesetexte zu den Themen Politische Gefangenschaft, Folter, Todesstrafe, Die Rechte der Kinder, Verschleppt und verschwunden, Diskriminierung und Vorurteile, Auf der Flucht, Umgang mit den Tätern.

Christian Nürnberger: Mutige Menschen – Für Frieden, Freiheit und Menschenrechte. Schulausgabe mit Materialien. Stuttgart: Thienemann 2009
Vorgestellt werden verschiedene Personen der Geschichte und Zeitgeschichte, die sich für die Menschenrechte eingesetzt haben. (ISBN der Normalausgabe: 978-3-522-30158-9)

Christine Schulz-Reiss: Nachgefragt. Menschenrechte und Demokratie: Basiswissen zum Mitreden. Bindlach: Loewe 2008
Informationen zum Thema Menschenrechte und Demokratie für Jugendliche.

https://www.aktion-mensch.de/themen-informieren-und-diskutieren/was-ist-inklusion.html
Sehr umfangreiche und ansprechende Seiten der Aktion Mensch e.V. zum Thema.

9. Bewertungsbogen

Bewertungsbogen für _____

Ein Lernplakat gestalten

Die Lösung deiner Lernaufgabe erfüllt folgende Kriterien:	☺☺ Prima, weiter so!	☺ Gut gemacht!	☹ Nicht schlecht, aber das geht noch besser!	☹☹ Oh je, daran musst du arbeiten!	✎ Erläuterungen und Tipps
Inhalt (doppelte Wertung)					
Du hast alle Begriffe berücksichtigt und angemessen visualisiert.					
Du hast die wesentlichen Inhalte knapp und zugleich sachlich korrekt formuliert.					
Du hast zu jedem der Begriffe passendes Material ergänzt.					
Du hast Zusammenhänge zwischen den Begriffen dargestellt.					
Dein Plakat hat eine erkennbare Struktur, die die Bedeutung der einzelnen Elemente erkennen lässt.					
Formales (einfache Wertung)					
Dein Plakat ist übersichtlich und klar gegliedert.					
Du hast verschiedene Möglichkeiten der Visualisierung genutzt, um die Inhalte und/oder Zusammenhänge zu verdeutlichen.					
Deine Formulierungen sind fehlerfrei (Rechtschreibung, Zeichensetzung, Grammatik).					
Du hast sauber und ordentlich gearbeitet.					
Zusätzliche Bemerkungen:					

Überwiegend ☺☺ ☺ = sehr gut   ☺☺ ☺ und ☹ = gut   ☺ und ☹ = befriedigend

☺ und ☹ = ausreichend   Überwiegend ☹ = mangelhaft   Ausschließlich ☹ = ungenügend

Datum: _____ Bewertung: _____

Unterschrift: _____

5 Miteinander statt gegeneinander

1. Übersicht Themen – Kompetenzen – Lernaufgaben

Kapiteltitel	Thema	Kompetenz	Instrumentarium zum Kompetenzerwerb	Lernaufgabe
5 Miteinander statt gegeneinander Argumentieren und schlussfolgern	Friedliches Zusammenleben und die Bedeutung von Konflikten	Argumentieren und reflektieren	**Argumentieren und schlussfolgern: Eine Argumentation aufbauen** (Standpunkt äußern, durch logisch aufgebaute Argumente begründen, schlussfolgern)	Die Auswahl eines Unworts des Jahres begründen.

2. Didaktischer Leitfaden

Konflikte gehören grundsätzlich zu unserer Erfahrung im Zusammenleben mit anderen Menschen, weil es in einer pluralistischen Gesellschaft immer wieder vorkommt, dass unterschiedliche Bedürfnisse, Meinungen und Interessen aufeinanderstoßen. Problematisch sind Konflikte, die auf Vorurteile gründen, bzw. Konflikte und Konfliktlösungen, die auf Gewalt setzen. Gewalt ist ein vielgestaltiges Phänomen (s. hierzu auch Kapitel 6: Streiten will gelernt sein). Angesichts geschlechtsspezifischer Ausformungen ist auf den Zusammenhang von physischer und verbaler Gewalt und deren (unterschiedlicher) Bewertung zu achten.

Regeln sind für ein gelingendes Zusammenleben unerlässlich. Schon von klein auf werden Schülerinnen und Schüler in Familie, Kindergarten, Sport und Schule mit Regeln konfrontiert, wird ihre Nichteinhaltung sanktioniert. Die Lernenden der Jahrgangsstufe 7/8 sollen nun aktiv über die Notwendigkeit von Regeln nachdenken. Sie sollen sich bewusst machen, dass Regeln nicht nur ihre Freiräume einschränken, sondern vor allem auch ihre Bedürfnisse und Interessen schützen. Neben dem Aufstellen eigener Regeln für eine Gemeinschaft sollen die Ethikschülerinnen und -schüler durch die Goldene Regel auch ein Instrument kennen lernen, mit dem sie gut begründet eine eigene Regel aufstellen können, wenn für eine unklare Situation keine Regel vorhanden ist.

Ethisches Argumentieren bildet den Kern des Fachs Ethik. Ein gut begründetes Urteil über eine moralische Frage oder ein ethisch strittiges Thema fällen und sich diskursiv mit anderen über diese Probleme auseinandersetzen zu können, bildet das Zentrum des Ethikunterrichts. Elemente der Logik tragen dazu bei, Argumente widerspruchsfrei zu formulieren. Schülerinnen und Schüler müssen den Aufbau eines stimmigen Argumentes kennenlernen und üben. Sie können teilweise dabei auf im Deutschunterricht erworbene Fertigkeiten zurückgreifen. Das Fällen eines moralischen Urteils ist aber nicht allein ein Frage der Argumentationstechnik, sondern ein Prozess des Abwägens und der Hierarchisierung von Normen und Werten. Argumentative Techniken und Fähigkeiten zum moralischen Urteil müssen verknüpft werden. Die Fähigkeit zum Begründen und Schlussfolgern umfasst daher zum einen das Wissen um die argumentativen Techniken wie das Äußern eines Standpunktes, die Begründung durch stichhaltige und logisch aufgebaute Argumente, aber auch das Formulieren einer Schlussfolgerung unter Berücksichtigung von Normen und Werten. Insbesondere am Thema Unwörter kann diese zentrale Kompetenz in diesem Kapitel erworben werden.

Didaktische Zielsetzung

- Die Schülerinnen und Schüler schulen ihre **Argumentations- und Urteilskompetenz,** indem sie lernen, zu begründen und zu schlussfolgern.
  - Sie lernen, einen Standpunkt zu formulieren.
  - Sie wissen, wie Argumente aufgebaut sind.
  - Sie üben, eine Behauptung durch Argumente zu begründen.
  - Sie üben, Argumente logisch aufzubauen.
  - Sie setzen sich mit verschiedenen Argumenten kritisch auseinander und ziehen eine begründete Schlussfolgerung.

- Die Schülerinnen und Schüler schulen ihre **Konfliktlösungskompetenz,** indem sie lernen, Konflikte gewaltfrei zu lösen.
  - Sie üben, die Goldene Regel anzuwenden.

- Die Schülerinnen und Schüler erwerben Wissen zu den Themen **Regeln und Konflikte bzw. Gewalt**
  - Sie setzen sich damit auseinander, welche Arten und Ursachen von Konflikten es gibt.
  - Sie erfahren, welche Konflikttypen man unterscheiden kann.
  - Sie setzen sich damit auseinander, dass sich Menschen im Hinblick auf Fähigkeiten, Interessen, Herkunft und Glaube unterscheiden.
  - Sie denken über Unwörter, das heißt unangemessene, die Menschenwürde verletzende Wörter nach.
  - Sie denken über Regeln Voraussetzungen eines verantwortlichen Miteinanders nach.
  - Sie denken darüber nach, wie Menschen mit Sprache Gewalt ausüben können.
  - Sie unterscheiden sprachliche und körperliche Gewalt.
  - Sie setzen sich damit auseinander, dass Regeln das Zusammenleben ordnen und erleichtern.
  - Sie lernen, welche Regeln für das Zusammenleben notwendig sind.
  - Sie erfahren, dass Regeln Werte und Bedürfnisse schützen.
  - Sie lernen, dass die Goldene Regel die wichtigste moralische Regel ist.
  - Sie denken darüber nach, welche Sanktionen und Strafen bei Regelverletzungen sinnvoll sein können.

- Die Schülerinnen und Schüler wenden ihre **Argumentationskompetenz** an, indem sie ihre Auswahl eines Unwortes des Jahres begründen
  - Sie lernen, eine Argumentation schlüssig aufzubauen.

	Material	Lernfortschritts-bereich
Lernaufgabe bearbeiten	Die Auswahl eines Unworts des Jahres begründen	LF 1–6
Kompetenzen entwickeln	Argumentieren und schlussfolgern Eine Argumentation aufbauen	
Ursachen und Folgen von Konflikten	a | Vorstellungen friedlichen Zusammenlebens	LF 2
	b | Arten und Ursachen von Konflikten	LF 3
Gewalt durch Sprache	a | Pass auf, was du sagst	LF 3–4
	b | Sprachliche und körperliche Gewalt	LF 3–4
	c | „Schwuchtel geht flott über die Lippen"	LF 3–4
	d | „Du Opfer!"	LF 3–4

	Material	Lernfortschritts-bereich
Das Zusammenleben regeln	a | Regeln für verschiedenen Lebensbereiche	LF 3
	b | Wenn jeder an sich denkt, …	LF 2
	c | Regeln schützen Werte	LF 2
Eine Regel für alle und alles – die Goldene Regel	a | Sich in andere hineinversetzen	LF 4
	b | Die Goldene Regel anwenden	LF 1–5
	c | Weiter nachdenken über die Goldene Regel!	LF 2, 5–6
	d | Die Goldene Regel in Religion und Philosophie	LF 1, 5–6
Gelerntes anwenden und überprüfen	Das weiß ich	
	Das kann ich	

3. Bildungsplanbezug

Lehrplaninhalte: Standards für inhaltsbezogene Kompetenzen	
3.1.2 Konflikte und Gewalt **3.1.2.1 Friedliches Zusammenleben und die Bedeutung von Konflikten**	
Die Schülerinnen und Schüler können 1. Ursachen und Folgen von Konflikten an Beispielen herausarbeiten und im Zusammenhang mit Vorstellungen eines friedlichen Zusammenlebens untersuchen (zum Beispiel bezogen auf Intoleranz, Ungerechtigkeit, Wertekollision, Vorurteile, Diskriminierung)	Vorstellungen friedlichen Zusammenlebens, S. 66 Arten und Ursachen von Konflikten, S. 67
2. Formen von Gewalt in ihrer eigenen Lebenswelt identifizieren, unterscheiden und diskutieren (zum Beispiel physische, psychische, individuelle, kollektive Gewalt)	Pass auf, was du sagst, S. 68 Sprachliche und körperliche Gewalt, S. 68–69 „Schwuchtel geht flott über die Lippen.", S. 70 „Du Opfer!", S. 71
3. Werte und Normen als Voraussetzung und Grundlage eines friedlichen Zusammenlebens beschreiben, in ihrer Bedeutung erläutern und altersgemäß reflektieren (zum Beispiel Toleranz, Achtung, Gerechtigkeit, Menschenrechte, Grundgesetz)	Regeln für verschiedenen Lebensbereiche, S. 72 Wenn jeder an sich denkt, …, S. 72–73 Regeln schützen Werte, S. 73 Sich in andere hineinversetzen, S. 74 Die Goldene Regel anwenden, S. 75 Weiter nachdenken über die Goldene Regel, S. 75 Die Goldene Regel in Religion und Philosophie, S. 76

Standards für prozessbezogene Kompetenzen	
Schwerpunktkompetenz des Kapitels: **Argumentieren und schlussfolgern**	Kompetenz, S. 62–63 Alle Eulenaufgaben
Prozessbezogene Kompetenzen Wahrnehmen und sich hineinversetzen **Die Schülerinnen und Schüler können** 1. ihre Wahrnehmung von Phänomenen, Sachverhalten und ethisch relevanten Situationen wiedergeben	Vorstellungen friedlichen Zusammenlebens, S. 66, Nr. 2–3 Arten und Ursachen von Konflikten, S. 67, Nr. 2 und 3 Pass auf, was du sagst, S. 68, Nr. 1 Sprachliche und körperliche Gewalt, S. 68–69, Nr. 1 und 2 „Schwuchtel geht flott über die Lippen.", S. 70, Nr. 1 Regeln für verschiedenen Lebensbereiche, S. 72, Nr. 1 und 2 Sich in andere hineinversetzen, S. 74, Nr. 1 Die Goldene Regel anwenden, S. 75, Nr. 1 und 2
2. ihre Wahrnehmung mit der anderer vergleichen und dabei Vormeinungen, Gewohnheiten und Prägungen (beispielsweise personal, sozial, kulturell, religiös, ethnisch, medial) berücksichtigen und aufzeigen	Vorstellungen friedlichen Zusammenlebens, S. 66, Nr. 2 und 3 Arten und Ursachen von Konflikten, S. 67, Nr. 2 und 3 Sprachliche und körperliche Gewalt, S. 68–69, Nr. 1 und 2 Regeln für verschiedenen Lebensbereiche, S. 72, Nr. 1 und 2 Die Goldene Regel anwenden, S. 75, Nr. 3
3. eigene Bedürfnisse, Interessen und Gefühle und die anderer erkennen und formulieren	Vorstellungen friedlichen Zusammenlebens, S. 66, Nr. 1 Sprachliche und körperliche Gewalt, S. 68, Nr. 1 Weiter nachdenken über die Goldene Regel!, S. 75, Nr. 1 und 2

5

Standards für prozessbezogene Kompetenzen	
4. durch Perspektivenwechsel und wechselseitigen Austausch mögliche Empfindungen und Sichtweisen Beteiligter oder Betroffener erfassen und benennen	Vorstellungen friedlichen Zusammenlebens, S. 66, Nr. 2 und 3 Arten und Ursachen von Konflikten, S. 67, Nr. 4 Die Goldene Regel anwenden, S. 75, Nr. 1–3
5. in Situationen, Ereignissen oder Handlungen ethisch-moralische Fragestellungen oder Probleme identifizieren	Arten und Ursachen von Konflikten, S. 67, Nr. 3 und 4 "Schwuchtel geht flott über die Lippen.", S. 70, Nr. 2 Die Goldene Regel anwenden, S. 75, Nr. 1 und 2
6. eigene Bedürfnisse, Interessen und Gefühle und die anderer erkennen und formulieren	Vorstellungen friedlichen Zusammenlebens, S. 66, Nr. 1 Pass auf, was du sagst, S. 68, Nr. 3 Die Goldene Regel anwenden, S. 75, Nr. 1 und 2
7. Situationen und Sachverhalte aus verschiedenen Perspektiven betrachten und beschreiben	Vorstellungen friedlichen Zusammenlebens, S. 66, Nr. 2 und 3
Analysieren und interpretieren **Die Schülerinnen und Schüler können** 1. Informationen aus verschiedenen Quellen als Denkanstoß für die Deutung ethisch relevanter Sachverhalte erschließen	Sprachliche und körperliche Gewalt, S. 69, Nr. 3 "Schwuchtel geht flott über die Lippen.", S. 70, Nr. 2 "Du Opfer!", S. 70, Nr. 3 Wenn jeder an sich denkt, ..., S. 72, Nr. 2 Regeln schützen Werte, S. 73, Nr. 2 Sich in andere hineinversetzen, S. 74, Nr. 2 Die Goldene Regel in Religion und Philosophie, S. 76, Nr. 2
2. zentrale Begriffe der Ethik erläutern, voneinander abgrenzen und bestimmen	Arten und Ursachen von Konflikten, S. 67, Nr. 1 Regeln schützen Werte, S. 73, Nr. 2 und 3 Weiter nachdenken über die Goldene Regel, S. 75, Nr. 2 und 3 Die Goldene Regel in Religion und Philosophie, S. 76, Nr. 3 und 4

Standards für prozessbezogene Kompetenzen	
3. eine Meinung zu ethisch-moralischen Themen, Frage- und Problemstellungen darlegen und erläutern	Vorstellungen friedlichen Zusammenlebens, S. 66, Nr. 4 und 5 Sprachliche und körperliche Gewalt, S. 69, Nr. 4, 5 und 7 "Du Opfer!", S. 71, Nr. 3
4. die Interessenlage der Beteiligten, die zugrundeliegenden Wertvorstellungen und mögliche Wertekonflikte erläutern	Regeln für verschiedenen Lebensbereiche, S. 72, Nr. 2 Die Goldene Regel anwenden, S. 75, Nr. 1 und 2
5. Handlungsalternativen und ihre jeweiligen Folgen herausarbeiten und erklären	Arten und Ursachen von Konflikten, S. 67, Nr. 4 Regeln für verschiedenen Lebensbereiche, S. 72, Nr. 3 Die Goldene Regel anwenden, S. 75, Nr. 3
6. die Beteiligten und Betroffenen in ethisch relevanten Situationen identifizieren und deren Stellenwert darlegen	Arten und Ursachen von Konflikten, S. 67, Nr. 3 und 4
7. die Interessenlage der Beteiligten und Betroffenen, die zugrundeliegenden Wertevorstellungen und mögliche Wertekonflikte erläutern	Vorstellungen friedlichen Zusammenlebens, S. 66, Nr. 2 und 3
Beurteilen und (sich) entscheiden **Die Schülerinnen und Schüler können** 2. verschiedene Begründungen (beispielsweise Autorität, Religion, Tradition, Konvention, Moralphilosophie) abwägen und bewerten	Weiter nachdenken über die Goldene Regel!, S. 75, Nr. 4 Die Goldene Regel in Religion und Philosophie, S. 76, Nr. 4
3. ethische Grundsätze und moralische Regeln in Frage- und Problemstellungen vergleichen, abwägen und sich begründet entscheiden	Die Goldene Regel in Religion und Philosophie, S. 76, Nr. 3
4. eigene begründete Standpunkte entwickeln und moralphilosophische Begründungsansätze einbeziehen	Wenn jeder an sich denkt, ..., S. 73, Nr. 3

4. Tipps zum Umgang mit der Lernaufgabe – Die Auswahl eines Unworts des Jahres begründen

Sprache spielt in sozialen und politischen Auseinandersetzungen in vielfältiger Weise eine wichtige Rolle. Der Streit um Begriffe ist etwa oft kein bloßer Streit um Worte, sondern Begriffe bestimmen die Sichtweise auf gesellschaftliche Herausforderungen und legen oftmals spezifischer Handlungskonsequenzen nahe. Begriffe können beschönigen und verschleiern. Mit ihnen lässt sich Unangenehmes mit angenehmen Worten sagen. Wenn Bomben nicht nur Brücken und Bahnhöfe zerstören, sondern auch Menschen töten und dies als Kollateralschaden bezeichnet wird, muss Sprachkritik ansetzen.
Die Lernaufgabe – Auswahl eines persönlichen Unwortes – ist in enger Anlehnung an die seit 1991 stattfindende alljährliche Wahl eines Unwortes durch die Sprachkritische Aktion. „Unwort des Jahres" (seit 1993) konzipiert. Die Aktion „Unwort des Jahres" will – so steht es in der Satzung – für mehr sachliche Angemessenheit und Humanität im öffentlichen Sprachgebrauch werben.

Die Rügen verstehen sich in erster Linie als Anregung zu mehr sprachkritischer Reflexion.
Die Schülerinnen und Schüler sollen am Ende der Einheit ihre individuelle Auswahl eines Unworts treffen und diese schlüssig begründen. Dieser individuellen Leistung gehen Phasen kooperativen Sammelns und Sortierens voraus, in deren Verlauf die Lernenden mit unterschiedlichen Kriterien und Positionen konfrontiert werden. Die Tipps „**So wählst du dein Unwort des Jahres**" geben Hinweise zur Auswahl des persönlichen Unwortes und – in Verbindung mit der Kompetenzseite – zur Begründung der Auswahl.
Vorbereitet wird die Lernaufgabe, die am Ende der Unterrichtseinheit gelöst wird, durch die ▢-Aufgaben. Sie geben bei jedem Kapitel Hinweise, welche Kriterien bei der Auswahl des Unwortes beachtet werden sollten.

5. Umgang mit der Kompetenzseite

Es ist sinnvoll, vor der Besprechung der Kompetenzseite mit den Schülerinnen und Schülern zu besprechen, inwieweit Sie mit dem Aufbau von Argumentationen – etwa im Rahmen von Erörterungen – schon vertraut sind.

Im Anschluss an die Besprechung der Kompetenzschritte sollten die Schülerinnen und Schüler zunächst in Einzelarbeit versuchen, diese Schritte am Beispiel zu erproben. Das Arbeitsblatt unter dem Online-Code ⊕ Formulierungshilfe hilft dabei.

6. Aufgabencheck

a) Klassifizierung der Aufgaben

Folgende Aufgaben ...	
sind wahl- oder interessendifferenziert	Arten und Ursachen von Konflikten, S. 67, Nr. 4
enthalten kreative Elemente	Vorstellungen friedlichen Zusammenlebens, S. 66, Nr. 2 Sprachliche und körperliche Gewalt, S. 69, Nr. 7 Wenn jeder an sich denkt, ..., S. 73, Nr. 4
machen unterrichtsorganisierende Vorschläge	Arten und Ursachen von Konflikten, S. 67, Nr. 1–4
sind handlungs- oder produktorientiert	Die Goldene Regel in Religion und Philosophie, S. 76, Nr. 5
machen Zusatzangebote (Code/DUA)	S. 64–65, Kompetenzseite: ⊕ Formulierungshilfen S. 75, Weiter nachdenken über die Goldene Regel: ⊕ Schaubild

b) Hinweise und Lösungen mit Zuordnungen der Online-Codes

	Hinweise und Lösungen	Ergänzendes Material
Problemaufhänger	Bei Aufgabe 3 können die gefundenen Symbole zusammen mit einer Kopie des Graffito zu einer Collage zusammengeführt werden, die im Klassenzimmer aufgehängt wird.	
Lernaufgabe: Die Auswahl eines Unworts des Jahres begründen, S. 62–63	Die Box sichert den Schülern Anonymität, so dass sie sich u. U. eher trauen, Begriffe, von denen sie sich verletzt fühlen, zu benennen, ohne sich dem Vorwurf auszusetzen, sie würden sich anstellen.	
Kompetenzseite: Argumentieren und schlussfolgern: Eine Argumentation aufbauen: „... und jetzt du", S. 64–65		⊕ Formulierungshilfen
a | Vorstellungen friedlichen Zusammenlebens, S. 66	S. 66, Nr. 2, mögliche Lösungen	
	Oben links: „Nicht nerven! Ich will jetzt klären, wo wir uns nachher treffen." *Oben rechts:* „Gemein. Immer sind sie auf der Seite der Kleinen!" *Unten links:* „Mir ist das fremd! Ich möchte keine Moschee in meinem Viertel!" *Unten rechts:* „Seltsamer Typ. Warum sitzt er nicht im vorderen Busteil bei den anderen Weißen?"	

Hinweise und Lösungen	Ergänzendes Material
S. 66, Nr. 3, Mögliche Lösungen	
Oben links: Die Mutter möchte etwas mit der Tochter klären, während die Tochter offenbar mit ihrem Smartphone beschäftigt ist und sich nicht stören lassen möchte. Oben rechts: Nach einer Auseinandersetzung zwischen zwei Geschwistern sucht die kleinere Schwester Unterstützung bei den Eltern, während der ältere Junge für sich steht und wohl der Auffassung ist, dass die Eltern den Streit nicht unparteiisch klären werden. Unten links: Anhänger der „Bürgerbewegung pro Köln" protestieren am 16.6.2007 gegen den geplanten Bau einen repräsentativen Moschee im Kölner Stadtteil Ehrenfeld. Gleichzeitig fand eine große Demonstration von Moscheebaubefürwortern statt. S. auch Transparent oben im Bild „Arme kleine Deutsche". Unten rechts: In den Südstaaten der USA hatten die meisten Busgesellschaften in den 50er-Jahren ein Rassentrennungssystem eingeführt: bestimmte Plätze waren allein Weißen vorbehalten, farbige Reisenden mussten gegebenenfalls ihre Plätze räumen, wenn für weiße Fahrgäste nicht genügend Plätze vorhanden waren. Daraus resultierte 1955 der *Montgomery Bus Boycot*, eine einjährige Kampagne, die mit der Verhaftung der Schneiderin Rosa Parks begann, die ihren Sitzplatz im Bus nicht für einen weißen Passagier aufgeben wollte. Rosa Parks saß an jenem 1. Dezember 1955 in der ersten Reihe des Bereichs für Schwarze und weigerte sich aufzustehen, als für eine zugestiegene weiße Passagierin kein Sitzplatz mehr frei war. Der Fahrer rief daraufhin die Polizei, die Parks festnahmen und sie für einen Tag ins Gefängnis steckten, bevor Kaution für sie hinterlegt wurde. Der Boykott brachte viele Aufmerksamkeit für die Civil-Rights-Bewegung.	
S. 66, Nr. 4, Lösungen	
Vorurteile verletzen drei Grundsätze des menschlichen Miteinanders: – Vernunft: Vorschnelle Urteile ohne sichere Kenntnis – Gerechtigkeit: Ungleichbehandlung, anderen werden nicht die gleichen Rechte zuerkannt wie der eigenen Gruppe – Mitmenschlichkeit: Intoleranz und Ablehnung	
S. 66, Nr. 5, Lösungen	
Oben links: Seitens der Eltern: Jugendliche daddeln nur die ganze Zeit; seitens der Jugendlichen: Ältere haben keine Vorstellung davon, wie wichtig es ist, soziale Kontakte über die sozialen Medien zu pflegen. Oben rechts: Annahme des Jungen, dass die Eltern immer auf der Seite der Kleineren sind. Unten links: Der Islam gehört nicht zu Deutschland: Werte und Normen der Muslime stehen grundsätzlich westlichen Werten gegenüber, Muslime schotten sich ab und verweigern sich der Integration (Muslima und Schwimmunterricht, Kopftuch). Unten rechts: Schwarze werden etwa in den USA schneller mit Drogen und anderen Formen der Straßenkriminalität in Verbindung gebracht. Von Weißen wird etwa angenommen, dass sie schlechter in bestimmten Sportarten wie Basketball sind.	
S. 66, Nr. 6, Lösungen	
Unwörter bauen insofern Vorurteile auf, als dass sie diese sprachlich verdichten und so auf eine eingängige Formel bringen. Gleichzeitig leisten diese eingängigen Unwörtern auch einen Beitrag zur Verstärkung der Vorurteile. Bei der Etablierung von Unwörtern geht es um den Versuch, Schlagworte als erstes zu besetzen, Themen eine Richtung zu geben und die Perspektive, aus welcher man ein Problem sieht, durch eine entsprechende Wortwahl vorwegzunehmen.	

	Hinweise und Lösungen	**Ergänzendes Material**
b | Arten und Ursachen von Konflikten, S. 67	**S. 67, Nr. 1, mögliche Lösung**	
	Strukturkonflikt: – z. B. Streit zwischen Eltern und Kindern oder Lehrern und Schülern über Rechte und Pflichten *Sachverhaltskonflikt:* – z. B. Streit um die Bewertung eines Unterrichtsthemas, um die Wahl einer Präsentationsform für die Gruppenarbeitsergebnisse *Interessenkonflikt:* – z. B. Streit um Verteilung von Aufgaben, Noten *Beziehungskonflikt:* – z. B. Eifersucht, verschiedene Vorstellungen von Freundschaft *Wertekonflikt:* – z. B. verschiedene Vorstellungen von Ehre, von der Rolle von Frauen und Mädchen	
	S. 67, Nr. 2, Lösungen	
	Strukturkonflikt: – Der Hausmeister lässt die Schüler auch bei starkem Regen nicht ins Schulgebäude. – Der Lehrer bevorzugt eine Schülerin. – Wer Schuhe der Marke X trägt, ist cool. Tinas Familie kann sich das nicht leisten. *Sachverhaltskonflikt:* – Lea: „Computerspiele machen aggressiv." – Hannes: „Computerspiele bauen Aggressionen ab." *Interessenkonflikt:* – Drei Geschwister streiten darum, wer die zwei übrig gebliebenen Kuchenstücke bekommt. – Drei Schüler möchten als Klassensprecher gewählt werden. *Beziehungskonflikt:* – Mona möchte gern in die Clique von Sabrina aufgenommen werden, wird aber abgelehnt. – Die Mutter küsst ihren Sohn zum Abschied vor der Schule, ihm ist das peinlich. *Wertekonflikt:* – Eine muslimische Schülerin darf nicht mit auf Klassenfahrt. – Sascha behauptet, Kindererziehung sei vor allem Frauensache. Leila und Benno widersprechen heftig. – Marc: „Freundschaft finde ich so wichtig, dass ich für einen Freund auch lügen würde." – Clara: „Das würde ich auf keinen Fall tun. Ehrlichkeit ist wichtiger als Freundschaft." – Josy möchte an der Matheolympiade teilnehmen. Ihre Mutter will ihr das ausreden: „Da hast du als Mädchen sowieso keine Chance."	
	S. 67, Nr. 3	
	Strukturen und Wertvorstellungen sind nicht durch Diskussionen aus der Welt zu räumen. *Strukturen* sind häufig festgelegt, wie beispielsweise die Rollen von Lehrern und Schülern. *Werte* sind durch Erfahrungen und Erziehung geprägt. *Sachverhaltskonflikte* lassen sich durch Information zum Teil beheben. *Interessen- und Beziehungskonflikte* lassen sich häufig durch ein klärendes Gespräch lösen.	
	S. 67, Nr. 4	
	Strukturkonflikt: – *Der Hausmeister lässt die Schüler auch bei starkem Regen nicht ins Schulgebäude.* Wenn der Hausmeister die Schulordnung befolgt, ist die Maßnahme zu akzeptieren. Wenn das Verhalten ein Ausdruck aus genutzter Macht ist, müsste das Gespräch mit der Schülervertretung gesucht werden. – *Der Lehrer bevorzugt eine Schülerin.* Dieses Verhalten ist nicht akzeptabel. Die Schüler sollten das Gespräch mit dem Lehrer oder einem Vertrauenslehrer suchen. – *Wer Schuhe der Marke X trägt, ist cool. Tinas Familie kann sich das nicht leisten.* Es lässt sich in der Schule über Statussymbole und die Bedeutung von Marken diskutieren, um den Jugendlichen klarzumachen, dass der Wert eines Menschen nicht von Marken abhängt.	

	Hinweise und Lösungen	Ergänzendes Material
	Sachverhaltskonflikt: – *Lea: „Computerspiele machen aggressiv." Hannes: „Computerspiele bauen Aggressionen ab."* Durch weitere Informationen und konkrete Beispiele können die recht einseitigen Meinungen relativiert werden. *Interessenkonflikt:* – *Drei Geschwister streiten darum, wer die zwei übrig gebliebenen Kuchenstücke bekommt.* Die Stücke lassen sich so aufteilen, dass alle gleich viel bekommen. – *Drei Schüler möchten als Klassensprecher gewählt werden. Die Verlierer müssen die Niederlage akzeptieren.* Dies gehört zu einer demokratischen Wahl dazu. *Beziehungskonflikt:* – *Mona möchte gern in die Clique von Sabrina aufgenommen werden, wird aber abgelehnt.* Mona muss die Meinung der anderen Jugendlichen akzeptieren. Sympathien lassen sich nicht erzeugen. – *Die Mutter küsst ihren Sohn zum Abschied vor der Schule, ihm ist das peinlich.* Die Mutter sollte die Meinung des Sohnes akzeptieren. Sie könnten einen Kompromiss finden und sich schon zuhause verabschieden. *Wertekonflikt:* – *Eine muslimische Schülerin darf nicht mit auf Klassenfahrt.* Durch Regelung der Aufsichten, Zimmerverteilung, Essen, Programm lässt sich u. U. eine Zustimmung der Familie erreichen, wenn dadurch gewährleistet ist, dass die religiösen Werte geachtet werden. – *Sascha behauptet, Kindererziehung sei vor allem Frauensache. Leila und Benno widersprechen heftig.* Bei diesem Thema sollten die Hintergründe der Meinungen thematisiert werden. Wie kommen die Jugendlichen jeweils zu ihrer Position? Da solche Positionen durch Erziehung und familiäre Erfahrung geprägt sind, lassen sie sich nicht so einfach verändern. Erreicht werden kann aber, dass man sich darum bemüht, die andere Sichtweise zu verstehen und sie vielleicht sogar zu akzeptieren. – *Marc: „Freundschaft finde ich so wichtig, dass ich für einen Freund auch lügen würde." Clara: „Das würde ich auf keinen Fall tun. Ehrlichkeit ist wichtiger als Freundschaft."* Beide Meinungen sind recht einseitig. Im Gespräch und bei der gemeinsamen Suche nach Beispielen lassen sich die Positionen u. U. relativieren. – *Josy möchte an der Matheolympiade teilnehmen. Ihre Mutter will ihr das ausreden: „Da hast du als Mädchen sowieso keine Chance."* Die Mutter kann im Gespräch aufgeklärt werden, dass Mathematik nicht nur etwas für Jungen ist. So kann erreicht werden, dass sie Josy unterstützt.	
	S. 67, Nr. 5–6, freie Schülerarbeit	
a | Pass auf, was du sagst, S. 68	S. 68, Nr. 1, mögliche Lösung	
	z. B. beleidigen, erschrecken, verletzen, bedrohen, Angst einjagen, wütend machen, sich hilflos fühlen	
	S. 68, Nr. 2, freie Schülerarbeit	
	S. 68, Nr. 3	
	– *erklären:* Wörter können etwas begreiflich machen, z. B. in der Schule. – *verraten:* Wörter können Geheimnisse offenbaren, verpetzen. – *verschweigen:* Ungesagte Wörter und Wörter, die die Aufmerksamkeit des Zuhörers fehl lenken, können dazu beitragen, etwas zu verschleiern oder eben das Wesentliche zu verschweigen. – *Missverständnisse ausräumen:* Mit Wörtern kann man etwas aufklären, was unklar war und deshalb für Meinungsverschiedenheiten oder Misstrauen gesorgt hat. – *täuschen:* Mit Wörtern kann man lügen und betrügen. – *preisgeben:* Mit Wörtern kann man etwas, das geheim war, öffentlich machen. – *Misstrauen schaffen:* Durch Verschweigen, Unwahrheiten oder Halbwahrheiten kann man Misstrauen erzeugen. – *Herzen öffnen:* Mit Wörtern kann man andere Menschen für sich gewinnen – *verletzen:* Wörter können kränken.	

	Hinweise und Lösungen	Ergänzendes Material
	trösten: Wörter können aufmuntern und aufheitern. *verführen:* Mit Wörtern kann man zu etwas überredet werden, was man eigentlich nicht tun wollte oder sollte. *verwirren:* Wörter können einen durcheinander bringen. *Zugang finden:* Mit Wörtern kann man das Vertrauen von Menschen gewinnen. *auf taube Ohren stoßen:* Wörter können beim Zuhörer nicht ankommen, z. B. weil er das Gesagte nicht hören will. *Barrieren überwinden:* Wörter können helfen, den Kontakt zu Menschen zu erleichtern und Grenzen zu überwinden. *aufmuntern:* Wörter können Mut machen und trösten. *vernichten:* Wörter können einen Menschen zerstören. *ablenken:* Wörter können einen von etwas ablenken, auf das man achten sollte, z. B. in der Schule. Sie können einen aber auch von etwas ablenken, an das man nicht denken möchte, z. B. Kummer. *ermüden:* Wenn jemand zu viel spricht, macht das die Zuhörer müde. *Zwietracht säen:* Wörter können Streit auslösen. *Frieden stiften:* Wörter können zur Versöhnung beitragen. *nörgeln:* Mit Wörtern kann man an jedem und allem herummäkeln. *angreifen:* Wörter können Menschen attackieren. *erheitern:* Wörter können spaßig sein. *traurig machen:* Wörter können einen Menschen unglücklich machen *enttäuschen:* Mit Wörtern kann man bei Menschen falsche Erwartungen wecken. *Erwartungen wecken:* Mit Wörtern kann man etwas versprechen, was mit Spannung erwartet wird. Wenn etwas versprochen, aber nicht gehalten wird, sind falsche Erwartungen geweckt worden. *wärmen:* Wörter können einem ein angenehmes Gefühl vermitteln.	
	S. 68, Nr. 4, freie Schülerarbeit	
b | Sprachliche und körperliche Gewalt; S. 68–69	S. 68, Nr. 1, Lösung	
	Im Anschluss an die Bearbeitung der Aufgabe kann über erste eigene Erfahrungen mit dem Phänomen Gewalt durch Sprache gesprochen werden. Elemente: Aus dem Mund des Mannes ragt ein männlicher Arm heraus, der das Kinn der Frau zusammengequetscht. Mann wird als Täter, Frau als Opfer dargestellt, der aus dem Mund ragende, zugreifende Arm macht den verletzenden Charakter verbaler Gewalt deutlich.	
	S. 69, Nr. 2, Lösung	
		körperliche Gewalt	sprachliche Gewalt
---	---
Gewalt kann dem Körper Wunden zufügen	Worte können etwas tun, sie können etwas antun, Worte verletzen, Worte treffen, Worte tun etwas an
jemand macht sich die Finger schmutzig	niemand macht sich die Finger schmutzig
körperliche Gewalt hinterlässt sichtbare Wunden	sprachliche Gewalt hinterlässt keine sichtbaren Wunden
sichtbar	unsichtbar
vor Gericht bestrafbar	dem gesetzlichen Zugriff meist entzogen
Wirkung anderen zurechenbar	Wirkung wird der Empfindlichkeit des Angesprochenen zugeschrieben, Wirkung wird der Deutung des Opfers zur Last gelegt		
	S. 69, Nr. 3, Lösung	
	Sprachliche Gewalt lässt sich schwer bestrafen, weil sie nicht nachweisbar ist. Es gibt keine sichtbaren Wunden. Die innere Verletzung wird der Empfindlichkeit des Opfers zugeschrieben; ganz nach dem Motto: „Warum bist du denn so empfindlich?"	

	Hinweise und Lösungen	Ergänzendes Material
	S. 69, Nr. 4, Lösung	
	Verletzung durch Sprache ist abhängig von den Umständen, den Personen, der Empfindlichkeit des Angesprochenen, der Absicht des Täters. Oft sind die Grenzen zwischen Spaß und Beleidigung fließend. Viele möchten auch nicht als überempfindlich gelten und lachen mit, wenn sie beleidigt werden, obwohl sie das eigentlich gar nicht lustig finden. Für den Sprachtäter ist dann oft nicht einmal klar, wie massiv sein Angriff war.	
	S. 69, Nr. 5, freie Schülerarbeit	
	S. 69, Nr. 6, Lösung	
	nicht ausreden lassen/nicht zu Wort kommen lassen: die Meinung von jemand anderem nicht gelten lassen *ganz leise sprechen:* jemanden aus dem Gespräch ausschließen *Witze machen:* sich lustig machen über andere *Beschimpfen/drohen/anschreien:* jemand anderem Angst einjagen, unsachlich sein *kritisieren:* andere Meinung nicht akzeptieren *beleidigen/jemanden abwerten:* jemand nicht als gleichwertigen Gesprächspartner akzeptieren In allen Fällen liegt keine gleichberechtigte Gesprächssituation vor.	
	S. 69, Nr. 7, freie Schülerarbeit	
	Gegen sprachliche Gewalt könnte helfen: - Regeln für die Schule aufstellen, die sprachliche Gewalt verbieten - den Sprecher auf seine Sprache ansprechen - seine eigene Verletzung deutlich machen, sich selbst um eine angemessene Wortwahl bemühen	
c | „Schwuchtel geht flott über die Lippen", S. 70	S. 70, Nr. 1, mögliche Lösung	
	Vor allem Jugendliche gebrauchen den Begriff als Schimpfwort, um eine Aufgabe als lästig und unangenehm oder eine Handlung als zu schwach oder zu lässig ausgeführt zu kennzeichnen.	
	S. 70, Nr. 2, Lösung	
	Ursachen: - starke Orientierung von Kindern an Geschlechterstereotypen (Z. 33 f.) - Verbindung von „schwul" mit weiblich und schwach und damit nicht als konform mit den Normen der Bezugsgruppe (Z. 35–38) - Streben von Kindern und Jugendlichen, Gruppenkonformität zu zeigen (Z. 39 f.) **Wirkungen:** - Verwendung liegt oftmals keine Diskriminierungsabsicht zugrunde (Z. 15–17, Z. 22 f.), führt aber dennoch zu einer Diskriminierung sozialer Gruppen, in diesem Fall von Menschen mit homosexueller Orientierung. - Homophobe Wirkung wird stark beeinflusst vom Verhalten der Lehrer.	
	S. 70, Nr. 3, freie Schülerarbeit	
d | „Du Opfer!", S. 71	S. 71, Nr. 1, mögliche Lösung	
	Synonyme in diesem Kontext z. B. Loser, Schwächling, Verlierer, Versager.	
	S. 71, Nr. 2, freie Schülerarbeit	
	S. 71, Nr. 3, mögliche Lösung	
	Der Begriff wird sehr unterschiedlich verwendet. Im Sprachgebrauch hat er den ursprünglichen religiösen Kontext verlassen. Der Aspekt der „Gabe" spielt kaum mehr eine Rolle, damit verbunden ist auch, dass die positiven Konnotationen kaum mehr eine Rolle spielen. Opfer wird heute v. a. negativ verstanden. Negativ zum einen in dem Sinn, dass einem Opfer etwas widerfährt, das nicht wünschenswert und zu vermeiden ist: Verkehrsopfer, Kriminalitätsopfer. Negativ zum anderen auch in einem pejorativen Sinn, indem der Begriff als Schimpfwort benutzt wird.	
	S. 71, Nr. 4, freie Schülerarbeit	

	Hinweise und Lösungen	Ergänzendes Material
a | Regeln für verschiedenen Lebensbereiche, S. 72	S. 72, Nr. 1, mögliche Lösung	
	Umgang mit fremden Kulturen: Respekt vor anderen Religionen *Umgang mit Aggressionen:* sich nicht anschreien *Streitschlichtung/ Selbstbehauptung:* Streitschlichter an der Schule, Klassenrat *Pausenordnung:* nicht auf dem Schulhof mit dem Fußball spielen *Klassenregeln:* sich melden, wenn man etwas sagen will *Umgang mit Freunden:* keine Geheimnisse verraten, für den anderen da sein *Rituale:* zum Stundenbeginn aufstehen *Umgang in der Familie:* sich gegenseitig helfen, Rücksicht nehmen, Arbeit verteilen (z. B.: Geschirrspüler, Müll, Getränke) *Verkehrsregeln:* Zebrastreifen benutzen *Spielregeln:* nicht schummeln *Regeln im Sport:* kein Handspiel im Fußball *Höflichkeit:* anderen die Tür aufhalten *Verhalten am und im Schulbus:* nicht am Eingang drängeln, sich während der Fahrt hinsetzen, während der Fahrt nicht mit dem Fahrer reden *Umgang mit Behinderungen:* nicht lästern, helfen.	
	S. 72, Nr. 2 und 3	
	Über das Entwickeln und Austauschen von Geschichten sollen sich die Schülerinnen und Schüler die Bedeutung der Regeln bewusst machen und für die Folgen von Regelverletzungen sensibilisiert werden.	
	S. 72, Nr. 4, freie Schülerarbeit	
b | Wenn jeder an sich denkt, ..., S. 72–73	S. 72, Nr. 1, freie Schülerarbeit	
	S. 72–73, Nr. 2–3	
	„Jeder ist sich selbst der Nächste.", *ungerecht, weil:* Egoismus, rücksichtslos, jeder denkt nur an sich. „Wenn jeder an sich denkt, ist an alle gedacht.", *ungerecht, weil:* Nicht jeder kann sich um sich selbst kümmern, z. B. alte und kranke Menschen, kleine Kinder. Egoistisch, weil man nur auf den eigenen Vorteil bedacht ist.	
	S. 73, Nr. 4, freie Schülerarbeit	
c | Regeln schützen Werte, S. 73	S. 73, Nr. 1, mögliche Lösung	
	Wertvoll = nützlich, hochwertig: Der Diamantring ist wertvoll. *Wertlos* = minderwertig, nutzlos: Kaputte Glühbirnen sind wertlos. *Bewerten* = etwas einen Wert zumessen. Der Lehrer bewertet den Aufsatz mit der Note 3.	
	S. 73, Nr. 2	
	Bedürfnisse spiegeln sich in den Werten einer Gemeinschaft, z. B. kein Foul begehen – entspricht „Fairness". *Regeln* schützen diese Werte, z. B. „Das Treten der Mitspieler ist verboten, da es unfairem Verhalten entspricht und eine Billigung dieses Verhaltens zu ungerechten Spielsituationen führen würde."	

	Hinweise und Lösungen		Ergänzendes Material
	S. 73, Nr. 3		
	Andere ausreden lassen	Höflichkeit	
	Termine einhalten	Pünktlichkeit, Höflichkeit	
	Den Gegenspieler nicht treten	Gesundheit, Fairness (Gerechtigkeit)	
	Andere Meinungen respektieren	Toleranz	
	Verkehrsregeln beachten	Sicherheit, Gesundheit	
	Den Klassenraum in Ordnung halten	Ordnung	
	Alle Schüler gleich behandeln	Gerechtigkeit, Gleichheit	
	Den Privatbereich anderer achten	Würde, Höflichkeit	
	Die Schultoiletten sauber halten	Gesundheit	
	Lehrer und Nachbarn grüßen	Höflichkeit	
a | Sich in andere hineinversetzen, S. 74	S. 74, Nr. 1, freie Schülerarbeit		⊕ Text mit Rollenbezeichnungen
	S. 74, Nr. 2, Lösung		
	Z. 1–7: Sich in den anderen hineinversetzen Z. 8–15: Was du nicht willst, das man dir tu Z. 16–21: Eine alte, überall gültige Regel Z. 21–38: Nicht schlagen und im Bus aufstehen		
	S. 74, Nr. 3, freie Schülerarbeit		
	S. 74, Nr. 4, freie Schülerarbeit		
	Zur Goldenen Regel gehören immer zwei Personen: Behandle jeden *anderen Menschen*, wie du behandelt werden willst. Maßstab für meine Handlungen anderen gegenüber bin ich selbst mit meinen Bedürfnissen.		
b | Die Goldene Regel anwenden, S. 75	S. 75, Nr. 1, freie Schülerarbeit		
	S. 75, Nr. 2 und 3		
	Diese Aufgaben sollen den Schülerinnen und Schülern bewusst machen, dass es nicht nur darum geht, die eigenen Bedürfnisse auf einen anderen zu übertragen, sondern, dass es wichtig ist, sich bewusst zu machen, was das konkrete Gegenüber für Bedürfnisse hat. So freuen sich Gleichaltrige bei gleichem Musikgeschmack vielleicht über eine aktuelle CD, Mutter und Opa aber vermutlich nicht.		
c | Weiter nachdenken über die Goldene Regel!, S. 75	S. 75, Nr. 1, freie Schülerarbeit		⊕ Schaubild
	S. 75, Nr. 2. Lösung		
	Marcy möchte – ernst genommen werden (Z. 7 f.), – dass andere daran denken, was sie fühlt (Z. 8 f.), – in Ruhe gelassen werden, wenn sie etwas nicht möchte (Z. 12 f.) – dass ihre Meinung respektiert wird (Z. 13 f.), – selber entscheiden, was sie tun möchte (Z. 14 f.), – dass ihr geholfen wird, wenn sie in Schwierigkeiten gerät (Z. 15–17)		
	S. 75, Nr. 3–5 s. unten (S. 60)		

	Hinweise und Lösungen	**Ergänzendes Material**
d | Die Goldene Regel in Religion und Philosophie, S. 76	S. 76, Nr. 1	
	Die Schülerinnen und Schüler beschreiben frei. *Eine mögliche Erläuterung:* Das Bild symbolisiert zwei Menschen. Ihre Köpfe sind von jeweils einem Fisch gefüllt. Der Fisch steht als Symbol für Jesus. *Ichthys* ist ein kurzes Glaubensbekenntnis aus dem Altgriechischen: Iēsous: *Jesus* Christós: *„Christus" (der Gesalbte)* Theoú: *Gottes* Hyiós: *Sohn* Sotér: *Erlöser* In den Gliedmaßen sind kleine Szenen abgebildet. In der linken Figur finden sich Szenen, in denen Menschen schlecht behandelt werden, rechts sind Szenen eines harmonischen Miteinanders abgebildet. Das Bild verdeutlicht, dass die Goldene Regel keinen konkreten Maßstab für richtiges und falsches Verhalten vorgibt, sondern einen Perspektivwechsel fordert. In den Körpern der beiden Figuren steht rechts die Goldene Regel aus dem Matthäusevangelium, links die Bezeichnung Goldene Regel.	
	S. 76, Nr. 2	
	Goldene Regel: „Was du nicht willst, das man dir tu, das füg auch keinem anderen zu." Diese Regel wird in der Bergpredigt durch die Feindesliebe und das Vergeltungsverbot radikalisiert. Die dahinterstehende Ethik findet sich auch außerhalb der Religionen, z. B. in Kants Kategorischem Imperativ. Das bedeutet, das Gebot ist so formuliert, dass es ohne Ausnahme an jeden gerichtet ist und nicht zwischen Menschen unterscheidet. Würde dieses Prinzip umgesetzt, was vernünftig wäre, so Weizsäcker, gäbe es keine unlösbaren Konflikte. Die Geschichte beweist, dass die Menschen nicht einsichtig sind. Daher besteht die Geschichte aus einer Kette unlösbarer Konflikte.	
	S. 76, Nr. 3	
	Judentum: Die Regel drückt das Prinzip der Nächstenliebe aus. Maßstab für das Verhalten ist das, was man selbst nicht mag. Angesprochen ist der Nächste. *Christentum:* Diese Regel ist positiv formuliert. Man soll so handeln, wie man selbst behandelt werden möchte. Die Regel wird auf alle ausgedehnt. *Islam:* Glaube zeigt sich darin, für den Bruder, d. h. für den, der den gleichen Glauben hat, zu wünschen, was man sich selbst wünscht. Die Regeln unterscheiden sich sowohl darin, ob sie positiv oder negativ formuliert sind, als auch im Adressaten, an den sich die Handlung richten soll. In allen drei abrahamitischen Religionen finden sich aber sowohl positive wie auch negative Formulierungen.	
	S. 76, Nr. 4	
	Mit Hilfe der negativen Formulierung prüft man die moralische Zulässigkeit einer bestimmten eigenen Handlung in Bezug auf andere Menschen, indem man sich fragt, ob man seinerseits von andern Menschen derart behandelt werden möchte. Wenn man das nicht will, dann ist die Handlung unmoralisch und man soll sie unterlassen. Grundlage ist hier eine mahnende Haltung, die auf Verhinderung zielt. Letztlich zielt man damit auf eine Konfliktvermeidung. Problematisch erscheint allerdings im Einzelfall die Annahme identischer Abneigungen. Die positive Formulierung zielt auf ein Initiativhandeln. Man soll nicht etwas unterlassen, sondern man soll etwas tun. Bei der positiven Formulierung kommt es weit häufiger zu problematischen Ergebnissen, da sich individuelle Vorlieben noch schwerer als Abneigungen verallgemeinern lassen.	
	S. 76, Nr. 5, freie Schülerarbeit	
	S. 76, Nr. 6, freie Schülerarbeit	

Lösung S. 75, Nr. 3–5

			Goldene Regel			
			Werte			
Rücksichtnahme	Akzeptanz	Einfühlungs-vermögen	Toleranz	Selbstständigkeit	Hilfsbereitschaft	Empathie
In Ruhe gelassen werden	Ernst nehmen	Auf mich eingehen	Meinung respektieren	Selbst entscheiden	In Schwierig-keiten helfen	Über Gefühle nachdenken
			Bedürfnisse			

7. Durchführung der Unterrichtseinheit (Vorschlag für 7 Doppelstunden)

Minimalvorschlag (5 Doppelstunden)

1. Doppelstunde	**Einstieg:** Auftaktseite **Erläuterung der Lernaufgabe:** Die Auswahl eines Unworts des Jahres begründen, S. 62–63	**Bearbeitung der Kompetenzseite:** Argumentieren und schluss-folgern: Eine Argumentation aufbauen, S. 64–65 **Übung:** „… und jetzt du", S. 65	
2. Doppelstunde	**Einstieg:** Vorstellungen friedlichen Zusammenlebens, S. 66, Nr. 1 **Erarbeitung:** Vorstellungen friedlichen Zusammenlebens, S. 66, Nr. 2–5	**Einstieg:** Arten von Konflikten, S. 67, Nr. 1 **Erarbeitung:** Arten von Konflikten, S. 67, Nr. 2–5	
3. Doppelstunde	**Einstieg:** Pass auf, was du sagst, S. 68, Nr. 1 **Erarbeitung:** Pass auf, was du sagst, S. 68, Nr. 2 und 3	**Einstieg:** Sprachliche und körperliche Gewalt, S. 68, Nr. 1 **Erarbeitung:** Sprachliche und körperliche Gewalt, S. 69 Nr. 3–5, 7 **Vertiefung:** Sprachliche und körperliche Gewalt, S. 69, Nr. 7	
4. Doppelstunde	**Einstieg:** „Schwuchtel geht flott über die Lippen.", S. 70, Nr. 1 **Erarbeitung:** „Schwuchtel geht flott über die Lippen", S. 70, Nr. 2	**Einstieg:** „Du Opfer!", S. 71, Nr. 1 **Erarbeitung:** „Du Opfer!", S. 71, Nr. 2 und 3	**Hausaufgabe:** Wenn jeder an sich denkt, …, S. 72, Nr. 1 und 2
5. Doppelstunde	**Einstieg:** Regeln für verschiedene Lebens-bereiche, S. 72, Nr. 1 **Erarbeitung:** Regeln für verschiedene Lebens-bereiche, S. 72, Nr. 2 und 3 **(Hausaufgabe)**	**Einstieg:** Regeln schützten Werte, S. 73, Nr. 1 **Erarbeitung:** Regeln schützten Werte, S. 73, Nr. 2 und 3	

6. Doppelstunde	Einstieg: Sich in andere hineinversetzen, S. 74, Nr. 1 Erarbeitung: Sich in andere hineinversetzen, S. 74, Nr. 2–4	Einstieg: Die Goldene Regel anwenden, S. 75, Nr. 1 Erarbeitung: Die Goldene Regel anwenden, S. 75, Nr. 2–3 Weiter nachdenken über die Goldene Regel, S. 75, Nr. 1–5	
7. Doppelstunde Produktpräsentation	Einstieg: Die Goldene Religion in Religion und Philosophie, S. 76, Nr. 1 Erarbeitung: Die Goldene Religion in Religion und Philosophie, S. 76, Nr. 2–4 Vertiefung: Die Goldene Religion in Religion und Philosophie, S. 76, Nr. 5	Präsentation	

8. Medientipps

Für Lehrer

Schlobinski, Peter/Tewes, Michael (Hg.) (2007): Sprache und Gewalt, in: Der Deutschunterricht 5/2015, S. 2–7

Online: http://gfds.de/wp-content/uploads/2015/09/Einleitung_DU-Heft_Sprache_und_Gewalt.pdf, letzter Abruf September 2016, (Achtung: andere Paginierung)
Knapper Überblick über den Zusammenhang von physischer und verbaler Gewalt.

Sybille Krämer, Vortrag (3.11.2004): Gewalt der Sprache – Sprache der Gewalt
http://www.bmfsfj.de/RedaktionBMFSFJ/Broschuerenstelle/Pdf-Anlagen/Gewalt-der-Sprache-Sprache-der-Gewalt,property=pdf,bereich=bmfsfj,sprache=de,rwb=true.pdf, letzter Abruf September 2016.

Herfried Münkler/Karsten Fischer: „Nothing to kill or die for ..." – Überlegungen zu einer politischen Theorie des Opfers, Leviathan 28, 2000, S. 343–362
Überblick über den vielschichtigen Gebrauch des Begriffs Opfer.

Für Schüler

Flyer „Homophobie begegnen". Praktische Hilfestellung für Demokratiearbeit vor Ort, Bonn 2015.
Online: http://www.bpb.de/shop/lernen/weitere/192556/flyer-homophobie-begegnen?blickinsbuch, letzter Abruf Dezember 2016.

Flyer „Sexismus begegnen". Praktische Hilfestellung für Demokratiearbeit vor Ort, Bonn 2016.
Online: http://www.bpb.de/shop/lernen/weitere/219540/flyer-sexismus-begegnen?blickinsbuch, letzter Abruf Dezember 2016.

9. Bewertungsbogen

Bewertungsbogen für _____

Die Auswahl eines Unworts des Jahres begründen	☺☺ Prima, weiter so!	☺ Gut gemacht!	☹ Nicht schlecht, aber das geht noch besser!	☹☹ Oh je, daran musst du arbeiten!	✎ Erläuterungen und Tipps
Die Lösung deiner Lernaufgabe erfüllt folgende Kriterien:					
Inhalt (doppelte Wertung)					
Du hast die Auswahlkriterien beachtet.					
Du hast die Anregungen der Eulenaufgaben einbezogen.					
Du hast bei deiner Begründung alternative Auswahlmöglichkeiten einbezogen.					
Formales (einfache Wertung)					
Du hast den Aufbau einer Argumentation beachtet.					
Deine Formulierungen sind fehlerfrei (Rechtschreibung, Zeichensetzung, Grammatik).					
Du hast dich bei der Sammlung und Sortierung der Unwörter engagiert.					
Zusätzliche Bemerkungen:					

Überwiegend ☺☺ = sehr gut   ☺☺ und ☺ = gut   ☺ und ☹ = befriedigend

☺ und ☹ = ausreichend   Überwiegend ☹ = mangelhaft   Ausschließlich ☹ = ungenügend

Datum: _____   Bewertung: _____

Unterschrift: _____

6 Streiten will gelernt sein

1. Übersicht Themen – Kompetenzen – Lernaufgaben

Kapiteltitel	Thema	Kompetenz	Instrumentarium zum Kompetenzerwerb	Lernaufgabe
6 Streiten will gelernt sein Konflikte gewaltfrei lösen	Verantwortung im Umgang mit Konflikten	Beurteilen und (sich) entscheiden	Konflikte gewaltfrei lösen: Einem Win-Win-Fahrplan folgen (Problem als Ich-Mitteilung formulieren, zuhören, Rollen tauschen, Lösung vorschlagen)	Eine Fotostory mit zwei Konfliktverläufen gestalten

2. Didaktischer Leitfaden

Gerade der Ethikunterricht mit seiner in der Regel besonders heterogenen Schülerschaft, die sich durch eine große Vielfalt an Kulturen, Religionen, Sprachen und Wertsystemen auszeichnet, bietet Konfliktpotential. Häufig stammen die Lernenden aus verschiedenen Klassen und kennen sich nur wenig. Ihre unterschiedliche Herkunft impliziert bisweilen Differenzen in der Beurteilung ethischer Fragen. Die in den Ethikgruppen in der Regel vorzufindende Vielfalt von Schülerinnen und Schüler bietet die Chance, sich mit anderen Positionen respektvoll auseinanderzusetzen, indem etwa ein Perspektivwechsel angestrebt wird und den Diskurs auf der Sachebene zu üben, ohne persönlich zu werden.

Das Kapitel schließt eng an das vorherige Kapitel „Miteinander statt gegeneinander" an, konzentriert sich dabei aber stärker auf eine Handlungsorientierung, indem auf die Kompetenz Konflikte gewaltfrei lösen fokussiert wird. Um Synergieeffekte zu ermöglichen, empfiehlt sich ein Blick auf das jeweilige Schulcurriculum. Konfliktlösungskompetenz in der Klassenstufe 7/8 wird verstanden als Probehandeln. Für konfliktträchtige Situationen werden Verhaltensalternativen reflektiert und bewertet und Konfliktlösungen entwickelt. Die Kompetenz „Einem Win-Win-Fahrplan folgen" bietet verschiedene Elemente zum Umgang mit Konflikten an, die im Verlauf des Kapitels erprobt werden.

Eine konkrete Anwendung der Konfliktlösungskompetenz erfolgt durch die Lernaufgabe. Sie veranschaulicht die zeichnerische Umsetzung der beiden Verlaufsmöglichkeiten eines Konflikts, die entweder zum Misslingen der Lösung oder zu einem befriedigenden und konstruktiven Ende für beide Konfliktparteien führt. Die Lernaufgabe schult weiter auch den produktiven Umgang mit Medien.

Didaktische Zielsetzung

- Die Schülerinnen und Schüler schulen ihre **Konfliktlösungskompetenz**, indem sie lernen, Konflikte gewaltfrei zu lösen.
  - Sie lernen, einem Win-Win-Fahrplan zu folgen.
  - Sie lernen, ein Problem als Ich-Mitteilung zu formulieren.
  - Sie üben, genau zuzuhören.
  - Sie lernen, in einem Konfliktfall die Rollen zu tauschen.
  - Sie lernen, einen Lösungsvorschlag zu machen.

- Die Schülerinnen und Schüler erwerben Wissen zum Thema **Konflikte und Kommunikation**.
  - Sie setzen sich damit auseinander, welche Arten und Ursachen von Konflikten es gibt.
  - Sie erfahren, welche Konflikttypen man unterscheiden kann.
  - Sie lernen, unterschiedliche Gewaltformen zu unterscheiden.
  - Sie kennen unterschiedliche Erklärungsmodelle für Gewalt.
  - Sie reflektieren über geschlechtsspezifische Formen der Gewaltausübung.
  - Sie kennen das Eisbergmodell.
  - Sie reflektieren Ich- und Du-Botschaften.
  - Sie reflektieren, wie tragfähig verschiedene Konfliktlösungsmöglichkeiten sind.
  - Sie kennen Konfliktlösungsmodelle.
  - Sie wissen, wie man Konfliktlösungen findet.
  - Sie denken über Ursachen von Mobbing nach.
  - Sie wissen, wie sie sich bei Mobbing verhalten können.

- Die Schülerinnen und Schüler wenden ihre **Konfliktlösungskompetenz** und ihr Wissen über **Regeln und Konflikte** an, indem sie einen Comic mit zwei Konfliktverläufen zeichnen.
  - Sie lernen, welches Verhalten im Konfliktfall zu keiner angemessenen Lösung führt.
  - Sie lernen, das Misslingen der Konfliktlösung zu erklären.
  - Sie lernen, einen Konflikt konstruktiv zu lösen.
  - Sie lernen, einen Win-Win-Fahrplan fotografisch umzusetzen.

	Material	Lernfortschrittsbereich
Lernaufgabe bearbeiten	Eine Fotostory mit zwei Konfliktverläufen gestalten	LF 1–LF 6
Kompetenzen entwickeln	Konflikte gewaltfrei lösen Einem Win-Win-Fahrplan folgen	
Konflikte erkennen	a | Auf den Blickwinkel kommt es an	LF 1
	b | Konflikttypen	LF 2
Konflikte und Gewalt	a | Was ist Gewalt?	
	b | Warum kommt es zu Gewalt?	
	c | Mädchen reizen, Jungen schlagen	
Konflikte vermeiden durch Kommunikation	a | Das Eisbergmodell	LF 3
	b | Du-Botschaften	LF 3
	c | Ich-Botschaften	LF 4
	d | Echte Ich-Botschaften – gar nicht so einfach!	LF 5

6

	Material	Lernfortschritts-bereich
Konflikte lösen	a | Konfliktlösungsmöglich-keiten untersuchen	LF 5–6
	b | Konfliktlösungsmodelle verstehen	LF 5–6
	c | Konfliktlösungen finden	LF 5–6

	Material	Lernfortschritts-bereich
Konfliktlösungen überprüfen	a | Das Recht selbst in die Hand nehmen	LF 6
	b | Zivilcourage zeigen	
Gelerntes anwenden und überprüfen	Das weiß ich	
	Das kann ich	

3. Bildungsplanbezug

Lehrplaninhalte: Standards für inhaltsbezogene Kompetenzen

3.1.2 Konflikte und Gewalt
3.1.2.2 Verantwortung im Umgang mit Konflikten und Gewalt

Die Schülerinnen und Schüler können	
1. die Sichtweisen von Betroffenen und Beteiligten in Konfliktsituationen herausarbeiten und bewerten (zum Beispiel Elternhaus, Schule, soziale Netzwerke)	Auf den Blickwinkel kommt es an, S. 84 Konflikttypen, S. 85 Das Eisbergmodell Du-Botschaften, S. 90 Ich-Botschaften, S. 90–91 Echte Ich-Botschaften – gar nicht so einfach!, S. 91 Konfliktlösungsmöglichkeiten untersuchen, S. 92
2. Erklärungsansätze für Gewalt anhand von Beispielsituationen herausarbeiten und beurteilen	Was ist Gewalt?, S. 86 Warum kommt es zu Gewalt?, S. 87 Mädchen reizen, Jungen schlagen, S. 88
3. selbstständig Strategien zu gewaltfreien und verantwortungsbewussten Konfliktlösungen entwickeln und überprüfen (zum Beispiel Kompromiss, Mediation, Konsens)	Ich-Botschaften, S. 90–91 Echte Ich-Botschaften – gar nicht so einfach!, S. 91 Konfliktlösungsmöglichkeiten untersuchen, S. 92 Konfliktlösungsmodelle verstehen, S. 93 Konfliktlösungen finden, S. 93 Das Recht selbst in die Hand nehmen, S. 94 Zivilcourage zeigen, S. 94

Standards für prozessbezogene Kompetenzen

Schwerpunktkompetenz des Kapitels: Konflikte gewaltfrei lösen	Kompetenz, S. 82–83 Konflikttypen, S. 85, Nr. 4 Konfliktlösungsmöglichkeiten untersuchen, S. 92, Nr. 1–5 Konfliktlösungsmodelle verstehen, S. 93, Nr. 1–3 Konfliktlösungen finden, S. 93, Nr. 1–4 Das Recht selbst in die Hand nehmen, S. 94, Nr. 1–3 Zivilcourage zeigen, S. 94, Nr. 1–3

Standards für prozessbezogene Kompetenzen

Prozessbezogene Kompetenzen Wahrnehmen und sich hineinversetzen	Auf den Blickwinkel kommt es an, S. 84, Nr. 1–3 Konflikttypen, S. 85, Nr. 1–3 Konfliktlösungsmöglichkeiten untersuchen, S. 92, Nr. 1 Konfliktlösungsmodelle verstehen, S. 93, Nr.1 Zivilcourage zeigen, S. 94, Nr. 1
Die Schülerinnen und Schüler können	
1. ihre Wahrnehmung von Phänomenen, Sachverhalten und ethisch relevanten Situationen wiedergeben	
2. ihre Wahrnehmung mit der anderer vergleichen und dabei Vormeinungen, Gewohnheiten und Prägungen (beispielsweise personal, sozial, kulturell, religiös, ethnisch, medial) berücksichtigen und aufzeigen	Auf den Blickwinkel kommt es an, S. 84, Nr. 2
3. eigene Bedürfnisse, Interessen und Gefühle und die anderer erkennen und formulieren	Das Eisbergmodell, S. 89, Nr. 1–5 Du-Botschaften, S. 90, Nr. 1–4 Ich-Botschaften, S. 90–91, Nr. 1–3 Echte Ich-Botschaften – gar nicht so einfach!, S. 91, Nr. 1 und 2 Zivilcourage zeigen, S. 94, Nr. 1
4. durch Perspektivenwechsel und wechselseitigen Austausch mögliche Empfindungen und Sichtweisen Beteiligter oder Betroffener erfassen und benennen	Auf den Blickwinkel kommt es an, S. 84, Nr. 1–3 Das Eisbergmodell, S. 89, Nr. 5a Du-Botschaften, S. 90, Nr. 4 Ich-Botschaften, S. 90–91, Nr. 1–3 Echte Ich-Botschaften – gar nicht so einfach!, S. 91, Nr. 1 und 2 Konfliktlösungsmöglichkeiten untersuchen, S. 92, Nr. 1 und 2 Konfliktlösungen finden, S. 93, Nr. 2
5. Phänomene, Situationen oder Sachverhalte und die zugrundeliegenden Werte und Normen benennen und differenziert darstellen	Was ist Gewalt?, S. 86, Nr. 1
6. in Situationen, Ereignissen oder Handlungen ethisch-moralische Fragestellungen oder Probleme identifizieren	Auf den Blickwinkel kommt es an, S. 84, Nr. 3
7. Situationen und Sachverhalte aus verschiedenen Perspektiven betrachten und beschreiben	Auf den Blickwinkel kommt es an, S. 84, Nr. 3

Streiten will gelernt sein

Standards für prozessbezogene Kompetenzen	
Analysieren und interpretieren **Die Schülerinnen und Schüler können** 1. Informationen aus verschiedenen Quellen als Denkanstoß für die Deutung ethisch relevanter Sachverhalte erschließen	Auf den Blickwinkel kommt es an, S. 84, Nr. 3 Warum kommt es zu Gewalt?, S. 87, Nr. 1–3 Konfliktlösungsmodelle verstehen, S. 93, Nr. 2
2. zentrale Begriffe der Ethik erläutern, voneinander abgrenzen und bestimmen	Konfliktlösungsmöglichkeiten untersuchen, S. 92, Nr. 3 und 4
3. eine Meinung zu ethisch-moralischen Themen, Frage- und Problemstellungen darlegen und erläutern	Mädchen reizen, Jungen schlagen, S. 88, Nr. 2 und 4 Konfliktlösungsmöglichkeiten untersuchen, S. 92, Nr. 5c Das Recht selbst in die Hand nehmen, S. 94, Nr. 1 und 3 Zivilcourage zeigen, S. 94, Nr. 3
4. die Interessenlage der Beteiligten, die zugrundeliegenden Wertvorstellungen und mögliche Wertekonflikte erläutern	Auf den Blickwinkel kommt es an, S. 84, Nr. 3
5. Handlungsalternativen und ihre jeweiligen Folgen herausarbeiten und erklären	Konflikttypen, S. 85, Nr. 4 und 5 Konfliktlösungen finden, S. 93, Nr. 3 und 4 Zivilcourage zeigen, S. 94, Nr. 1–3
6. die Beteiligten und Betroffenen in ethisch relevanten Situationen identifizieren und deren Stellenwert darlegen	Auf den Blickwinkel kommt es an, S. 84, Nr. 3

Standards für prozessbezogene Kompetenzen	
7. die Interessenlage der Beteiligten und Betroffenen, die zugrundeliegenden Wertevorstellungen und mögliche Wertekonflikte erläutern	Mädchen reizen, Jungen schlagen, S. 88, Nr. 3 und 4
Argumentieren und reflektieren **Die Schülerinnen und Schüler können** 1. sich zu ethisch-moralischen Themen, Frage- und Problemstellungen äußern und eine Meinung darlegen und erläutern	Was ist Gewalt?, S. 86, Nr. 3 und 4 Warum kommt es zu Gewalt?, S. 87, Nr. 3 Konfliktlösungsmöglichkeiten untersuchen, S. 92, Nr. 5c
2. einen Standpunkt begründet und unter Bezug auf Werte und Normen vertreten	Mädchen reizen, Jungen schlagen, S. 88, Nr. 4 Konfliktlösungen finden, S. 93, Nr. 1
Beurteilen und (sich) entscheiden **Die Schülerinnen und Schüler können** 5. Handlungs- und Lösungsansätze hinsichtlich der Realisierbarkeit, ihrer Normen- und Wertebasis und Folgen kritisch-argumentativ überprüfen (beispielsweise in Gedankenexperimenten, ethischen Dilemmata) und bewerten	Konflikttypen, S. 85, Nr. 1–5 Zivilcourage zeigen, S. 94, Nr. 1 und 2
6. eigene Handlungsoptionen entwerfen, im Hinblick auf Folgen und Realisierbarkeit bewerten und die Rolle von Vernunft und Gefühl beim Entscheiden kritisch prüfen	Konflikttypen, S. 85, Nr. 5 Konfliktlösungen finden, S. 93, Nr. 3

4. Tipps zum Umgang mit der Lernaufgabe – Eine Fotostory mit zwei Konfliktverläufen gestalten

Entscheidend für die Lösung der Lernaufgabe ist es, eine Konfliktsituation zu analysieren, Ursachen des Konflikts zu erarbeiten und eine unbefriedigende und eine konstruktive Lösung zu entwickeln. Die Tipps „So entsteht eure Fotostory" geben Hinweise zur Gestaltung von Fotostorys. Unter den Online-Codes ⊕ **Hilfe für die Erstellung eines Storyboards** und ⊕ **Hilfe für das Layout einer Fotostory** erhalten die Lernenden weitere Unterstützung, die ihnen hilft, die Fotostory inhaltlich und formal ansprechend zu gestalten. Die Lernaufgabe entsteht im Verlauf des Kapitels. Das erarbeitete Wissen wird mit Hilfe der -Aufgaben schrittweise in die Zeichnungen umgesetzt.

5. Umgang mit der Kompetenzseite

Es ist sinnvoll, vor der Besprechung der Kompetenzseite die Schülerinnen und Schüler nach ihren Erfahrungen mit gelungenen und misslungenen Konfliktlösungen zu fragen und diese an der Tafel zu sammeln. Die von den Schülern genannten erfolgreichen Strategien können dann mit dem Win-Win-Fahrplan abgeglichen werden. Vor der Besprechung des Beispiels bietet es sich an, die Szene zwischen Lisa und Katrin im Rollenspiel zu spielen und verschiedene Fortsetzungsmöglichkeiten des Konflikts darzustellen.

6

6. Aufgabencheck

a) Klassifizierung der Aufgaben

Folgende Aufgaben ...	
sind leistungsdifferenziert	Lernaufgabe Konflikttypen, S. 85, Nr. 5
sind wahl- oder interessendifferenziert	Das Eisbergmodell, S. 89, Nr. 5 Konfliktlösungsmöglichkeiten untersuchen, S. 92, Nr. 5
enthalten kreative Elemente	Konfliktlösungsmöglichkeiten untersuchen, S.92, Nr. 2
machen unterrichtsorganisierende Vorschläge	Was ist Gewalt?, S. 86, Nr. 1 Konfliktlösungsmöglichkeiten untersuchen, S. 92, Nr. 5a Konfliktlösungsmodelle verstehen, S. 93, Nr. 1 und 2
sind handlungs- oder produktorientiert	Lernaufgabe Konflikttypen, S. 85, Nr. 3, Nr. 5 Konfliktlösungsmöglichkeiten untersuchen, S. 92, Nr. 2 und 5
machen Zusatzangebote (Code/DUA)	S. 80–81, Lernaufgabe: ⊕ Hilfe für die Erstellung eines Storyboards und ⊕ Hilfe für das Layout einer Fotostory

b) Hinweise und Lösungen mit Zuordnungen der Online-Codes

	Hinweise und Lösungen	Ergänzendes Material
Problemaufhänger	Bei größeren Gruppen bietet es sich an, hier nach dem Think-Pair-Share-Prinzip zu verfahren.	
Lernaufgabe: Eine Fotostory mit zwei Konfliktverläufen gestalten, S. 80–81		⊕ Hilfe für die Erstellung eines Storyboards ⊕ Hilfe für das Layout einer Fotostory
Kompetenzseite: Konflikte gewaltfrei lösen: Einem Win-Win-Fahrplan folgen „… und jetzt du", S. 82–83	Es sollte darauf geachtet werden, dass alle Elemente des WinWin-Fahrplans berücksichtigt werden. An dieser Stelle kann das Formulieren von IchBotschaften geübt und die Erfahrungen damit reflektiert werden.	
a | Auf den Blickwinkel kommt es an, S. 84	S. 84, Nr. 1 und 2, freie Schülerarbeit	
	S. 84, Nr. 3, mögliche Lösungen	
	Fall 1: Grund: Ungleichgewicht in der Beziehung, Beschimpfung Elif ist traurig. Sie möchte, dass Selina Kritik akzeptiert. Sie will v. a. die Freundschaft bewahren. Selina ist offenbar gekränkt und kann Elifs Kritik nicht verstehen. Fall 2: Grund: Schadenfreude Liams, Jakobs Meldung an den Lehrer, Wahrnehmung einer Ungerechtigkeit Jakob ist sauer darüber, dass Liam sich über ihn lustig macht, obwohl er doch nur froh sein sollte darüber, dass ihn der Lehrer nicht erwischt hat. Liam ist sauer, dass ihm nun auch eine Strafarbeit droht. Beide wollen fair behandelt werden. Fall 3: Grund: Eifersucht, geringe Aufmerksamkeit Merit ist sehr traurig, da Patrick sich kaum mehr um sie kümmert. Sie möchte, dass alles wieder ist wie vorher. Da Patrick nicht wahrnimmt, nimmt er offenbar den Konflikt nicht wahr.	

	Hinweise und Lösungen	**Ergänzendes Material**
	Fall 4: Grund: Vertrauensbruch, Bloßstellung Hannes ist sehr traurig, denn er ist von Janina enttäuscht. Er wollte mit ihr etwas allein unternehmen und wird nun von ihr im Rahmen der Klassenöffentlichkeit und fühlt sich bloßgestellt. Janina ist offenbar an einer engeren Beziehung mit Hannes nicht interessiert, profiliert sich auf Kosten Hannes´. Fall 5: Grund: Interessenkonflikt Marius ist verärgert über seine Eltern, weil sie ihm den Stadionbesuch untersagen und er den Grund nicht einsieht. Die Eltern bemühen sich um eine konsequente Erziehung, indem sie Marius deutlich machen, dass er sich an Abmachungen halten soll, zumindest um negative Konsequenzen zu vermeiden.	
	S. 84, Nr. 4–5, freie Schülerarbeit	
b ǀ Konflikttypen, S. 85	S. 85, Nr. 1, freie Schülerarbeit	
	S. 85, Nr. 2 *Orsina Opfer:* Orsina weist die Schuld an Konflikten grundsätzlich von sich. Sie sieht sich immer als Opfer der Umstände oder der anderen. Konstruktive Konfliktlösungen macht sie damit unmöglich. *Dagobert Dampfwalze:* Dagobert verhält sich in Konflikten immer destruktiv und wird aggressiv. Für andere setzt er sich nur ein, wenn sie seine Freunde sind und er sich davon einen Vorteil verspricht. *Hermine Hinterhältig:* Hermine hat ein geringes Selbstbewusstsein und traut sich nicht, etwas direkt anzusprechen. Sie sucht sich hinter dem Rücken anderer Verbündete, spricht Konflikte nur indirekt an und scheut auch vor Lügen nicht zurück. *Mathilde Miesmacher:* Mathilde hat an allem etwas auszusetzen, aber nie Ideen, wie etwas besser gehen könnte. Damit verdirbt sie ständig die Atmosphäre. *Barnabas Besserwisser:* Barnabas lässt nur seine Meinung gelten und akzeptiert andere Meinungen nicht.	
	S. 85, Nr. 3, freie Schülerarbeit	
	Die Schüler sollten im Vorfeld genau überlegen, wie sich ihr Konflikttyp verhalten wird, was er sagt, wie sich seine Persönlichkeit in Mimik und Gestik ausdrückt und wie sich sein Verhalten auf die anderen auswirkt.	
	S. 85, Nr. 4 Das Konfliktverhalten aller Konflikttypen widerspricht sämtlichen Ebenen des Win-Win-Fahrplans. *Problem als Ich-Mitteilung formulieren:* Hermine Hinterhältig und Mathilde Miesmacher sprechen ihre Meinung nicht direkt aus. Dagobert Dampfwalze bleibt nicht sachlich. *Genau zuhören:* Barnabas Besserwisser, Dagobert Dampfwalze und Orsina Opfer hören nicht auf das, was die Konfliktpartner sagen. Bei Orsina liegt es daran, dass sie in die Aussagen Kritik an sich hineininterpretiert, Barnabas lässt nur seine Meinung gelten. Dagobert wird aggressiv und ist nicht aufnahmebereit für die Meinung anderer. *Die Rollen tauschen:* Keiner ist bereit, sich in die Position des anderen zu versetzen. *Einen Lösungsvorschlag machen:* Barnabas Besserwisser macht zwar einen Vorschlag, ist aber nicht offen für die Ideen anderer. Mathilde Miesmacher nörgelt nur, hat aber keine Verbesserungsvorschläge.	

	Hinweise und Lösungen	Ergänzendes Material
	S. 85, Nr. 5	
	Liebe Orsina, ich rate dir, mal darüber nachzudenken, inwiefern du auch Anteil an Streitigkeiten hast. Meistens liegt die Schuld an beiden Beteiligten und es gibt kein eindeutiges Opfer und keinen eindeutigen Täter. *Lieber Dagobert*, ich rate dir, dich bei Streitigkeiten etwas mehr zurückzuhalten und mal zu beobachten, wie deine Wutausbrüche auf andere wirken. Dann würdest du merken, dass du andere mit deiner Aggressivität verletzt und einschüchterst. *Liebe Mathilde*, ich rate dir, mal zu schauen, was in deinem Leben eigentlich gut läuft und was positiv ist. Wenn du etwas zu kritisieren hast, bitte ich dich, auch einen konkreten Vorschlag zu machen, wie es anders und besser laufen kann. *Lieber Barnabas*, ich rate dir, offener für die Ideen anderer zu sein. Auch andere haben gute Ideen. Konflikte löst man nur durch Kompromisse und wenn man bereit ist, andere auch mal anzuhören. *Liebe Hermine*, ich rate dir, wenn du etwas zu kritisieren hast, das offen zu tun und nicht hinter dem Rücken der Betroffenen. Du erreichst sonst, dass keiner dir mehr traut.	
a | Was ist Gewalt?, S. 86	S. 86, Nr. 1, mögliche Lösungen	
	Markus: körperliche Gewalt (gegen Menschen) Jens: verbale Gewalt, psychische Gewalt Olaf: psychische Gewalt Marek: Stalking, psychische Gewalt Ben: körperliche Gewalt (gegen Tiere) Wendy: eher Schädigung von Niels als Vandalismus Leo: sicher Rücksichtslosigkeit, Grenze zur psychischen Gewalt Evelyn: Vandalismus	
	S. 86, Nr. 2	
	Körperliche Gewalt: Markus, Ben Psychische Gewalt: Jens, Olaf, Marek, (Leo)	
	S. 86, Nr. 3, mögliche Lösungen	
	Pro-Argumente: – Lang anhaltende Auswirkungen wie Depressionen und Beeinträchtigungen können aus physischer Gewalt resultieren. – Verletzungen sichtbar, können Lebensführung erheblich beschränken *Contra-Argumente:* – Auch die Auswirkungen psychischer Gewalt können zu bleibenden Schäden führen. – nicht so offensichtlich, daher für Dritte unter Umständen unklar; Hilfe bleibt aus	
	S. 86, Nr. 4	
	a. Die Außenwand eines Mietshaus ist mit verschiedenen Graffitis versehen. Ein ästhetischer Zusammenhang ist nicht zu erkennen, so dass man wohl von Schmierereien sprechen würde. Der oder die Besitzer bzw. die Mieter werden sich kaum an diesen erfreuen, vielleicht werden sie sich sogar darüber ärgern. b. Die Schüler sollten v. a. die mögliche abschreckende Wirkung gegen den Reiz des Verbotenen abwägen. Dabei ist v. a. auch auf die denkbare Motivationen der Sprayer einzugehen. Zu thematisieren wäre weiter die Wahrscheinlichkeit einer Entdeckung bzw. der Einsatz von – rechtlich wie moralisch problematischen – technischen Hilfsmitteln wie Videokameras. Abschließend könnte man auf Alternativen zu Verboten eingehen, etwa eine Bereitstellung legaler Flächen für Graffitikünstler.	

	Hinweise und Lösungen	**Ergänzendes Material**
b | Warum kommt es zu Gewalt?, S. 87	S. 87, Nr. 1, freie Schülerarbeit	
	S. 87, Nr. 2	
	Aggressive Bewältigung von Angst: Anne Gewinnen von Anerkennung: Max Ausgleich und Vergeltung: Inge Entstehen aus nichtigen Anlässen: Marius	
	S. 87, Nr. 3-4, freie Schülerarbeit	
c | Mädchen reizen, Jungen schlagen, S. 88	S. 88, Nr. 1-2, freie Schülerarbeit	
	S. 88, Nr. 3, Lösungen	
	Unterschiede: - Jungen wenden häufiger körperliche Gewalt als Mädchen an (Z. 2 f.). - Jungen haben weniger Angst vor physischer Gewalt als Mädchen (Z. 25-27); Mädchen üben eher psychische Gewalt aus (Z. 12 f.). - Mädchen werden eher zur Gewaltfreiheit erzogen (Z. 30 f.). - Die Ausübung von physischer Gewalt wird von Mädchen als Akt der Emanzipation empfunden (Z. 44-48). Gemeinsamkeiten: - Motive für die Ausübung physischer Gewalt unterscheiden sich kaum: Gewalt soll Konflikte lösen, in denen es um Respekt, Ehre, Status, und Gerechtigkeit geht (Z. 40-44).	
	S. 88, Nr. 4, mögliche Lösungen	
	Emanzipation als Befreiung von Unmündigkeit und Abhängigkeit. Pro: - Angleichung an männliche Verhaltensmuster, Einnahme einer aktiven Rolle Contra: - Die Anwendung physischer Gewalt ist nicht per se positiv, sondern zeugt oft auch von einer Unfähigkeit, Konflikte friedlich beizulegen. - Unterscheidung von sich wehren und aggressiv angreifen	
	S. 88, Nr. 5, freie Schülerarbeit	
a | Das Eisbergmodell, S. 89	S. 89, Nr. 1	
	Die Lehrerin deutet mit dem „eigentlich" an, dass die eigentliche Ursache für die Streitereien nicht offen zu Tage liegen, sondern für sie nicht erkennbar sind. Die Schüler werden wahrscheinlich schon auf Gefühle verweisen.	
	S. 89, Nr. 2, Lösung	
	90 % des Eisbergs liegen unter Wasser. Nur ein kleiner Teil ist sichtbar. Die Gesamtgröße ist nur mit Aufwand zu erkunden.	
	S. 89, Nr. 3	
	Der Kommunikation liegen viele Dinge zugrunde, die den Beteiligten oft selbst unbewusst sind, aber gerade deshalb häufig Konflikte auslösen können.	
	S. 89, Nr. 4	
	wahrnehmbar: Schimpfworte, Drohung, Ohrfeige, geballte Faust, Nase rümpfen, Schreien, Schweigen *verborgen:* Ängste, Misstrauen, Zuneigung, Frust, Stolz, Abneigung, Sympathie, Zorn, Wahrheitsliebe, Eifersucht, Erwartungen, Ordnungsliebe, Überzeugungen	
	S. 89, Nr. 5, freie Schülerarbeit	

	Hinweise und Lösungen	Ergänzendes Material
b | Du-Botschaften, S. 90	S. 90, Nr. 1, freie Schülerarbeit	
	S. 90, Nr. 2	
	verurteilen, beschuldigen: „Immer kommst du zu spät.", „Du konntest dich bestimmt wieder nicht von deiner Playstation trennen." *verhören:* „Was hast du dir dabei gedacht, mich hier warten zu lassen?" *belehren:* „Sonst können wir den Vortrag vergessen." *befehlen:* „Hol jetzt sofort deinen Hefter raus und fang an!" *beschimpfen, beschämen:* „Du unpünktlicher Kerl." *moralisieren:* „Und wenn du so weitermachst, arbeite ich lieber allein und sage dem Lehrer Bescheid."	
	S. 90, Nr. 3	
	Kristin verwendet nur Du-Botschaften. Sie erklärt Thomas nicht, warum sie so sauer und enttäuscht ist, sondern kritisiert ihn und macht ihm Vorwürfe. Sie spricht ihre Gefühle nicht aus und so sind sie für Thomas nicht direkt wahrnehmbar. Thomas wird die Kritik wahrscheinlich nicht annehmen, sondern trotzig darauf reagieren.	
	S. 90, Nr. 4, freie Schülerarbeit	
c | Ich-Botschaften, S. 90–91	S. 90, Nr. 2	
	Wenn Kristin nur Du-Botschaften verwendet, macht sie ihm allein Vorwürfe, so dass er die Kritik kaum annehmen wird. Wenn Kristin Ich-Botschaften verwendet, macht sie ihre Gefühle deutlich und erklärt, warum sie sich so über Thomas' Verhalten ärgert. Damit macht sie das Unsichtbare sichtbar und ermöglicht somit Thomas, die Kritik besser nachzuvollziehen und annehmen zu können.	
	S. 91, Nr. 3	
	– Ich hatte gehofft, dass die Arbeit besser ausfällt, weil wir den Stoff so oft im Unterricht geübt haben. Die Arbeit ist trotzdem total schlecht ausgefallen. Mir ist das gegenüber den anderen Lehrern peinlich. Ich fühle mich auch ein bisschen hilflos, weil ich nicht weiß, was ich noch tun soll, damit ihr den Lernstoff bewältigt. – Ich bin traurig, dass ich viel weniger als meine Mitschüler darf. Ich mag es nicht, wenn ihr mich wie ein kleines Kind behandelt. Ich möchte meine Freizeit lieber mit meinen Freunden verbringen, als mit euch wandern zu gehen und wünsche mir, dass ihr das versteht.	
d | Echte Ich-Botschaften – gar nicht so einfach!, S. 91	S. 91, Nr. 1	
	Versteckte Du-Botschaften: – Ich finde es nicht gut, dass du immer zu spät kommst. – Ich habe das Gefühl, dass du mich nicht richtig magst. – Ich bin enttäuscht, wenn ich eine Stunde auf dich warten muss, obwohl wir eine feste Uhrzeit vereinbart haben. Ich glaube, dass du darüber nicht richtig nachgedacht hast. – Ich ärgere mich sehr, wenn du dich vor deinen Aufgaben drückst. *Ich-Botschaften:* – Ich bin traurig darüber, dass du unser Treffen abgesagt hast, weil ich gehofft hatte, den Nachmittag mit dir zu verbringen. – Ich werde richtig mutlos, wenn ich sehe, wie unordentlich das Wohnzimmer wieder ist. – Du hast ohne zu fragen mein Handy benutzt. Darüber bin ich richtig wütend. Es ist neu und ich möchte es für mich haben.	
	S. 91, Nr. 2	
	– Ich mag es nicht, wenn ich auf dich warten muss. – Ich wünsche mir sehr, dass du mich magst, aber ich bin unsicher, ob du mich magst. – Ich habe auf dich gewartet und habe das Gefühl, dass ich dir nicht wichtig bin, wenn du zu spät kommst. – Wir hatten abgesprochen, dass du jeden Abend den Geschirrspüler ausräumst. Und ich bin ärgerlich, wenn du unsere Absprache nicht einhältst.	

Streiten will gelernt sein

	Hinweise und Lösungen	Ergänzendes Material
a | Konfliktlösungsmöglichkeiten untersuchen, S. 92	S. 92, Nr. 1, mögliche Lösung	
	Bild 1: Ich bin stärker *Bild 2:* Auseinander mit euch *Bild 3:* Beleidigt	
	S. 92, Nr. 2, mögliche Lösung	
	Bild 1: „Pass bloß auf." „Wenn du das noch mal machst/sagst, kannst du was erleben." *Bild 2:* „Du Idiot." „Auseinander mit euch. Hier wird sich nicht geprügelt." „Du bist schuld." *Bild 3:* „Schweigen."	
	S. 92, Nr. 3, Lösung	
	Kampf: Vernichtung des Gegners/erzwungene Unterwerfung des Gegners *Verhandeln:* Kompromiss/Konsens *Flucht:* Verlassen des Kampfplatzes/freiwillige Unterwerfung *Gesetze:* Rechtsprechung/Unterwerfung unter einen Schiedsspruch/ Unterwerfung beider Konfliktparteien durch eine dritte Partei	
	S. 92, Nr. 4, Lösung	
	Bild 1: Kampf *Bild 2:* Unterwerfung beider Konfliktparteien durch eine dritte Partei *Bild 3:* Das Bild ist keiner Konfliktlösung klar zuzuordnen, Aushandeln ist aber noch möglich, da die Kontrahentinnen noch nebeneinander sitzen.	
	S. 92, Nr. 5, Lösung	
	Die Aufgaben sprechen verschiedene Lerntypen an. Sie sind teilweise kreativ, teilweise kognitiv. Weiterhin ermöglichen sie das Arbeiten in verschiedenen Sozialformen.	
b | Konfliktlösungsmodelle verstehen, S. 93	S. 93, Nr. 1, mögliche Lösung	
	Bild 1: Versöhnung „Lass uns wieder Freunde sein." „Alles ist wieder gut." *Bild 2: Diskussion* „Ich finde, wir sollten …" „Nein, da bin ich anderer Meinung. Wir sollten …" *Bild 3: Bedrohung* „Wage es ja nicht noch einmal …" „Ist ja schon gut." *Bild 4: Einschüchterung* „Wehe, wenn du das noch einmal machst!" „Okay, ich hab ja verstanden."	
	S. 93, Nr. 2, Lösung	
	Bild 1 bildet den Kompromiss, einen Spezialfall des Gewinner-Verlierer-Modells ab. *Bild 2* ist ebenfalls ein Bild aus dem Konfliktlösungsprozess. Beide Streitpartner scheinen gleichberechtigt. *Bild 3 und 4* stellen das Gewinner-Verlierer-Modell dar. Das Verlierer-Verlierer-Modell fehlt.	
	S. 93, Nr. 3, freie Schülerarbeit	
c | Konfliktlösungen finden, S. 93	S. 93, Nr. 1	
	Bei der Begründung der als ungeeignet empfundenen Lösung sollte auf *a | Konfliktlösungsmöglichkeiten untersuchen* und *b | Konfliktlösungsmodelle verstehen* zurückgegriffen werden.	
	S. 93, Nr. 2–4, freie Schülerarbeit	
a | Das Recht selbst in die Hand nehmen, S. 94	S. 94, Nr. 1	
	Die Strafbeispiele können gesammelt werden und nach Abschluss von Aufgabe 3 im Hinblick auf die Strafzwecke analysiert werden.	
	S. 94, Nr. 2, Lösung	

	Hinweise und Lösungen		Ergänzendes Material
	Josie	*Mutter*	
	Drew ärgert Peter und tut ihm weh	Der Pausenaufsicht Bescheid geben	
	Drew sollte auch mal Schmerzen empfinden	Man muss sich an Regeln halten	
	Lehrerin hat Drew gesagt, er solle aufhören, aber Schüler gehorchen nicht	Wenn alle im Konfliktfall prügeln, wird die Welt schrecklich	
	Das Beste tun: an sich denken	Das Richtige tun: wenn man berücksichtigt, wer noch beteiligt ist und welche Folgen die Entscheidung hat	
		Stolz, weil sich Josie für einen Freund eingesetzt hat	
	S. 94, Nr. 3, freie Schülerarbeit		
b | Zivilcourage zeigen, S. 94	S. 94, Nr. 1-2, freie Schülerarbeit		
	S. 94, Nr. 3, mögliche Lösungen		
	Die Icons deuten an, dass Menschen wegschauen, nicht hinhören, nichts sagen. Mögliche Erklärungen: Angst vor körperlicher Gewalt, Bequemlichkeit, Orientierung am Eigennutz, mangelnde Empathiefähigkeit, Resignation, mangelnde Solidarität, Vorsicht		

7. Durchführung der Unterrichtseinheit (Vorschlag für 7 Doppelstunden)

Minimalvorschlag (5 Doppelstunden)

1. Doppelstunde	**Einstieg:** Auftaktseite **Erläuterung der Lernaufgabe:** Eine Fotostory mit zwei Konfliktverläufen zeichnen, S. 80-81	**Bearbeitung der Kompetenzseite:** Konflikte gewaltfrei lösen: Einem Win-Win-Fahrplan folgen, S. 82-83 **Übung:** „… und jetzt du", S. 82-83 selbstständige Anwendung der Kompetenzschritte auf das Beispiel	
2. Doppelstunde	**Einstieg:** Auf den Blickwinkel kommt es an, S. 84, Nr. 1 **Erarbeitung:** Auf den Blickwinkel kommt es an, S. 86, Nr. 2-5	**Einstieg:** Konflikttypen, S. 85, Nr. 1 **Erarbeitung:** Konflikttypen, S. 85, Nr. 2-4 **Vertiefung:** Konflikttypen, S. 85, Nr. 5	
3. Doppelstunde	**Einstieg:** Was ist Gewalt?, 86, Nr. 1 **Erarbeitung:** Was ist Gewalt?, 86, Nr. 2 und 3 **Vertiefung:** Was ist Gewalt?, 86, Nr. 4	**Einstieg:** Warum kommt es zur Gewalt?, S. 87, Nr. 1 **Erarbeitung:** Warum kommt es zur Gewalt?, S. 87, Nr. 2-4	
4. Doppelstunde	**Einstieg:** Das Eisbergmodell, S. 89, Nr. 1 **Erarbeitung:** Das Eisbergmodell, S. 89, Nr. 2-4	**Einstieg:** Du-Botschaften, S. 90, Nr. 1 **Erarbeitung:** Du-Botschaften, S. 90, Nr. 2 und 3 **Vertiefung:** Ich-Botschaften, S. 90-91, Nr. 1-3	**Hausaufgabe:** Echte Ich-Botschaften – gar nicht so einfach, S. 91, Nr. 1-2

5. Doppelstunde	(Hausaufgabe) **Einstieg:** Konfliktlösungsmöglichkeiten untersuchen, S. 92, Nr. 1 und 2 **Erarbeitung:** Konfliktlösungsmöglichkeiten untersuchen, S. 92, Nr. 3 und 4 **Anwendung:** Konfliktlösungsmöglichkeiten untersuchen, S. 92, Nr. 5	**Einstieg:** Konfliktlösungsmodelle verstehen, S. 93, Nr. 1 **Erarbeitung:** Konfliktlösungsmodelle verstehen, S. 93, Nr. 2 und 3 **Vertiefung:** Konfliktlösungen finden, S. 93, Nr. 1 und 2	
6. Doppelstunde	**Einstieg:** Das Recht selbst in die Hand nehmen, S. 94, Nr. 1 **Erarbeitung:** Das Recht selbst in die Hand nehmen, S. 94, Nr. 2 und 3	**Einstieg:** Zivilcourage zeigen, S. 94, Nr. 1 **Erarbeitung:** Zivilcourage zeigen, S. 94, Nr. 2 und 3	
7. Doppelstunde Produktpräsentation	Präsentation	Das kann ich	

8. Medientipps

Für Lehrer

www.klicksafe.de/themen/kommunizieren/cyber-mobbing/, Stand Januar 2014
Internetportal mit vielen Hinweisen und Materialien zum Umgang mit den Sozialen Netzwerken.

Initiative Gesundheit und Arbeit (Hrsg.): 8ung in der Schule. Unterrichtsmaterial zur Gewaltprävention, Dresden 2010 oder online unter: https://www.iga-info.de/fileadmin/redakteur/ Veranstaltungen/-Ausstellungen/8ung_schule_unterrichtsmaterial.pdf, Stand September 2016
Verschiedene Übungen zur Gewaltprävention.

Günther Gugel: Handbuch Gewaltprävention II. Für die Sekundarstufen und die Arbeit mit Jugendlichen. Grundlagen – Lernfelder – Handlungsmöglichkeiten, Institut für Friedenspädagogik Tübingen e.V., WSD Pro Child e.V., Tübingen 2009
auch online unter: www.schulische-gewaltpraevention.de/ Druckausgabe vergriffen, pdf, Stand September 2016
Grundlagenwerk mit vielen Bausteinen zu verschiedenen theoretischen Hintergründen und Denkansätzen mit vielen Arbeitsblättern für den Unterrichtseinsatz.

Hans-Peter Nolting: Störungen in der Schulklasse. Ein Leitfaden zur Vorbeugung und Konfliktlösung. Weinheim: Beltz 2012
Konzepte zum alltäglichen Umgang mit Störungen im Unterricht

Wilhelm Heitmeyer / Hans-Georg Soeffner (Hrsg.): Gewalt: Beschreibungen, Analysen, Prävention. Bonn: Bundeszentrale für politische Bildung 2006
Breiter Überblick über die wissenschaftliche Forschung zu verschiedenen Formen der Gewalt, jeweils auch mit weiterführender Literatur.

Für Schüler

Björn Gemmer/Christiane Sauer: Konflikte lösen, fit in 30 Minuten. Offenbach: Gabal-Verlag 2009
In kurzen praxisnahen Tipps und anschaulichen Beispielen wird der Umgang mit dem Win-Win-Fahrplan erläutert.

9. Bewertungsbogen

Bewertungsbogen für _____

Eine Fotostory mit zwei Konfliktverläufen gestalten	☺☺ Prima, weiter so!	☺ Gut gemacht!	☹ Nicht schlecht, aber das geht noch besser!	☹☹ Oh je, daran musst du arbeiten!	✏ Erläuterungen und Tipps
Die Lösung deiner Lernaufgabe erfüllt folgende Kriterien:					
Inhalt (doppelte Wertung)					
Ihr habt eine Konfliktsituation ausgesucht und dir eine Darstellungsweise überlegt.					
Ihr habt die beteiligten Personen, ihre Interessen und Verhaltensweisen charakterisiert.					
Ihr habt in eurer Fotostory einen Konfliktverlauf dargestellt, der nicht zu einer befriedigenden Lösung führt.					
Ihr habt euer Wissen über Konfliktursachen und Konfliktlösungsmodelle angewendet.					
Ihr habt in eurer Fotostory einen Konfliktverlauf nach dem Win-Win-Fahrplan dargestellt.					
Formales (einfache Wertung)					
Ihr habt zwei Konfliktverläufe in eurer Fotostory dargestellt.					
Ihr habt ein Storyboard vorgelegt.					
Ihr habt sauber und ordentlich gearbeitet.					
Du hast dich bei der Sammlung und Sortierung der Unwörter engagiert.					
Zusätzliche Bemerkungen:					

☺☺ ☺ = sehr gut   ☺ ☹ = gut   ☹ ☺ = befriedigend

Überwiegend ☺ = ausreichend   Überwiegend ☹ = mangelhaft   Ausschließlich ☹ = ungenügend

Bewertung: _____

Datum: _____

Unterschrift: _____

7 Vernetzt

1. Übersicht Themen – Kompetenzen – Lernaufgaben

Kapiteltitel	Thema	Kompetenz	Instrumentarium zum Kompetenzerwerb	Lernaufgabe
7 Vernetzt Etwas aus verschiedenen Blickwinkeln betrachten	Handeln in der medial vermittelten Welt	Wahrnehmen und sich hineinversetzen	**Etwas aus verschiedenen Blickwinkeln betrachten:** **Sich in jemanden hineinversetzen** (Jemanden genau beobachten, Entscheidungen und Verhalten erläutern, Sich mit neuen Erfahrungen auseinandersetzen)	Kopfstand-Texte schreiben

2. Didaktischer Leitfaden

Medien gehören zum Alltag Jugendlicher. Für Kinder und Jugendliche ist ein Alltag ohne Internet und soziale Netzwerke nicht denkbar. Jugendliche profitieren von diesen vielen digitalen Möglichkeiten, sie bieten einen schier unerschöpflichen Daten- und Informationspool und ungeahnte Möglichkeiten für Unterhaltung und Kommunikation. Auf der anderen Seite häufen sich Berichte über die negativen Auswirkungen der Mediennutzung – Einschränkung an Bewegung, Reduzierung anderer Freizeitaktivitäten, Zugriff auf jugendgefährdende Inhalte, allzu sorgloser Umgang mit persönlichen Daten und Cybermobbing sind mögliche Probleme, die auftreten können. Die Vermittlung von Medienkompetenz ist daher für die Schule im 21. Jahrhundert von zentraler Bedeutung. Dabei geht es nicht darum, den Medienkonsum zu verdammen, sondern zu einem reflektierten Umgang mit den Medien anzuregen.

Dies lässt sich besonders gut mit Hilfe der Kompetenz der Perspektivübernahme erreichen. Perspektivübernahme ist die Fähigkeit, sich in eine andere Person hineinzuversetzen und etwas aus ihrem Blickwinkel zu betrachten. Die Aufgabenstellungen regen dazu an, Verhalten von Personen genau wahrzunehmen, Entscheidungen und Verhalten zu erläutern und sich mit den eigenen Erfahrungen auseinanderzusetzen. Im Laufe des Kapitels erhalten die Lernenden beim Schreiben von Kopfstandtexten vielfältige Anregungen, Sachverhalte aus verschiedenen Perspektiven zu betrachten.

Didaktische Zielsetzung

- Die Schülerinnen und Schüler schulen ihre **Fähigkeit zur Perspektivübernahme**, indem sie lernen, etwas aus verschiedenen Blickwinkeln zu betrachten.
  - Sie lernen, eine Person genau wahrzunehmen.
  - Sie lernen, Handlungen und Gefühle einer Person genau wahrzunehmen.
  - Sie üben sich, das Verhalten einer Person zu beschreiben und zu analysieren.
  - Sie lernen, das Verhalten einer Person als situationsabhängig zu erläutern.

- Die Schülerinnen und Schüler erwerben Wissen zum **Handeln in der medial vermittelten Welt.**
  - Sie reflektieren ihren Medienkonsum und seine Folgen.
  - Sie reflektieren Ursachen und Ausprägungen von Internetsucht.
  - Sie denken über Vor- und Nachteile sozialer Netzwerke nach.
  - Sie lernen Hilfsangebote für Jugendliche im Internet kennen.
  - Sie diskutieren über Gefahren der Manipulation im Internet.
  - Sie reflektieren über sinnvolle Privatsphäreneinstellungen in sozialen Netzwerken.
  - Sie lernen Gefahren von Internetchats kennen.
  - Sie reflektieren Ursachen und Auswirkungen von Cybermobbing.
  - Sie diskutieren über Manipulation durch Hauling.
  - Sie lernen das Recht auf Selbstbestimmung im Internet kennen.
  - Sie lernen, mit eigenen Daten im Netz verantwortungsvoll umzugehen.
  - Sie lernen ihre Rechte am eigenen Bild kennen.
  - Sie diskutieren über Vor- und Nachteile durch Online-Überwachung von Kindern durch ihre Eltern.

- Die Schülerinnen und Schüler wenden ihre **Fähigkeit zur Perspektivübernahme** und ihr Wissen über **Handeln in der medial vermittelten Welt** an, indem sie mit einem Lernpartner Kopfstandtexte schreiben.
  - Sie bearbeiten Materialien unter Berücksichtigung verschiedener Perspektiven.
  - Sie lernen, einen Text aus einer vorgegebenen Perspektive zu verfassen.
  - Sie üben sich, ihre Texte mit denen eines Lernpartners zu vergleichen.
  - Sie reflektieren Gemeinsamkeiten und Unterschiede in den Texten.
  - Sie erklären die wahrgenommenen Unterschiede.

	Material	Lernfortschrittsbereich
Lernaufgabe bearbeiten	Kopfstand-Texte schreiben	LF 1–LF 6
Kompetenzen entwickeln	Etwas aus verschiedenen Blickwinkeln betrachten Sich in jemanden hineinversetzen	
Achtung Internetz!	a ǀ Immer online?	LF 1
	b ǀ Schon süchtig?	LF 5
Dabei sein – informiert sein	a ǀ Immer verbunden und nicht mehr allein?	LF 3
	b ǀ Online helfen	LF 2 + LF 4
	c ǀ Wir kennen dich!	LF 5

	Material	Lernfortschritts-bereich
Erst denken, dann klicken!	a | Das sollte doch niemand wissen!	LF 3
	b | Privat bleibt privat	LF 6
Achtung – Gefahr!	a | Im Chatroom	LF 3
	b | Cybermobbing	LF 3
	c | Kauf mich!	LF 6

	Material	Lernfortschritts-bereich
Medien selbst-bestimmt nutzen	a | Mit eigenen Daten verantwortungsvoll umgehen	LF 6
	b | Recht am eigenen Bild	LF 6
	c | Unter Beobachtung	LF 5
Gelerntes anwenden und überprüfen	Das weiß ich	
	Das kann ich	

3. Bildungsplanbezug

Lehrplaninhalte: Standards für inhaltsbezogene Kompetenzen	
3.1.3 Medien und Wirklichkeiten **3.1.3.1 Handeln in der medial vermittelten Welt**	
Die Schülerinnen und Schüler können 1. den Einfluss der Medien und der medialen Vernetzung auf ihr Leben und das anderer selbstständig untersuchen und bewerten (zum Beispiel Alltagsgestaltung, soziale Beziehungen)	Immer online?, S. 102 Schon süchtig?, S. 103 Immer verbunden und nicht mehr allein?, S. 104
2. Chancen und Risiken der Mediennutzung herausarbeiten und einschätzen (beispielsweise Lernangebote, Informationszuwachs, Kommunikation, Unterhaltung, Cybermobbing, Sucht, Privatsphäre)	Immer online?, S. 102 Schon süchtig?, S. 103 Online helfen, S. 105 Im Chatroom, S. 109 Cybermobbing, S. 110
3. Interessen und Bedürfnisse von Beteiligten und Betroffenen bei der Mediennutzung identifizieren und bewerten (beispielsweise bezogen auf Privatsphäre, Datenschutz, Information, Unterhaltung, Wissen, Respekt)	Online helfen, S. 105 Das sollte doch niemand wissen!, S. 107 Kauf mich!, S. 111
4. die Relevanz rechtlicher Bestimmungen für den Umgang mit Medien erläutern und die Verantwortung des Einzelnen und von Gruppen aufzeigen und begründen (zum Beispiel Meinungs- und Pressefreiheit, Grundrechte, Datenschutz, Jugendschutzgesetz)	Wir kennen dich, S. 106 Recht am eigenen Bild, S. 113 Unter Beobachtung, S. 114
5. Handlungsmöglichkeiten für einen verantwortlichen und selbstbestimmten Umgang mit Medien darstellen und bewerten (zum Beispiel bezogen auf Unterhaltung, Datenschutz, Nutzung, Entsorgung)	Das sollte doch niemand wissen!, S. 107 Privat bleibt privat, S. 108 Im Chatroom, S. 109 Mit eigenen Daten verantwortungsvoll umgehen, S. 112

Standards für prozessbezogene Kompetenzen	
Schwerpunktkompetenz des Kapitels: **Etwas aus verschiedenen Blickwinkeln betrachten**	Kompetenz, S. 100–101 Alle Eulenaufgaben

Standards für prozessbezogene Kompetenzen	
Prozessbezogene Kompetenzen Wahrnehmen und sich hineinversetzen Die Schülerinnen und Schüler können 1. ihre Wahrnehmung von Phänomenen, Sachverhalten und ethisch relevanten Situationen wiedergeben	Immer online?, S. 102, Nr. 1, 3 und 4 Online helfen, S. 105, Nr. 2 Wir kennen dich!, S. 106, Nr. 3 Das sollte doch niemand wissen!, S. 107, Nr. 2 Cybermobbing, S. 110, Nr. 1 und 2 Unter Beobachtung, S. 114, Nr. 1
4. durch Perspektivenwechsel und wechselseitigen Austausch mögliche Empfindungen und Sichtweisen Beteiligter oder Betroffener erfassen und benennen	Immer online?, S. 102, Nr. 5 Online helfen, S. 105, Nr. 3 und 4 Das sollte doch niemand wissen!, S. 107, Nr. 4 Im Chatroom, S. 109, Nr. 2 und 4 Cybermobbing, S. 110, Nr. 6 Recht am eigenen Bild, S. 113, Nr. 4 Unter Beobachtung, S. 114, Nr. 4
6. Phänomene, Situationen oder Sachverhalte und die zugrundeliegenden Werte und mögliche Wertekonflikte benennen und differenziert darstellen	Immer online?, S. 102, Nr. 4
8. unter Berücksichtigung verschiedener Perspektiven die Wirkung des eigenen Handelns und Urteilens beschreiben	Schon süchtig?, S. 103, Nr. 1 Das sollte doch niemand wissen!, S. 107, Nr. 3 Privat bleibt privat, S. 108, Nr. 4
Beurteilen und sich entscheiden Die Schülerinnen und Schüler können 1. unterschiedliche Positionen (beispielsweise in einer Situations-, Fakten-, Interessenanalyse) zu einer ethisch-moralischen Frage- und Problemstellung ermitteln und vergleichend bewerten	Immer verbunden und nicht mehr allein?, S. 104, Nr. 2 und 5 Im Chatroom, S. 109, Nr. 3 Mit eigenen Daten verantwortungsvoll umgehen, S. 112, Nr. 2–4 Recht am eigenen Bild, S. 113, Nr. 5 Unter Beobachtung, S. 114, Nr. 2
3. verbindliche Werte und Normen in ethisch-moralischen Frage- und Problemstellungen hierarchisieren und begründet entscheiden	Cybermobbing, S. 110, Nr. 4 und 5 Recht am eigenen Bild, S. 113, Nr. 5 Unter Beobachtung, S. 114, Nr. 3

4. Tipps zum Umgang mit der Lernaufgabe – Kopfstand-Texte schreiben

Die Lernaufgabe leitet die Schülerinnen und Schüler an, ihre die Perspektivität ihrer eigenen Wahrnehmung zu erkennen, zu beschreiben, zu vergleichen und Gemeinsamkeiten und Unterscheide zu erklären.

Es steht im Ermessen der Lehrkraft, ob sich die Partner für die Kopfstandtexte selbst finden, ob sie zugeteilt oder ausgelost werden. Es sollte den Lernenden deutlich gemacht werden, dass es individuelle Noten gibt, so dass eventuelle Leistungsunterschiede sich nicht auf die Einzelnote auswirken.

5. Umgang mit der Kompetenzseite

Um den Schülerinnen und Schülern den Zugang zur Perspektivübernahme zu erleichtern und eigene Erfahrungen mit einfließen zu lassen, bietet es sich an, mit der Besprechung der Kompetenzschritte zu beginnen. Die Besprechung des Beispiels sollte zunächst nur bis zum ersten Schritt reichen, um die Lernenden selbst aufgrund eigener Erfahrungen mit Computerspielen reflektieren zu lassen, wo die Ursachen für Cems verhalten liegen könnten und welche Reaktion angemessen wäre. Erst im Anschluss sollten Schritt 2 und 3 gelesen und mit den eigenen Überlegungen verglichen werden.

6. Aufgabencheck

a) Klassifizierung der Aufgaben

Folgende Aufgaben ...	
sind leistungsdifferenziert	Wir kennen dich!, S. 106, Nr. 3
sind wahl- oder interessendifferenziert	Online helfen, S. 105, Nr. 5
enthalten kreative Elemente	Wir kennen dich!, S. 106, Nr. 4
machen unterrichtsorganisierende Vorschläge	Schon süchtig?, S. 103, Nr. 1 Immer verbunden und nicht mehr allein?, S. 104, Nr. 2 Privat bleibt privat, S. 108, Nr. 4 Im Chatroom, S. 109, Nr. 3 und 5 Mit eigenen Daten verantwortungsvoll umgehen, S. 112, Nr. 2 und 3 Recht am eigenen Bild, S. 113, Nr. 3
sind handlungs- oder produktorientiert	Im Chatroom, S. 109, Nr. 5 Cybermobbing, S. 110, Nr. 5
machen Zusatzangebote (Code/ DUA)	Zu S. 109, Im Chatroom: ⊕ Zum Weiterlesen Zu S. 110, Cybermobbing: ⊕ Zum Weiterlesen und ♪ Hörtext Zu S. 113, Recht am eigenen Bild: ⊕ Zusatzinformationen Kinderbilder im Netz

b) Hinweise und Lösungen mit Zuordnungen der Online-Codes

	Hinweise und Lösungen	Ergänzendes Material
Problemaufhänger	Die Auftaktseite macht zwei Aspekte bewusst. Zum einen hinterlässt unser Nutzerverhalten immer Spuren im Netz. Wir können jedoch Einfluss darauf nehmen, was wir von uns preisgeben. Zum anderen entwerfen wir durch unsere Selbstdarstellungen in sozialen Netzwerken auch ein Bild von uns selbst. Wir bestimmen, wie wir gesehen werden möchten.	
Lernaufgabe: Kopfstand-Texte schreiben, S. 98–99		
Kompetenzseite: Etwas aus verschiedenen Blickwinkeln betrachten: Sich in jemanden hineinversetzen: „... und jetzt du", S. 100–101	Diese Aufgabe zwingt zum einen alle Lernenden dazu, ihr eigenes Computerverhalten zu überdenken. Sie schult außerdem den Perspektivwechsel, indem das Nutzerverhalten aus der Sicht eines Mitschülers geschildert wird. Hilfreich ist es, hier wirklich ganz in die Rolle des anderen zu schlüpfen und entsprechend zu formulieren: „Ich .".	

7

	Hinweise und Lösungen	Ergänzendes Material
a | Immer online?, S. 102	S. 102, Nr. 1, freie Schülerarbeit	
	S. 102, Nr. 2	
	- 53% gehen zuhause sofort online - Jeder Vierte macht den Computer selten aus - 83% können ohne Internet nicht leben - Jeder Dritte beginnt und beendet den Tag mit dem Handy - Wenn Jugendliche online kommunizieren, machen sie 3, 6 Dinge gleichzeitig (surfen, Musik hören, essen, fernsehen, spielen)	
	S. 102, Nr. 3, freie Schülerarbeit	
	S. 102, Nr. 4	
	1: Lauter Bilder schwirren um den Kopf: Überflutung von Eindrücken, Einzelheiten können nicht mehr wahrgenommen werden 2: Beim Hausaufgaben machen über das Handy kommunizieren 3: Im Bett in sozialen Netzwerken schreiben 4: Druck durch Whatsapp-Anzeige, dass Nachricht gelesen wurde, aber die Antwort noch ausbleibt 5: Gleichzeitig am Computer sitzen und das Handy nutzen Mit Hilfe von Beispielen sollen die Schüler ihr eigenes Nutzungsverhalten kritisch reflektieren	
	S. 102, Nr. 5	
	Die blauen Häkchen bei Whatsapp, die anzeigen, dass eine Nachricht gelesen wurde, setzen viele unter Druck. Zum einen entsteht der Druck, antworten zu müssen. Auf der anderen Seite entsteht durch die Lesebestätigung auch die Erwartungshaltung auf eine Antwort. Gerade Jugendliche, die Mitglied vieler Whatsapp-Gruppen sind, werden oft mit der Menge an Nachrichten und den damit verbundenen Erwartungen unter Stress gesetzt.	
b | Schon süchtig?, S. 103	S. 103, Nr. 1	
	Die App Forest kann kostenlos auf dem Smartphone installiert werden. Sie hat keine Altersbeschränkung und kann helfen, Bilanz über die eigene Handynutzung zu ziehen und die Handynutzung einzuschränken.	
	S. 103, Nr. 2	
	- Handynutzung im Schnitt drei Stunden pro Tag - 35 Minuten WhatsApp - 15 Minuten Facebook - fünf Minuten Instagram - fast eine halbe Stunde Spiele	
	S. 103, Nr. 3	
	Wecker statt Handy, Uhr statt Handy verleiten seltener aufs Handy zu schauen	
a | Immer verbunden und nicht mehr allein?, S. 104	S. 104, Nr. 1	
	Im realen Leben gibt es getrennte Freundesgruppen, zwischen denen unter Umständen nur geringe Berührungspunkte bestehen. Durch soziale Netzwerke kommen diese Personen alle miteinander in Kontakt und können sich im Netz begegnen.	

	Hinweise und Lösungen		**Ergänzendes Material**
	S. 104, Nr. 2		
	Vorteile	*Nachteile*	
	Viele Kontakte	Oberflächliche Kontakte	
	Unkomplizierte Kontakte	Private Informationen werden einem größeren Kreis von Menschen bekannt	
	Menschen können in Verbindung treten, die sich sonst niemals begegnen würden	Nur Bekanntschaften, keine Freundschaften	
	Kontakt über größere Entfernungen möglich	Freundschaft lebt von der persönlichen Begegnung	
	Immer und überall verbunden sein	Möglichkeit der Kontaktaufnahme für schüchterne Menschen	
	Kontakt in Wort und Bild	Große Selbstdarstellung	
	S. 104, Nr. 3		
	Alina hat über Facebook ihre Freunde von der alten Schule wieder getroffen. Die Bestätigung der Freundschaftsanfragen macht sie glücklich, weil sie sich dann mit ihrem alten Leben verbunden fühlt.		
	S. 104, Nr. 4		
	Durch die Annahme der Freundschaftsanfragen fühlt sich Alina bestätigt und gemocht.		
	S. 104, Nr. 5		
	Viele Kontakte werden heutzutage zunächst in sozialen Netzwerken geknüpft, bevor daraus reale Beziehungen werden. Aus vielen Netzwerkkontakten werden jedoch nie reale Begegnungen bzw. die Begegnungen funktionieren im realen Leben nicht.		
	S. 104, Nr. 6		
	Jüngere können die Tragweite ihrer Posts in sozialen Netzwerken noch nicht hinreichend einschätzen und gehen zu leichtfertig mit persönlichen Daten um. Es ist jedoch leicht, ein falsches Geburtsdatum bei Facebook einzugeben, so dass viele Kinder schon vorher einen eigenen Account haben. Vor diesem Hintergrund ist Aufklärung wichtiger als Verbote.		
**b	Online helfen, S. 105**	S. 105, Nr. 1, freie Schülerarbeit		
	S. 105, Nr. 2		
	Bei Youth-Life-Line werden die Hilfesuchenden von Jugendlichen per Email beraten. Alle Berater arbeiten ehrenamtlich und anonym. Die Anonymität und der Emailkontakt sollen die Hemmschwelle senken. 4400 Jugendliche haben dort schon Hilfe gesucht.		
	S. 105, Nr. 3		
	- Jugendliche können sich besser in die Situation Gleichaltriger versetzen - Die Hemmschwelle, um Hilfe zu bitten, ist geringer - Gefühl, sich an einen Freund statt einen offiziellen Berater zu wenden - Jugendliche könnten in schwierigen Fällen, z. B. Suizidgedanken der Hilfesuchenden, überfordert sein		
	S. 105, Nr. 4		
	Mögliche Antworten: Erwachsene haben eine Ausbildung, wissen, was zu tun ist, haben mehr Lebenserfahrung. Jugendliche verstehen einen besser, weil sie vielleicht schon ähnliche Erfahrungen gemacht haben, größere Verbundenheit, Gefühl, besser verstanden zu werden		

	Hinweise und Lösungen	Ergänzendes Material
	S. 105, Nr. 5	
	JMD4You ist eine online-Bratung für junge Migranten. Online-Beratung gegen Rechtsextremismus unterstützt Ratsuchende, die rechtsextremistische, rassistische oder andere menschenfeindliche Erfahrungen gemacht haben. An Beratung im Netz können sich alle Jugendlichen mit Problemen wenden.	
c | **Wir kennen dich!**, S. 106	S. 106, Nr. 1	
	Das Bild entstammt dem Cover eines Buches mit dem Untertitel „Wie wir täglich manipuliert werden, und wie wir uns dagegen wehren können".	
	S. 106, Nr. 2	
	Google registriert die von uns eingegebenen Suchbegriffe und unsere Klicks und generiert auf dieser Basis eine Reihenfolge der Suchergebnisse. Facebook errechnet, was wir lesen, und „belohnt" aktive Nutzer durch Zusatzinformationen. Amazon passt die Suchergebnisse unseren Bestellungen an.	
	S. 106, Nr. 3	
	Die Diskussion soll das Bewusstsein der Lernenden für die Manipulation schärfen und ihnen deutlich machen, wie sie gegensteuern können, z. B. indem sie gezielt die für sie interessanten Links bei Google anklicken und nicht automatisch dem ersten angebotenen Link folgen.	
	S. 106, Nr. 4, freie Schülerarbeit	
a | **Das sollte doch niemand wissen!**, S. 107	S. 107, Nr. 1	
	Symbol in sozialen Netzwerken, um seine Zustimmung bzw. sein Gefallen zu dokumentieren	
	S. 107, Nr. 2	
	Alina ist seit langem verliebt in Xeno. Nachdem sie sich bei Facebook angemeldet hat und Xeno zu ihren Kontakten hinzugefügt hat, kann sie alle Bilder sehen, die er hochgeladen hat. In ihrer Verliebtheit liket sie alle Bilder, ohne sich bewusst zu sein, dass alle anderen, die mit ihr und Xeno Kontakt haben, das sehen können. So bemerkt ihr Bruder ihre Schwärmerei nicht. Sie löscht die Likes zwar wieder, kann sich aber nicht sicher sein, dass es schon vorher jemandem aufgefallen ist.	
	S. 107, Nr. 3	
	Ganz Privates, nämlich ihre Schwärmerei für Xeno, ist durch ihr unbedachtes Liken plötzlich für alle sichtbar geworden, als würde sie auf einer Bühne stehen und öffentlich darüber berichten.	
	S. 107, Nr. 4	
	Alina war zuerst ganz glücklich, schämt sich jetzt aber und es ist ihr peinlich. Ihr Bruder macht sich zum einen über sie lustig, erkennt aber auch seine Verantwortung, dass er Alina besser über die Möglichkeiten, aber auch die Gefahren von Facebook aufklären muss.	
b | **Privat bleibt privat**, S. 108	S. 108, Nr. 1	
	Die Person ist von mehreren Kreisen umgeben. Der erste Kreis umfasst die ganz persönlichen Dinge, die nur einen selbst etwas angehen. Im nächsten Kreis stehen Menschen, die einem nahe stehen wie Freunde und Familie. Mit diesen teilt man viele Informationen, aber nicht alle. Im äußeren Kreis befinden sich eher lose Bekannte und Mitschüler, denen man nur Unwichtiges anvertrauen würde.	

	Hinweise und Lösungen	**Ergänzendes Material**
	S. 108, Nr. 2	
	Privatsphäre ist das, was nur einen selbst etwas angeht und was man mit niemandem oder wenigen teilen würde: im Bild in jedem Fall der innere Kreis und nach sorgfältiger Überprüfung u. U. auch teilweise Mitglieder des mittleren Kreises. Sehr persönliche Informationen würde man nicht mit Menschen aus dem äußeren Kreis teilen.	
	S. 108, Nr. 3	
	Nur ich: sehr persönliche Bilder von dir/persönliche Informationen über andere Menschen/Name, Adresse, Telefonnummer, Adresse/Vertrauliches, das dir eine Freundin, ein Freund erzählt hat/Ärger über Mitschüler, Lehrer, Nachbarn → gehen niemanden etwas an, sollte man nur im persönlichen Gespräch austauschen, nicht im Internet, wo man nicht weiß, wer diese Informationen unerlaubt weitergibt. Enge Freunde, Familie: Einladung zu einer Geburtstagsparty → nur an ausgewählte Menschen senden, die man einladen möchte Bekannte, Mitschüler: deine Lieblingsmusik → ist nicht so persönlich, so dass man auch lockere Bekannte darüber informieren kann.	
	S. 108, Nr. 4	
	Alina, ich rate dir, bei allem, was du in Facebook schreibst oder hochlädst, immer genau zu prüfen, wer das erfahren soll und ob deine Einstellungen dazu passen.	
	S. 108, Nr. 5	
	Auf der Seite von Klicksafe können sich Schüler über Netzwerk-Einstellungen informieren: http://www.klicksafe.de	
a | Im Chatroom, S. 109	S. 109, Nr. 1	⊕ Zum Weiterlesen
	Chatroom: Raum im Internet, in dem sich zwei oder mehr Personen treffen, um sich online zu unterhalten.	
	S. 109, Nr. 2	
	Julia hat im Chatroom einen scheinbar 15-jährigen Jungen kennen gelernt, der sie gerne treffen möchte und mit dem sie sich im Park verabredet. Sie hat zwar Bedenken, dass es gefährlich sein könnte, aber die Neugierde ist größer.	
	S. 109, Nr. 3	
	Julia hat Fotos von sich hochgeladen, sie hat ihr Alter im Nickname angegeben, sie trifft sich mit loverboy15 im Park, ohne das anderen mitzuteilen oder jemanden mitzunehmen.	
	S. 109, Nr. 4	
	Die Freundin müsste explizit auf die Gefahren hinweisen und Julia Tipps geben, wie sie sich schützen kann.	
	S. 109, Nr. 5	
	Chatregeln für Jugendliche finden sich z. B. hier: http://www.knuddels.de/info/knigge.html	
b | Cybermobbing, S. 110	S. 110, Nr. 1	⊕ Zum weiterlesen 🔊 Hörtext
	Ein riesiger Daumen an einer riesigen Hand drückt einen Menschen, der am Boden liegt, herunter. Die Hand wird durch 4 Menschen, die mit Smartphones in der Hand um die Person in der Mitte herumstehen, gelenkt.	
	S. 110, Nr. 2	
	Die Person in der Mitte hat Angst, fühlt sich hilflos, ausgeliefert, bedroht. Die Umstehenden fühlen sich stark, mächtig.	

	Hinweise und Lösungen	Ergänzendes Material
	S. 110, Nr. 3	
	Falsches Facebook-Profil, gemeine Fotos und Kommentare, diskriminierend und beleidigend, Mitschüler bleiben anonym	
	S. 110, Nr. 4	
	Die Mitschüler schreiben und Pseudonym oder anonym und trauen sich nicht, Josi ihre Gemeinheiten direkt zu sagen oder vor dem Lehrer dazustehen.	
	S. 110, Nr. 5	
	Josi in die Klassengemeinschaft integrieren, sich nicht an den Facebook-Posts beteiligen, wenn jemand etwas Negatives schreibt, denjenigen ansprechen und es den Lehrern mitteilen, Josi vor den anderen schützen.	
	S. 110, Nr. 6	
	Josi fühlt sich so diskriminiert, dass sie häufiger krank ist und sich nicht in die Schule traut. Sie fühlt sich der Klasse vollkommen ausgeliefert. Till will Josi schützen und ist entsetzt über seine Mitschüler. Unterstützung erhält er nur von Antonia. Auch vom Lehrer fühlt er sich nicht unterstützt, weil dieser sich mit den sozialen Netzwerken nicht gut genug auskennt.	
c | Kauf mich!, S. 111	S. 111, Nr. 1	
	Das Bild zeigt ein Mädchen, das seine Einkäufe vor einer Kamera für einen YouTube-Kanal präsentiert.	
	S. 111, Nr. 2	
	Lamiya hat umfangreich Kleidung bei gängigen Firmen wie Zara und H&M eingekauft und präsentiert diese nun auf ihrem eigenen YouTube-Kanal. Dafür filmt sie sich selbst 12 Minuten lang und präsentiert jedes einzelne Teil. Sie hat 77.000 Follower. Junge Mädchen lassen sich von diesen Videos zu eigenen Käufen verleiten. Lamiya behauptet, es sei nur ein Austausch unter Freundinnen, aber für die Mädchen, die die Filme ansehen, ist sie ein Vorbild und sie kaufen die gleichen Produkte, um ihren Vorbildern nachzueifern. Die Inhaberinnen der Beauty-Channel werden von Google und co. an den Werbeeinnahmen beteiligt.	
	S. 111, Nr. 3, freie Schülerarbeit	
	S. 111, Nr. 4	
	Hauling manipuliert, weil die Mädchen, die diese Kanäle anschauen, nicht erkennen, dass massive wirtschaftliche Interessen der Personen, die diese Kanäle betreiben, der Firmen, deren Produkte vorgestellt werden, und von Google dahinterstecken.	
a | Mit eigenen Daten verantwortungsvoll umgehen, S. 112	S. 112, Nr. 1	
	Selbstdatenschutz: darauf achten, welchem Personenkreis man Informationen zugänglich macht und welche sehr persönlichen Nachrichten man einer breiteren Öffentlichkeit anvertraut	
	S. 112, Nr. 2	

Öffentlich   privat

Frederico Zannier	Viele Promis	Daniel Hartwich	Cro	Banksy
Bietet Infos über sich auf einer Crowdfunding-Plattform an	Machen alle privaten und beruflichen Nachrichten öffentlich	Hat sich bei Facebook abgemeldet	Auftritt mit Maske, um privat unerkannt leben zu können	Vollkommene Anonymität, niemand weiß, wer sich hinter dem Namen verbirgt

	Hinweise und Lösungen	Ergänzendes Material
	S. 112, Nr. 3, freie Schülerarbeit	
	S. 113, Nr. 4	
	Die Informationen bleiben im Netz, auch wenn ich sie später vielleicht nicht mehr preisgeben möchte. Niemand weiß, ob nicht eine Person die Infos unbefugt an andere weitergibt.	
b | Recht am eigenen Bild, S. 113	S. 113, Nr. 1	
	a) kommt auf den Kontext an, in dem das Bild gepostet wird b) verboten c) Fotos machen ist erlaubt, das Hochladen nur mit Erlaubnis der Freunde d) da es um das Gebäude und nicht um die Personen geht, ist das Hochladen erlaubt e) Ereignis von öffentlichem Interesse	
	S. 113, Nr. 2	
	– Fotos aus dem privaten Kontext dürfen nicht veröffentlicht werden – Keine peinlichen Fotos – Fotos von Freunden nur mit Erlaubnis – Fotomontagen sind verboten	
	S. 113, Nr. 3, freie Schülerarbeit	
	S. 113, Nr. 4	
	Es ist wichtig, darauf zu achten, dass die Persönlichkeitsrechte und die Privatsphäre der fotografierten Person berücksichtigt werden.	
	S. 113, Nr. 5	
	Auch Eltern haben die Persönlichkeitsrechte ihrer Kinder zu berücksichtigen. Da das Internet die Bilder unbegrenzt speichert, ist es den Kindern unter Umständen später peinlich.	
c | Unter Beobachtung, S. 114	S. 114, Nr. 1, freie Schülerarbeit	
	S. 114, Nr. 2	
	Eltern: – Überwachung sozialer Netzwerke – Sperrung unerwünschter Kontakte – Schulweg verfolgen – Facebook kontrollieren – Handy überwachen *Datenschützer:* – Gefährdet den Persönlichkeitsschutz – Kinder brauchen Freiraum – Kinder können kein Selbstvertrauen entwickeln – Gewöhnung an Überwachungsstruktur – Gefahr von Missbrauch	
	S. 114, Nr. 3, freie Schülerarbeit	
	S. 114, Nr. 4	
	Die Texte sollten auf die im Text genannten Argumente eingehen.	

7. Durchführung der Unterrichtseinheit (Vorschlag für 8 Doppelstunden)

Minimalvorschlag (6 Doppelstunden)

1. Doppelstunde	**Einstieg:** Auftaktseite **Erläuterung der Lernaufgabe:** Kopfstand-Texte schreiben, S. 98–99	**Bearbeitung der Kompetenzseite:** Etwas aus verschiedenen Blickwinkeln betrachten: Sich in jemanden hineinversetzen, S. 100–101 **Übung:** „… und jetzt du", S. 101	
2. Doppelstunde	**Einstieg:** Immer online?, S. 102, Nr. 1–3 **Problematisierung:** Immer online, S. 102, Nr. 4 und 5	**Einstieg:** Schon süchtig?, S. 103, Nr. 1 **Erarbeitung:** Schon süchtig?, S. 103, Nr. 2 und 3	**Hausaufgabe:** Immer verbunden und nicht mehr allein?, S. 104, Nr. 1 und 2
3. Doppelstunde	**(Hausaufgabe) Erarbeitung:** Immer verbunden und nicht mehr allein?, S. 104, Nr. 3–6	**Erarbeitung:** Online helfen, S. 105, Nr. 1–3 **Sicherung:** Online helfen, S. 105, Nr. 4	**Hausaufgabe:** Online helfen, S. 105, Nr. 5
4. Doppelstunde	**(Hausaufgabe) Problematisierung:** Wir kennen dich!, S. 106, Nr. 1–3 **Veranschaulichung:** Wir kennen dich!, S. 106, Nr. 4	**Einstieg:** Das sollte doch niemand wissen!, S. 107, Nr. 1 **Erarbeitung:** Das sollte doch niemand wissen!, S. 107, Nr. 2–4	
5. Doppelstunde	**Einstieg:** Privat bleibt privat, S. 108, Nr. 1 **Erarbeitung:** Privat bleibt privat, S. 108, Nr. 2 und 3 **Sicherung:** Privat bleibt privat, S. 108, Nr. 4 und 5	**Erarbeitung:** Im Chatroom, S. 109, Nr. 1 und 2 **Sicherung:** Im Chatroom, S. 109, Nr. 3–5	
6. Doppelstunde	**Einstieg:** Cybermobbing, S. 110, Nr. 1 und 2 **Erarbeitung:** Cybermobbing, S. 110, Nr. 3 **Problematisierung:** Cybermobbing, S. 110, Nr. 4 und 5	**Einstieg:** Kauf mich!, S. 111, Nr. 1 **Erarbeitung:** Kauf mich!, S. 111, Nr. 2 **Problematisierung:** Kauf mich, S. 111, Nr. 3 und 4	
7. Doppelstunde	**Einstieg:** Mit eigenen Daten verantwortungsvoll umgehen, S. 112, Nr. 1 **Erarbeitung:** Mit eigenen Daten verantwortungsvoll umgehen, S. 112, Nr. 2–4	**Einstieg:** Recht am eigenen Bild, S. 113, Nr. 1 **Erarbeitung:** Recht am eigenen Bild, S. 113, Nr. 2 **Problematisierung:** Recht am eigenen Bild, S. 113, Nr. 4 und 5	**Hausaufgabe:** Recht am eigenen Bild, S. 113, Nr. 3
8. Doppelstunde	**(Hausaufgabe) Einstieg:** Unter Beobachtung, S. 114, Nr. 1 **Erarbeitung:** Unter Beobachtung, S. 114. Nr. 2 **Problematisierung:** Unter Beobachtung, S. 114, Nr. 3 und 4	Das kann ich Das weiß ich	

8. Medientipps

Für Lehrer

Heinz Strauf: Mediensucht: Abhängigkeit von digitalen Medien erkennen und vorbeugen (5. bis 10. Klasse) (Medienkompetenz entwickeln). Hamburg: Persen Verlag 2015
Unterrichtsmaterial für die Sek. I

Heinz Strauf: Cybermobbing: Gewalt im Netz verantwortungsbewusst begegnen (5. bis 10. Klasse) (Medienkompetenz entwickeln). Hamburg: Persen Verlag 2014
Unterrichtsmaterial für die Sek. I

Heinz Strauf: Soziale Netzwerke: Verantwortungsbewusst im Netz kommunizieren (5. bis 10. Klasse) (Medienkompetenz entwickeln). Hamburg: Persen Verlag 2012
Unterrichtsmaterial für die Sek. I

Mirjam Steves: Mobbing und Cybermobbing: wirksam vorbeugen und eingreifen. Arbeitsblätter für Jugendliche: Mühlheim an der Ruhr: Verlag an der Ruhr 2015
Kopiervorlagen für den Unterricht aller Fächer in der Sek. I

Für Schüler

Armin Kaster: Ich hab schon über 500 Freunde. Mühlheim an der Ruhr: Verlag an der Ruhr 2012
Alina findet in ihrer neuen Klasse nur schwer Anschluss. Facebookkontakte werden zum Ersatz.

Florian Buschendorff: Geil, das peinliche Foto stellen wir online! Mühlheim an der Ruhr: Verlag an der Ruhr 2010
Der Roman behandelt das Thema Cybermobbing anhand der Geschichte der Außenseiterin Josi.

Carlo Meier: Die Kaminski-Kids: Gefährliches Spiel. Basel: fontis-Brunnen 2014
Der Roman behandelt die Gefahren des Internets, eingebettet in eine detektivische Geschichte.

Helen Vreeswijk: Chatroom-Falle. Bindlach: Loewe 2010
Die Autorin ist Kriminalbeamtin. Sie beleuchtet spannend im Roman die Gefahren, die durch falsche Chatkontakte entstehen können.

Manfred Theisen: Weil es nie aufhört. München: ctb 2014
Der Roman behandelt Sexting, Stalking und Cybermobbing.

9. Bewertungsbogen

Bewertungsbogen für _____

Kopfstand-Texte schreiben	☺☺	☺	☹	✎
	Prima, weiter so!	Gut gemacht!	Nicht schlecht, aber das geht noch besser!	Oh je, daran musst du arbeiten!
Die Lösung deiner Lernaufgabe erfüllt folgende Kriterien:				Erläuterungen und Tipps
Inhalt (doppelte Wertung)				
Du hast gleichzeitig mit einem Lernpartner Kopfstand-Texte geschrieben.				
Du hast die Texte deines Lernpartners gelesen.				
Du hast eure Sichtweisen auf eine Situation verglichen.				
Du hast Unterschiede und Gemeinsamkeiten erarbeitet.				
Du hast die Unterschiede und Gemeinsamkeiten erklärt.				
Du hast in einem Brief eine Situation aus einer dritten Perspektive beschrieben.				
Formales (einfache Wertung)				
Du hast in deinem Heft Seiten für deine Kopfstandtexte angelegt.				
Du hast mit einem Lernpartner Kopfstandtexte geschrieben.				
Du hast sauber und ordentlich gearbeitet.				
Zusätzliche Bemerkungen:				

Überwiegend ☺☺ = sehr gut   ☺☺ und ☺ = gut   ☺ und ☹ = befriedigend

☺ und ☹ = ausreichend   Überwiegend ☹ = mangelhaft   Ausschließlich ☹ = ungenügend

Datum: Bewertung:

Unterschrift:

8 Genug ist (nicht?) genug

1. Übersicht Themen – Kompetenzen – Lernaufgaben

Kapiteltitel	Thema	Kompetenz	Instrumentarium zum Kompetenzerwerb	Lernaufgabe
8 Genug ist (nicht?) genug! Informationen vergleichen und auswerten	Armut und Reichtum	Analysieren und interpretieren	Informationen vergleichen und auswerten: Jenseits der Schubladen denken (Frage erfassen, Informationsquellen bestimmen, Antworten einholen, eigene Antwort formulieren)	Einen Flyer für ein Projekt gestalten

2. Didaktischer Leitfaden

Alle paar Sekunden stirbt ein Kind an den Folgen extremer Armut. In den Entwicklungsländern ist die Armut besonders drastisch, aber sie breitet sich immer mehr auch in unserer Wohlstandsgesellschaft aus. Auch wächst die Kluft zwischen Arm und Reich, sodass unsere Schülerinnen und Schüler zunehmend mit dem Thema konfrontiert werden, selbst wenn sie nicht persönlich betroffen sind. Die Bekämpfung von Armut und eine gerechte Verteilung von Reichtum gehören zu den wichtigsten Problemen unserer Zeit, so dass das Thema auch im Unterricht an Bedeutung gewinnen wird. Die Schülerinnen und Schüler sollen im Ethikunterricht Armut und auch Reichtum besonders im Hinblick auf die Möglichkeiten eines selbstbestimmten, gelingenden Lebens analysieren. Soziale Gerechtigkeit und menschenwürdige Lebensverhältnisse sollen vor dem Hintergrund der Menschenrechte erklärt werden. Nicht zuletzt bietet das Kapitel Anregungen, sich für gerechte und menschenwürdige Lebensverhältnisse einzusetzen, das heißt moralisch richtig zu handeln.

Um das komplexe Themenfeld von Armut, Reichtum und ihrer wechselseitigen Beziehungen tiefer durchdringen und seine Ausmaße erkennen zu können, müssen verschiedenste Informationen verglichen und ausgewertet werden.

Didaktische Zielsetzung

- Die Schülerinnen und Schüler schulen ihre **interdisziplinäre Kompetenz**, indem sie lernen, Informationen zu vergleichen und auszuwerten.
  - Sie lernen, eine Fragestellung zu zergliedern und relevante Wissensbereiche zu bestimmen.
  - Sie lernen, verschiedene Informationsquellen zu nutzen und unterschiedliche Antworten zu einem Thema zu formulieren.
  - Sie lernen, Informationen aus verschiedenen Wissensbereichen zu vergleichen und bei der Beantwortung zu berücksichtigen.

- Die Schülerinnen und Schüler erwerben Wissen zum Thema **Armut und Reichtum.**
  - Sie lernen, Erscheinungsformen und Ursachen von Armut und Reichtum zu erfassen und zu beschreiben.
  - Sie erläutern unterschiedliche geschichtliche und kulturelle Auffassungen von Armut und Reichtum.
  - Sie erfassen die Auswirkungen von Armut und Reichtum auf die Möglichkeit eines selbstbestimmten Lebens und beschreiben dies unter dem Gesichtspunkt der Gerechtigkeit.
  - Sie benennen grundlegende Kinderrechte und prüfen, welche Relevanz diese für ein menschenwürdiges Leben haben.
  - Sie erarbeiten eigene Handlungsmöglichkeiten zur Sicherung menschenwürdiger und gerechter Lebensverhältnisse im Bezug auf ihre Verantwortung als Konsumenten.

- Die Schülerinnen und Schüler wenden ihre **interdisziplinäre Kompetenz** und ihr Wissen über **Armut und Reichtum** an, indem sie einen Flyer für ein Hilfsprojekt gestalten.
  - Sie beschaffen sich geeignete Informationen.
  - Sie erarbeiten sich Hintergrundwissen zum Thema.
  - Sie wählen geeignete Informationen für ihren Flyer aus.
  - Sie gestalten den Flyer und verfassen einen Text, der alle wesentlichen Informationen enthält und klar macht, warum das Projekt unterstützt werden sollte.

	Material	Lernfortschrittsbereich
Lernaufgabe bearbeiten	Einen Flyer für ein Projekt gestalten	LF 1–LF 6
Kompetenzen entwickeln	Informationen vergleichen und auswerten Jenseits der Schubladen denken	LF 1–LF 2
Armut – ein weltweites Phänomen	a | Wo begegnet uns Armut?	LF 1
	b | Absolut arm	LF 1
	c | Eine menschengemachte Katastrophe	LF 2–LF 3
	d | Eine Kindheit in Indien	LF 3–LF 4
Armut in Deutschland	a | Armut im Wohlstand	LF 1
	b | Armutsgefährdung in Deutschland	LF 2
	c | Arm sein beschämt	LF 3–LF 6
	d | Wer hilft?	LF 1–LF 2
Reichtum	a | Maßlosigkeit	LF 1–LF 3
	b | Wohlstandsverwahrlosung	LF 4–LF 5
Freiwilliger Verzicht	a | Diogenes	LF 1
	b | Armut und Reichtum im Christentum	LF 2
	c | Wahrer Reichtum	LF 3–LF 6

	Material	Lernfortschrittsbereich
Made in … – Die Verantwortung der Konsumenten		LF 1–LF6

	Material	Lernfortschrittsbereich
Gelerntes anwenden und überprüfen	Das weiß ich	
	Das kann ich	

3. Bildungsplanbezug

Lehrplaninhalte: Standards für inhaltsbezogene Kompetenz	
3.1.4 Armut und Reichtum **3.1.4.1 Menschenwürdiges Leben in Armut und Reichtum**	
Die Schülerinnen und Schüler können 1. Erscheinungsformen und Ursachen von Armut und Reichtum erfassen und beschreiben	Wo begegnet uns Armut?, S. 122 Absolut arm, S. 122 Eine menschengemachte Katastrophe, S. 123 Eine Kindheit in Indien, S. 124 Armut im Wohlstand, S. 125 Armutsgefährdung in Deutschland, S. 125 Arm sein beschämt, S. 126 Maßlosigkeit, S. 127 Wohlstandsverwahrlosung, S. 127
2. unterschiedliche Auffassungen von Armut und Reichtum erläutern und voneinander abgrenzen (beispielsweise Geschichte, Kulturen, Religionen)	Diogenes, S. 128 Armut und Reichtum im Christentum, S. 128 Wahrer Reichtum, S. 129
3. Auswirkungen von Armut und Reichtum auf die Möglichkeiten eines selbstbestimmten Lebens beschreiben und im Hinblick auf Gerechtigkeitsvorstellungen beurteilen	Kompetenz, S. 120–121 Eine menschengemachte Katastrophe, S. 123 Eine Kindheit in Indien, S. 124
4. grundlegende Menschenrechte benennen und die Relevanz ihrer Achtung für ein menschenwürdiges Leben erklären (zum Beispiel Kinderrechte)	Eine Kindheit in Indien, S. 124 Wohlstandsverwahrlosung, S. 127
5. Handlungsmöglichkeiten zur Sicherung menschenwürdiger und gerechter Lebensverhältnisse im eigenen Lebensumfeld darlegen und diskutieren (beispielsweise bezogen auf Konsum, soziales Engagement, Fair Trade)	Lernaufgabe, S. 118–119 Arm sein beschämt, S. 126 Wer hilft?, S. 126 Made in … – Die Verantwortung der Konsumenten, S. 130

Standards für prozessbezogene Kompetenzen	
Schwerpunktkompetenz des Kapitels: interdisziplinäre Kompetenz, Informationen vergleichen und auswerten.	Kompetenz, S. 120–121 Alle Eulenaufgaben
Prozessbezogene Kompetenzen **Analysieren und interpretieren** Die Schülerinnen und Schüler können 1. Informationen aus verschiedenen Quellen als Denkanstoß für die Deutung ethisch relevanter Sachverhalte erschließen	Wo begegnet uns Armut?, S. 122, Nr. 3 Eine Kindheit in Indien, S. 124, Nr. 2 und 7 Armutsgefährdung in Deutschland, S. 125, Nr. 2 Maßlosigkeit, S. 127, Nr. 2 Wahrer Reichtum, S. 129, Nr. 2 Made in … – Die Verantwortung der Konsumenten, S. 130, Nr. 2
6. die Beteiligten und Betroffenen in ethisch relevanten Situationen identifizieren und deren Stellenwert darlegen	Kompetenz, S. 120–121 Eine menschengemachte Katastrophe, S. 123, Nr. 3 Armutsgefährdung in Deutschland, S. 125, Nr. 1 und 2 Made in … – Die Verantwortung der Konsumenten, S. 130, Nr. 4a
7. die Interessenlage der Beteiligten und Betroffenen, die zugrundeliegenden Wertevorstellungen und mögliche Wertekonflikte erläutern	Kompetenz, S. 120–121 Eine menschengemachte Katastrophe, S. 123, Nr. 4 Made in … – Die Verantwortung der Konsumenten, S. 130, Nr. 2
9. ethisch-moralische Sachverhalte unter verschiedenen Gesichtspunkten und Fragestellungen untersuchen und problematisieren	Kompetenz, S. 120–121 Eine menschengemachte Katastrophe, S. 123, Nr. 4 Eine Kindheit in Indien, S. 124, Nr. 5–7 Made in … – Die Verantwortung der Konsumenten, S. 130, Nr. 4b
Beurteilen und (sich) entscheiden Die Schülerinnen und Schüler können 1. unterschiedliche Positionen (beispielsweise in einer Situations-, Fakten-, Interessenanalyse) erarbeiten und vergleichend bewerten	Kompetenz, S. 120–121 Eine Kindheit in Indien, S. 124, Nr. 3 Diogenes, S. 128, Nr. 2 und 3 Armut und Reichtum im Christentum, S. 128, Nr. 2 Wahrer Reichtum, S. 129, Nr. 2 und 3 Made in … – Die Verantwortung der Konsumenten, S. 130, Nr. 2
2. verschiedene Begründungen (beispielsweise Autorität, Religion, Tradition, Konvention, Moralphilosophie) abwägen und bewerten	Diogenes, S. 128, Nr. 3 Armut und Reichtum im Christentum, S. 128, Nr. 3 Wahrer Reichtum, S. 129, Nr. 4 und 5

6. eigene Handlungsoptionen entwerfen, im Hinblick auf Folgen und Realisierbarkeit bewerten und die Rolle von Vernunft und Gefühl beim Entscheiden kritisch prüfen	Kompetenz, S. 120–121 Eine Kindheit in Indien, S. 124, Nr. 7 Armutsgefährdung in Deutschland, S. 125, Nr. 3 Wer hilft?, S. 126, Nr. 2 Made in … – Die Verantwortung der Konsumenten, S. 130, Nr. 4 und 5

4. Tipps zum Umgang mit der Lernaufgabe – Einen Flyer für ein Projekt gestalten

Flyer sind allen Jugendlichen vertraut. Sie dienen der Werbung oder Öffentlichkeitsarbeit. Die Aufgabe, im Unterricht einen Flyer herzustellen, führt dazu, dass Informationen präzise und auch werbewirksam zusammengestellt werden müssen. Sie bietet sich zum Trainieren der interdisziplinären Kompetenz an, da sie die Lernenden dazu herausfordert, die vielschichtigen Zusammenhänge auf das Wesentliche zu reduzieren. Damit hilft die Lernaufgabe, Informationen themenbezogen zu analysieren und eigene Antworten klar auszudrücken.

Außerdem haben Flyer immer eine Appellfunktion: Sie rufen zum Handeln auf. Da das Ziel des Themenschwerpunktes das moralisch richtige Handeln, das heißt das Unterstützen eines Hilfsprojektes ist, bietet sich diese Lernaufgabe in idealer Weise an.

Die Tipps **„So entsteht euer Flyer"** geben Hinweise zur Informationsbeschaffung und -auswertung sowie zur Formulierung des Infotextes. Unter den Online-Codes ⊕ **Tipps zum Aufbau eines Flyers** und ⊕ **Liste mit Hilfsprojekten** (S. 122) erhalten die Lernenden weitere Unterstützung.

Vorbereitet wird die Lernaufgabe, die am Ende der Unterrichtseinheit gelöst wird, durch die ▢-Aufgaben. Die Lernenden sollten auf die Kompetenzschritte (S. 120) hingewiesen werden, um den interdisziplinären Zugang methodisch zu garantieren.

5. Umgang mit der Kompetenzseite

Die Auftaktseite bringt die Schülerinnen und Schüler dazu, sich mit dem Thema Armut und Reichtum von Anfang an im Kontext der Gerechtigkeitsproblematik zu beschäftigen. Die Zusammenhänge zwischen Armut, Reichtum, Gerechtigkeit, Menschenwürde und Glück sind komplex und vielschichtig, sodass es voreilig wäre, die einzelnen Punkte nur aus einem Blickwinkel zu beleuchten.

6. Aufgabencheck

a) Klassifizierung der Aufgaben

Folgende Aufgaben …	
sind leistungsdifferenziert	Lernaufgabe, S. 118–119 Kompetenz, S. 120–121 Wo begegnet uns Armut, S. 122, Nr. 3 Armutsgefährdung in Deutschland, S. 125, Nr. 2 Made in … – Die Verantwortung der Konsumenten, S. 130, Nr. 4
sind wahl- oder interessendifferenziert	Lernaufgabe, S. 118–119 Kompetenz, S. 120–121 Armutsgefährdung in Deutschland, S. 125, Nr. 2 Made in … – Die Verantwortung der Konsumenten, S. 130, Nr. 4
enthalten kreative Elemente	Lernaufgabe, S. 118–119
machen unterrichtsorganisierende Vorschläge	Lernaufgabe, S. 118–119 Kompetenz, S. 120–121
sind handlungs- oder produktorientiert	Lernaufgabe, S. 118–119 Kompetenz, S. 120–121 Wer hilft?, S. 126, Nr. 1 Made in … – Die Verantwortung der Konsumenten, S. 130, Nr. 4b
machen Zusatzangebote (Code/DUA)	S. 118–119, Lernaufgabe: ⊕ Tipps zum Aufbau eines Flyers S. 120–121, Kompetenz: ⊕ Informationen zu den „Schwabenkindern" S. 122, Wo begegnet uns Armut?: ⊕ Liste mit Hilfsprojekten S. 124, Eine Kindheit in Indien: ⊕ Kinderrechte S. 126, Wer hilft?: ⊕ Link-Tipps Hilfsorganisationen

b) Hinweise und Lösungen mit Zuordnungen der Online-Codes

	Hinweise und Lösungen	Ergänzendes Material
Problemaufhänger	Besonders in Lateinamerika verschanzen sich Reiche in streng bewachten geschlossenen Wohnsiedlungen („gated communities"), die oft unmittelbar an Slums grenzen. Das Nebeneinander von Arm und Reich wird an der auf dem Foto gut zu erkennenden Grenze der durch Mauern, Zäune, Alarmanlagen und Kameras gesicherten Enklave besonders eindrucksvoll sichtbar. Links die chaotisch wirkende Siedlung der Armen mit wenig Grün und unordentlichen grauen Bauten, rechts die wohlgeordnete, grüne und saubere Wohnanlage der Mittel- und Oberschicht. Die Aufgaben können im Unterrichtsgespräch besprochen werden. Sie stimmen die Schülerinnen und Schüler thematisch und methodisch auf den Kapitelschwerpunkt ein.	
Lernaufgabe: Einen Flyer für ein Projekt gestalten, S.118–119		⊕ Tipps zum Aufbau eines Flyers
Kompetenzseite: Informationen vergleichen und auswerten: „… und jetzt du", S. 121		⊕ Informationen zu den „Schwabenkindern"
a | Wo begegnet uns Armut?, S. 122	S. 122, Nr. 1	⊕ Liste mit Hilfsprojekten
	Über die Beschreibung der Bilder sollen sich die Lernenden den äußeren Erscheinungsformen der Armut nähern, ihr Vorwissen aktivieren und den Bezug zu ihrer Lebenswelt herstellen.	
	Auf der Straße: Obdachlose, Menschen, die betteln	
	In „armen Ländern" (Nachrichten): Geflohene, Kinder, die arbeiten müssen, Kinder, die nur wenige Dinge besitzen.	
	S. 122, Nr. 2	
	Weitere mögliche Antworten: Hungernde, Menschen, die im Müll nach Verwertbarem suchen, Menschen, die in Armenvierteln wohnen.	
	S. 122, Nr. 3, freie Schülerantworten	
b | Absolut arm, S. 122	S. 122, Nr. 1	→ Kap. 4, S. 54
	Die Lernenden werden aufgefordert, Dinge Ihres täglichen Bedarfes aufzuzählen, die ein menschenwürdiges Leben garantieren. Der Begriff der „Menschenwürde" wird im Kapitel 4, „Chancen für eine gerechte Welt", auf S. 54 in Verbindung mit dem der Gleichheit eingeführt. Die Antwort erfragt letztlich die Grundbedürfnisse des Menschen, macht aber auch gleichzeitig deutlich, dass die Ansprüche und Erwartungen der Schülerinnen und Schüler wesentlich höher sind, was vor dem Hintergrund des Gleichheitsprinzips zur Frage führt, warum wir für uns mehr fordern als für die Menschen der armen Länder.	
	S. 122, Nr. 2	
	Hintergrund: Das Kinderhilfswerk *Terre des hommes*, dessen Namen auf das gleichnamige Buch von Antoine de Saint-Exupéry zurückgeht, wurde 1960 gegründet. Das Hilfswerk engagiert sich weltweit für Kinder in Not. Absolut arm ist jemand, dem lebensnotwendige Dinge für eine menschenwürdige Existenz fehlen: – kein Zugang zu Bildung und Gesundheitsversorgung – weniger als 1,25 US-Dollar (etwa 0,90 Euro) täglich zur Verfügung – nicht ausreichende Nahrungsaufnahme (weniger als 2 200 kcal pro Tag) – Lebenserwartung durchschnittlich unter 55 Jahren	
	S. 123, Nr. 3, freie Schülerantworten	
c | Eine menschengemachte Katastrophe, S. 123	S. 123, Nr. 1	
	Das Vorwissen der Lernenden wird aktiviert und eine erste Problematisierung eingeleitet.	

	Hinweise und Lösungen	Ergänzendes Material
	S. 123, Nr. 2	
	Der Schweizer Soziologe Jean Ziegler war von 2000 bis 2008 Sonderberichterstatter der Vereinten Nationen für das Recht auf Nahrung. Seine Erfahrungen aus dieser Zeit finden ihren Niederschlag in dem leidenschaftlich argumentierenden Plädoyer für eine gerechte Weltordnung „Wir lassen sie verhungern" aus dem Jahr 2012. Der Titel bezieht sich darauf, dass unsere Welt eigentlich alle Menschen ernähren könnte. Der Nahrungsmangel in einigen Regionen der Welt ist vor allem ein Verteilungsproblem. Ziegler sieht darin ein Verbrechen, für das wir Bewohner der reichen Länder die Verantwortung tragen.	
	S. 123, Nr. 3	
	Die Kinder haben von Beginn an keine Aussicht, dem Elend zu entrinnen: wenn sie nicht am Hunger sterben, mindern durch die Mangelernährung ausgelöste körperliche und geistige Behinderungen ihre Arbeitsfähigkeit, sodass sie kaum eine Chance haben werden, ihren Lebensunterhalt zu verdienen.	
	S. 123, Nr. 4	
	Die Lernenden sollen laut Bildungsplan das Problem des Hungers vor dem Hintergrund ihrer Gerechtigkeitsvorstellungen analysieren. Es empfiehlt sich daher, vorher das Kapitel 4 „Chancen für eine gerechte Welt" zu behandeln. Die Verteilung der Nahrung auf der Welt ist ungerecht, weil sie gegen das auf S. 52–53 eingeführte Grundprinzip der egalitären Teilung verstößt. Einen relevanten Grund für diesen Verstoß gibt es nicht.	
d | Eine Kindheit in Indien, S. 124	**S. 124, Nr. 1**	⊕ Kinderrechte
	Individuelle Antworten. Die Aufgabe knüpft an die persönliche Lebenswirklichkeit der Lernenden an und bereitet durch den Perspektivwechsel vor.	
	S. 124, Nr. 2	
	Sechs Tage in der Woche arbeitet Vinod den gesamten Tag unter gefährlichen und gesundheitsschädlichen Bedingungen im Steinbruch, eine Schule besucht er seit dem Umzug der Familie nach Rajasthan nicht mehr.	
	S. 124, Nr. 3	
	Der Tagesablauf Vinods unterscheidet sich deutlich von dem der Schülerinnen und Schüler: dies ist vor dem Hintergrund der Idee der Menschenwürde und der Gleichheit aller Menschen als ungerecht zu bezeichnen.	
	S. 124, Nr. 4	
	Auslöser ist eine (wahrscheinlich durch den Klimawandel ausgelöste) Dürre, die seine Eltern zwingt, ihre Landwirtschaft aufzugeben und notgedrungen mit ihren Kindern im Steinbruch zu arbeiten.	
	S. 124, Nr. 5	
	Die UN-Kinderrechtskonvention (als spezielle Ausformung der Allgemeinen Erklärung der Menschenrechte des Jahres 1948) wurde am 20. November 1989 von der Generalversammlung der Vereinten Nationen verabschiedet. Alle Staaten der Erde (außer den USA) haben die Kinderrechtskonvention ratifiziert und sich so völkerrechtlich dazu verpflichtet, für das Wohlergehen der Kinder zu sorgen. In Vinods Leben werden folgende Rechte verletzt: – Recht auf Gleichheit – Recht auf Gesundheit – Recht auf Bildung – Recht auf Spiel und Freizeit	

	Hinweise und Lösungen	Ergänzendes Material
	S. 124, Nr. 6	
	Vinods Leben muss aufgrund der massiven Verletzungen seiner Rechte als menschenunwürdig bezeichnet werden. Durch die unmenschlichen Arbeitsbedingungen leidet seine Gesundheit und er kann nicht wie andere Kinder spielen und sich entspannen. Noch schwerwiegender ist die Tatsache, dass er keine Schule besucht. Dadurch wird ihm die Chance verwehrt, nach seinem Schulabschluss einen besser bezahlten Beruf zu ergreifen und sich und seine Familie problemloser versorgen zu können. Besonders im Kontrast zu den Tagesabläufen wird deutlich, wie ungleich das Leben der Kinder in reichen und armen Ländern ist. Dass wir die Abnehmer der Produkte der indischen Steinbrüchen sind, macht uns darüber hinaus mitverantwortlich für die ungerechte Situation.	
	S. 124, Nr. 7, freie Schülerarbeit	
a | Armut im Wohlstand, S. 125	S. 125, Nr. 1	
	In der Diskussion sollte deutlich werden, dass es auch in Deutschland Armut gibt, obwohl sich die Erscheinungsform von der in den armen Ländern („Entwicklungs- und Schwellenländer") unterscheidet.	
	S. 125, Nr. 2	
	Der Begriff der relativen Armut steht im Zusammenhang mit dem mittleren Einkommen einer Gesellschaft. Besitzt jemand deutlich weniger als der Durchschnitt der Bevölkerung, gilt er als relativ arm in Bezug auf den Durchschnitt dieser Gesellschaft, auch wenn wichtige Grundbedürfnisse abgesichert sind.	
	S. 125, Nr. 3	
	Bei der relativen Armut werden Grundbedürfnisse noch befriedigt, auch wenn in Bezug auf den Lebensstandard der Gesellschaft ein Missverhältnis besteht. Absolute Armut bedeutet, dass wichtige Grundbedürfnisse des nicht befriedigt werden können.	
b | Armutsgefährdung in Deutschland, S. 125	S. 125, Nr. 1	
	Personengruppen mit einer hohen Armutsgefährdung: – Arbeitslose – nicht Erwerbstätige – Alleinlebende – Alleinerziehende (Die Quote der von Armut bedrohten Personen steigt in Deutschland seit Jahren stetig an)	
	S. 125, Nr. 3, freie Schülerarbeit	
c | Arm sein beschämt, S. 126	S. 126, Nr. 1	
	Die Aufgabe soll als „Herzöffner" Vorwissen aktivieren und Problembewusstsein schaffen. Es ist auch damit zu rechnen, dass nicht alle Schülerinnen und Schüler die exakte Begriffs „Scham" kennen, sodass die Aufgabe eine den Text vorentlastende Funktion hat.	
	S. 126, Nr. 2	
	Anders als die Begriffe der absoluten und der relativen Armut lässt sich die gefühlte oder soziokulturelle Armut nicht an Einkommensgrenzen festmachen oder gar mathematisch berechnen. Sie ist das Gefühl, gesellschaftlich diskriminiert zu werden. Wichtig ist hier vor allem der bei den Lernenden angestrebte Perspektivwechsel.	

	Hinweise und Lösungen	**Ergänzendes Material**
	S. 126, Nr. 3	
	In der Umgebung des Erzählers ist es normal, dass Väter „Hammerjobs" haben und im Sommer Fernreisen gebucht werden, während er sich nicht einmal Markenklamotten, eine gefüllte Schultüte oder die Klassenfahrt leisten kann. Durch diese Andersartigkeit entsteht in ihm das Gefühl der Ausgrenzung. Er kann nicht offen über die finanzielle Situation seiner Familie sprechen, sondern schämt sich für Herkunft und fühlt sich minderwertig.	
	S. 126, Nr. 4	
	Ein Gedankenexperiment, das die Lernenden zur Diskussion über Handlungsmöglichkeiten zur Herstellung gerechter Lebensverhältnisse im eigenen Umfeld bringen soll.	
d | Wer hilft?, S. 126	S. 126, Nr. 1	⊕ Link-Tipps Hilfsorganisationen
	Das Diakonische Werk (kurz „Die Diakonie") ist das Hilfswerk der evangelischen Kirchen. In Diakonieläden werden gespendete Waren verkauft und die Gewinne für die Anstellung z. B. von Menschen, die Arbeitslosengeld II beziehen. Die Tafeln sind Hilfsorganisationen, die qualitativ einwandfreie Lebensmittel, welche in Supermärkten und Restaurants im Müll landen würden an Bedürftige verteilen oder zu niedrigen Preisen verkaufen. Die Nothilfe Mensch e. V. engagiert sich vor allem für Obdachlose. Menschen, die auf der Straße leben soll geholfen werden, ein menschenwürdiges Leben zu führen.	
	S. 126, Nr. 2	
	Das Motto der Tafeln („Jeder gibt, was er kann") wird aufgegriffen und verlangt eine Positionierung der Schülerinnen und Schüler. Bei der Frage, welche Unterstützung man selbst geben könnte, geht es um realisierbare Vorschläge. Überlegenswert ist der Besuch einer gemeinnützigen Initiative oder das Einladen eines Mitarbeiters.	
a | Maßlosigkeit, S. 127	S. 127, Nr. 1	
	Unter Accounts wie „Rich Kids of Instagram" stellen die Kinder superreicher Eltern ganz ungeniert ihren Besitz zur Schau. Es wird geprotzt und angegeben, was das Zeug hält. Das Foto könnte von einem dieser Portale stammen. Sein Reichtum bedeutet dem Mädchen augenscheinlich sehr viel, so dass sie sich mit einem Teil davon ablichten lässt. Ihr Selbstwertgefühl scheint in hohem Maß von ihrem Besitz abzuhängen. Gleichzeitig scheint sie es zu genießen, dass andere Menschen sie um ihr Luxusleben beneiden.	
	S. 127, Nr. 2	
	Die offensichtliche Ichbezogenheit und Angeberei wirken auf viele Schülerinnen und Schüler abstoßend; einige hegen jedoch den Wunsch nach einem Leben im Luxus, wie sie es von Musikern, Filmstars und „Celebrities" kennen. Entscheidend für die u. U. entstehende Diskussion ist das kritische Hinterfragen des zugrundeliegenden materialistischen Lebensentwurfes vor dem Hintergrund von Gerechtigkeitstheorien und dem Konzept des (ethisch) guten, gelingenden Lebens (s. u.).	
	S. 127, Nr. 3, freie Schülerarbeit	
b | Wohlstandsverwahrlosung, S. 127	S. 127, Nr. 1	
	Die Frage soll zum Nachdenken über ein gelingendes Lebens anregen, dass von wesentlich mehr bzw. von ganz anderen Dingen als dem reinen materiellen Wohlstand abhängt.	
	S. 127, Nr. 2	
	Wohlstandsverwahrlosung ist emotionale Unterversorgung bei materieller Überversorgung. Fehlende Zuwendung der Eltern wird durch Geschenke ausgeglichen, dies führt zu emotionalen Problemen, da Grundbedürfnisse des Kindes nicht befriedigt werden.	

	Hinweise und Lösungen	Ergänzendes Material
	S. 127, Nr. 3	
	Die bereits zuvor im Kapitel behandelten Kinderrechte werden aus einem anderen Blickwinkel beleuchtet. Anders als in Vinods Fall ist es hier besonders das Recht auf elterliche Fürsorge, das verletzt wird. Vor dem Hintergrund der UN-Kinderrechtskonvention muss man zu dem Urteil kommen, dass in Teilen unserer Gesellschaft Kinderrechte nicht respektiert werden.	
a | Diogenes, S. 128	**S. 128, Nr. 1**	
	Vgl. S. 127, b/1; nachdem die Lernenden verstanden haben, dass Reichtum (allein) nicht glücklich macht, sollen sie nun positiv definieren, was zu ihrem persönlichen Glück beiträgt. In Umfragen zum Thema genannte Antworten sind nach ihrer Häufigkeit geordnet: – Gesundheit – Partnerschaft/Familie – eine Aufgabe – Beruf/Schulerfolg – Freunde – ausreichend Geld – Hobbies – Gutes tun – Glaube Ausreichend Geld zu haben, trägt zum Glück bei; Reichtum nicht unbedingt.	
	S. 128, Nr. 2	
	Die Philosophie der Kyniker entstand im Athen des 5. Jahrhundert vor unserer Zeitrechnung. Ihr Begründer Antisthenes war ein Schüler von Sokrates. Antisthenes wiederum war der Lehrer des kynischen „Tonnenphilosophen" Diogenes. Der Name Kyniker leitet sich vom griechischen Wort „kyon" für Hund ab und nimmt Bezug auf die Bedürfnislosigkeit, aber auch die intellektuelle „Bissigkeit" dieser Philosophen. Die kynische Philosophie entwickelt die sokratische Idee, dass Besitz und äußerer Reichtum nicht zum Glück des Menschen beitragen, ja ihm sogar im Weg stehen. Glück lässt sich nur durch absolute Bedürfnislosigkeit und Selbstgenügsamkeit (Autarkie) erreichen. Äußerer Reichtum ist zufällig und vergänglich. Daher taugt er nicht als sichere Grundlage des Glücks, das den wahren Reichtum darstellt. Der Philosoph erkennt, dass materieller Besitz nur scheinbares Glück bringt und er in Wirklichkeit nichts braucht, um glücklich zu sein. Das Ideal der Bedürfnislosigkeit, das bereits Sokrates lehrte, findet sich im Diogeneszitat wieder.	
	S. 128, Nr. 3	
	Das Verhalten des Diogenes ist ungewöhnlich. Er ist dem mächtigsten Herrscher seiner Zeit gegenüber schroff und unhöflich, da ihm äußere Macht nichts bedeutet. Aus seiner Äußerung spricht eine große Bedürfnislosigkeit und Selbstgenügsamkeit. Für eine solche Haltung ist eine große Charakterstärke nötig.	
b | Armut und Reichtum im Christentum, S. 128	**S. 128, Nr. 1**	
	Am bekanntesten in diesem Zusammenhang ist sicher das Bibelzitat „Eher geht ein Kamel durch ein Nadelöhr, als dass ein Reicher in das Reich Gottes gelangt" (Matthäus 19,21 ff., Markus 10,17–31, Lukas 18, 18–27). In den Seligpreisungen der Bergpredigt heißt es: „Aber weh euch, die ihr reich seid; denn ihr habt keinen Trost mehr zu erwarten." (Matthäus 5–7). Das frühe Christentum stand dem Reichtum radikal ablehnend gegenüber, da er mit dem Ethos der Barmherzigkeit bzw. Nächstenliebe unvereinbar ist. Im Islam finden sich die Pflicht, von seinen Reichtum abzugeben und das Verbot des „Wuchers" (Sure 2, Vers 177 und 275). Im Hinduismus und Buddhismus wird der Verzicht auf weltlichen Besitz als Grundvoraussetzung für die Erlösung genannt. Wer reich ist, verstößt gegen das Gebot, den Armen zu helfen. Reichtum heißt, sich zu sehr um das Diesseits zu kümmern und sein Seelenheil zu vernachlässigen.	

	Hinweise und Lösungen	Ergänzendes Material
	S. 128, Nr. 2	
	Bettelorden des Mittelalters wie die Franziskaner knüpften an die radikalen Forderungen des frühen Christentums an (anders als später im Calvinismus, der Reichtum zum Zeichen der Auserwähltheit umdeutete). Zur Zeit von Franziskus entstand in italienischen Städten die Geldwirtschaft. Das Prinzip der Armut und die alleinige Orientierung am Heil des Menschen sind als Reaktion darauf zu verstehen. Vermögen und Besitz halten den Menschen davon ab, sich um seine Nächsten zu kümmern und Gottes Schöpfung zu verehren. Er verfehlt damit seinen Daseinszweck auf Erden.	
	S. 128, Nr. 3	
	Die Argumentation von Franziskus ist in sich schlüssig. Andererseits hat ein vermögender Mensch unter Umständen mehr Möglichkeiten, Gutes zu tun. Selbst wenn er nur einen Teil seines Reichtums teilt, kann er vielen Armen helfen.	
c | Wahrer Reichtum, S. 129	**S. 129, Nr. 1**	
	CARE-International ist eine Hilfsorganisation, die in Deutschland vor allem wegen ihrer nach dem Zweiten Weltkrieg verschickten CARE-Pakete bekannt ist. Sie ist in 95 Ländern mit Hilfsprojekten zur Bekämpfung von Armut und Ungerechtigkeit vertreten. „Was macht Dich reich?" war das Motto des CARE-Schreibwettbewerbs für Kinder und Jugendliche im Jahr 2014. Die Ergebnisse dieses und anderer Schreibwettbewerbe der letzten Jahre sind als Sammelbände bestellbar (*https://www.care.de/engagement/schulen/materialbestellung/*).	
	S. 129, Nr. 2	
	Zenon aus Kition (Zenon der Stoiker 340–260), der im 4. bis 3. Jh. v. Chr. lebte, war zunächst Kyniker. Er gründete in Athen die Philosophenschule der „Stoa poikile" („Bemalte Säulenhalle"; nach ihrem Versammlungsort). Den Kynismus kombinierte er mit anderen Positionen, z. B. von Aristoteles. Reichtum ist für den Stoiker weder gut noch schlecht (der römische Stoiker Seneca war einer der reichsten Männer seiner Zeit, Marc Aurel gar Kaiser), sondern gleichgültig. Angestrebt wurden die Unempfindlichkeit gegenüber äußeren Dingen (Apatheia) und die Seelenruhe (Ataraxia), die zur Glückseligkeit führen sollten. Der Verlust von Reichtum und Macht kann einen Stoiker nicht erschüttern. Diese Position erscheint heutigen Schülern fremd. Die Diskussion verdeutlicht die grundlegende Frage, welche Rolle die Emotionen und die Vernunft bei der Erkenntnis dessen, was wahren Reichtum ausmacht, spielen.	
	S. 129, Nr. 3	
	Die Aufgabe soll motivieren, über die tiefere Bedeutung des Wortes „Reichtum" nachzudenken. Raphael Fellmer (www.raphaelfellmer.de) lebte fünf Jahre ohne Geld. Er verzichtet bewusst auf materiellen Wohlstand, indem er von dem, was weggeworfen wird, lebt. Trotz des Verzichts fühlt sich der Familienvater reich, weil er ein sehr kostbares Gut besitzt – Zeit. Im Lexikon wird der Begriff Reichtum ausschließlich mit materiellem Wohlstand bzw. dem Besitz von Luxusgütern gleichgesetzt.	

8

	Hinweise und Lösungen	**Ergänzendes Material**
Made in ... – Die Verantwortung der Konsumenten, S. 130	S. 130, Nr. 1	
	Diese Aufgabe sollte zu Hause vorbereitet werden, da sich mitunter nicht mehr in allen Kleidungsstücken die Herstellerländer ablesen lassen.	
	S. 130, Nr. 2	
	Die Globalisierung führt zu einer zunehmenden Verflechtung in Wirtschaft, Politik, Kultur, Umwelt, Kommunikation usw. in der Welt. In beiden Texten wird dieser Prozess anhand konkreter Beispiele beschrieben. Die Ursachen der Globalisierung liegen in erster Linie in der billigen Produktion von Gütern bzw. Bereitstellung von Dienstleistungen, um einen möglichst großen Gewinn zu erzielen. Eine solche Wirtschaftsweise geht auf Kosten derer, die ohnehin schon arm sind: produziert wird unter oft menschenunwürdigen Bedingungen.	
	S. 130, Nr. 3	
	Gerade anhand der Bekleidungsindustrie kann man den Zusammenhang von Armut und Globalisierung darstellen: Wenn in Deutschland zu Schleuderpreisen Kleidung gekauft werden kann, so liegt das daran, dass anderswo auf der Welt billig produziert wird. Meist verdienen die Arbeiterinnen kaum so viel, dass sie ihren Lebensunterhalt absichern können. Globalisierung bringt großen Konzernen Vorteile, da sie Rohstoffe billig einkaufen und weiterverarbeiten lassen können. Aus Angst davor, dass die Firmen abwandern, entsteht ein globaler Wettbewerb um die billigsten Löhne. Das Profitstreben der Konzerne schafft ungerechte Verhältnisse und sorgt dafür, dass die Menschen dem Armutskreislauf nicht entkommen können. Wenn faire Löhne bezahlt würden, könnte die Globalisierung für alle Beteiligten von Vorteil sein: Waren könnten trotzdem noch günstig produziert werden und in den armen Ländern könnten Arbeitsplätze geschaffen werden, die es den Menschen dort ermöglichen würden, der Armut zu entkommen.	
	S. 130, Nr. 4	
	Die Wahlaufgaben haben das Ziel, über eine persönliche Verantwortung in diesem Prozess nachzudenken. *Fairtrade:* - fairer Handel (durch Zertifikat) - Bezeichnung für einen gerechten Handel, bei dem die Interessen des Erzeugers berücksichtigt werden - Weltweit festgesetzte Mindestpreise helfen den Produzenten *CleanClothes:* - Kampagne für unter ethischen Gesichtspunkten „sauber" produzierte Kleidung - Wahrung der Rechte der Arbeiterinnen und Arbeiter - Verbesserung der Arbeitsbedingungen	
	S. 130, Nr. 5	
	„Bezahlt" haben die billigen Angebote die ausgebeuteten Arbeiterinnen und Arbeiter. Der Preis sind schlechte Bezahlung, schlechte Arbeitsbedingungen und Angst um den Job.	
Made in ... – Die Verantwortung der Konsumenten, S. 130		

7. Durchführung der Unterrichtseinheit (Vorschlag für 6 Doppelstunden)

Minimalvorschlag 5 Doppelstunden)

1. Doppelstunde	**Einstieg:** Auftaktseite **Erläuterung der Lernaufgabe:** Einen Flyer für ein Projekt gestalten, S. 118–119	**Bearbeitung der Kompetenzseite:** Informationen vergleichen und auswerten: Jenseits der Schubladen denken, S. 120–121 **Anwendung:** „… und jetzt du", S. 121	**Hausaufgabe:** Vorbereitung des Flyers, Sammeln der Bildmaterialien für den Flyer, S. 119
2. Doppelstunde	**(Hausaufgabe)** **Einstieg:** Wo begegnet uns Armut? S. 122, Nr. 1 und 2 **Erarbeitung:** Absolut arm, S. 122, Nr. 1	**Erarbeitung:** Absolut arm, S. 122–123, Nr. 2 und 3 Eine menschengemachte Katastrophe, S. 123, Nr. 1–4	**Hausaufgabe:** Fertigstellung des Flyers mit Hilfe der Eulenaufgaben Wo begegnet uns Armut?, S. 122, Nr. 3 Absolut arm, S. 123, Nr. 3
3. Doppelstunde	**(Hausaufgabe)** **Einstieg:** Eine Kindheit in Indien, S. 124, Nr. 1 **Erarbeitung:** Eine Kindheit in Indien, S. 124, Nr. 2–6	**Einstieg:** Armut im Wohlstand, S. 125, Nr. 1 **Erarbeitung:** Armut im Wohlstand, S. 125, Nr. 2 und 3 **Vertiefung:** Armutsgefährdung in Deutschland, S. 125, Nr. 1 und 2 Arm sein beschämt, S. 126, Nr. 1–4	**Hausaufgabe:** Fertigstellung des Flyers mit Hilfe der Eulenaufgaben Eine Kindheit in Indien, S. 124, Nr. 7 Armutsgefährdung in Deutschland, S. 125, Nr. 3 Wer hilft?, S. 126, Nr. 1 und 2
4. Doppelstunde	**(Hausaufgabe)** **Einstieg:** Maßlosigkeit, S. 127, Nr. 1 **Erarbeitung:** Maßlosigkeit, S. 127, Nr. 2 und 3 **Problematisierung:** Wohlstandsverwahrlosung, S. 127, Nr. 1–3	**Einstieg:** Diogenes, S. 128, Nr. 1 **Erarbeitung:** Diogenes, S. 128, Nr. 2 und 3 Armut und Reichtum im Christentum, S. 128, Nr. 1–3	**Hausaufgabe:** Fertigstellung des Flyers mit Hilfe der Eulenaufgaben Maßlosigkeit, S. 127, Nr. 3
5. Doppelstunde	**(Hausaufgabe)** **Einstieg:** Wahrer Reichtum, S. 129, Nr. 1 **Erarbeitung:** Wahrer Reichtum, S. 129, Nr. 2–5	**Einstieg:** Made in … – Die Verantwortung der Konsumenten, S. 130, Nr. 1 **Erarbeitung:** Made in … – Die Verantwortung der Konsumenten, S. 130, Nr. 2 und 3 **Differenzierung:** Made in … – Die Verantwortung der Konsumenten, S. 130, Nr. 4 **Vertiefung:** Made in … – Die Verantwortung der Konsumenten, S. 130, Nr. 5	**Hausaufgabe:** Fertigstellen von Text und Collage
6. Doppelstunde Produktpräsentation	Präsentation	Das kann ich Das weiß ich	

8. Medientipps

Für Lehrer

Care „Reichmacher": Die besten Texte des CARE-Schülerwettbewerbs 2014 „Was macht Dich reich?", Bonn 2014

Für Schüler

Schwabenkinder: http://www.schwabenkinder.eu/de/Schwabenkinder, Spielfilm von Jo Baier, nach dem Roman von Elmar Bereuter, Deutschland/Österreich 2003. Mit Vadim Glowna, Tobias Moretti, Thomas Unterkircher. ARTE EDITION/ZYX Music (97 Minuten)

9. Bewertungsbogen

Bewertungsbogen für _____

Einen Flyer für ein Projekt gestalten	☺ ☺	☺	☹	☹	✎
Die Lösung deiner Lernaufgabe erfüllt folgende Kriterien:	Prima, weiter so!	Gut gemacht!	Nicht schlecht, aber das geht noch besser!	Oh je, daran musst du arbeiten!	Erläuterungen und Tipps
Inhalt (doppelte Wertung)					
Du hast dich mithilfe von Internet und Büchern informiert.					
Du hast die Informationen sinnvoll ausgewertet und dich an den Fragen auf S. 118 orientiert.					
Du hast das Hintergrundwissen aus dem Kapitel angewendet.					
Formales (einfache Wertung)					
Du hast einen Flyer gestaltet und einen Infotext geschrieben.					
Deine Formulierungen sind fehlerfrei (Rechtschreibung, Zeichensetzung, Grammatik).					
Du hast eine ansprechende Bildcollage als Hintergrund gestaltet.					
Du hast sauber und ordentlich gearbeitet.					
Zusätzliche Bemerkungen:					

Überwiegend ☺ ☺ = sehr gut	☺ ☺ und ☺ = gut	☺ und ☹ = befriedigend
☹ und ☹ = ausreichend	Überwiegend ☹ = mangelhaft	Ausschließlich ☹ = ungenügend

Datum:

Unterschrift: Bewertung:

9 Wie gehen wir mit Tieren um?

1. Übersicht Themen – Kompetenzen – Lernaufgaben

Kapiteltitel	Thema	Kompetenz	Instrumentarium zum Kompetenzerwerb	Lernaufgabe
9 Wie gehen wir mit Tieren um? Ethische Probleme untersuchen	Verantwortung für Tiere	Beurteilen und (sich) entscheiden	**Ethische Probleme untersuchen – Handlungsvarianten beurteilen: Handeln auf den Prüfstand stellen** (Ethische Probleme erkennen, das Problem untersuchen und Handlungsvarianten vorstellen)	Eine Tierschutzampel erstellen

2. Didaktischer Leitfaden

„In zweifelhaften Fällen entscheide man sich für das Richtige" rät Karl Kraus ironisch und spielt darauf an, dass das Richtige weder einfach zu erkennen noch zu tun ist und zudem die Entscheidung für den richtigen Weg auch nicht einfach ist. Für die Herausbildung und Stärkung der ethischen Urteilskompetenz im Jugendalter ist die Erkenntnis wichtig, dass das „Richtige" nicht auf der Hand liegt, sondern in einem Prozess gefunden werden muss. Dieser Prozess beginnt bereits bei der Wahrnehmung des ethischen Problems und führt – nach einer Analyse der Situation, in der das Problem evident wird – zu verschiedenen möglichen Handlungsalternativen. Wenn es gelänge, die Bewertung der Handlungsalternativen auf (kommunizierbare) Gründe zurückzuführen, dann könnte viel vom Entscheidungsdruck genommen und das Urteilen als Abwägen von Argumenten versachlicht werden.

Um ethische Urteilskompetenz zu erproben, bietet sich das Thema Mensch und Tier an. Es betrifft den Lebensbereich der Jugendlichen direkt und es gibt dazu kontroverse Ansichten, aber auch nicht verwirrend vielfältige Meinungen. Auf Fragen des Umgangs mit Haus-, Nutz- und Wildtieren treffen die Schülerinnen und Schüler in ihrer Alltagswelt. Als Instrument zur Beurteilung der verschiedenen ethischen Probleme dienen Tierschutzgesetze, aber auch Grundpositionen der Naturethik, wie der Anthropozentrismus und der Pathozentrismus.

Nach der Auseinandersetzung mit den ethischen Problemen, die sich aus dem Umgang mit Tieren ergeben können, werden Handlungsalternativen vorgestellt. Auch die alternativen Handlungsmöglichkeiten müssen einer ethischen Prüfung unterzogen werden. Mit Hilfe der Tierschutzampel können die Handlungsmöglichkeiten bewertet und ihrer Schwere nach eingeordnet werden. Das ethische Urteil wird so gestärkt und die Notwendigkeit, auch Alternativen, die auf den ersten Blick sinnvoll erscheinen, einer Prüfung zu unterziehen, deutlich.

Didaktische Zielsetzung

- Die Schülerinnen und Schüler schulen ihre **ethische Urteilsfähigkeit**, indem sie lernen, Handlungsvarianten zu ethischen Problemen zu beurteilen.
    - Sie schärfen ihren Blick für die ethischen Aspekte einer problematischen Situation.
    - Sie gehen einem Problem auf den Grund und können die für die Beurteilung relevanten ethischen Aspekte (Werte und Normen) benennen.
    - Sie entwickeln begründete Handlungsalternativen.
- Die Schülerinnen und Schüler erwerben **Wissen zum Thema Umgang mit Tieren**.
    - Sie erarbeiten die ethischen Probleme, die sich aus dem Umgang mit Haus-, Nutz- und Wildtieren ergeben.
    - Sie lernen Tierschutzgesetze und unterschiedliche Grundpositionen der Naturethik (Anthropozentrismus und Pathozentrismus) kennen.
    - Sie lernen Handlungsalternativen kennen und können diese bewerten.
- Die Schülerinnen und Schüler wenden ihre **ethische Urteilsfähigkeit** und ihr **Wissen zum Thema Umgang mit Tieren** an, indem sie eine Tierschutzampel erstellen.
    - Sie erkennen die Schwere der Tierschutzverletzung bei verschiedenen Fällen.
    - Sie bewerten Handlungsalternativen.
    - Sie entwickeln eigene Handlungsalternativen, die das ethische Problem lösen.

	Material	Lernfortschrittsbereich
Lernaufgabe bearbeiten	Eine Tierschutzampel erstellen	LF 1–LF 6
Kompetenzen entwickeln	Ethische Probleme untersuchen – Handlungsvarianten beurteilen Handeln auf den Prüfstand stellen	
Haben Tiere Rechte?	a | Falsch verstandene Tierliebe?	LF 1–LF 4
	b | Das große Schreddern	LF 1–LF 6
	c | Anwälte der Tiere	LF 4–LF 6
Die Masse macht's	a | Die Masse macht's	LF 1–LF 3
	b | Anders essen	LF 4–LF 6
	c | Vegan ist auch (k)eine Lösung!	LF 6
Tiere im Zoo	a | Was ist anders am Zooleben?	LF 1–LF 3
	b | Zoos: Wichtig für Mensch und Tier?	LF 1–LF 4
	c | Tiger, Löwe und Co. in Gefahr	LF 1–LF 4
	d | Artenschutz im Zoo	LF 3–LF 6
Gelerntes anwenden und überprüfen	Das weiß ich	
	Das kann ich	

3. Bildungsplanbezug

Lehrplaninhalte: Standards für inhaltsbezogene Kompetenzen	
3.1.5 Mensch und Natur **3.1.5.1 Verantwortung für Tiere**	
Die Schülerinnen und Schüler können 1. verschiedene Auffassungen vom Umgang mit Tieren (zum Beispiel als Haus-, Nutz- und Wildtier) herausarbeiten und dabei zugrundeliegende Interessen und Werte analysieren und diskutieren	Kompetenz, S. 136–137 Falsch verstandene Tierliebe?, S. 138 Das große Schreddern, S. 140 Die Masse macht's, S. 142 Was ist anders am Zooleben?, S. 145 Tiger, Löwe und Co. in Gefahr, S. 147
2. rechtliche Regelungen zum Schutz der Tiere erläutern (zum Beispiel Tierschutzgesetz, Grundgesetz)	Falsch verstandene Tierliebe?, S. 138–139 Was ist anders am Zooleben?, S. 145
3. Argumente unterscheiden und abwägen, die sich im Sinne des Tierschutzes eher auf den Nutzen für den Menschen oder das zu vermeidende Leid der Tiere stützen, und sich damit auseinandersetzen	Anwälte der Tiere, S. 141 Zoos: Wichtig für Mensch und Tier?, S. 146
4. verschiedene Handlungsmöglichkeiten zum Schutz der Tiere erarbeiten und bewerten (zum Beispiel bezogen auf Umsetzungsmöglichkeiten, Reichweite)	Anwälte der Tiere, S. 141 Die Masse macht's, S. 142 Anders essen, S. 143 Vegan ist auch (k)eine Lösung, S. 143–144 Artenschutz im Zoo, S. 148

Standards für prozessbezogene Kompetenzen	
Schwerpunktkompetenz des Kapitels: **Ethische Probleme untersuchen – Handlungsvarianten beurteilen**	Eine Tierschutzampel erstellen, S. 134–135 Kompetenz, S. 136–137 Falsch verstandene Tierliebe?, S. 139, Nr. 6 Das große Schreddern, S. 140, Nr. 3 Anwälte der Tiere, S. 141, Nr. 4 Die Masse macht's, S. 142, Nr. 4 Vegan ist auch (k)eine Lösung, S. 144, Nr. 4

Standards für prozessbezogene Kompetenzen	
Prozessbezogene Kompetenzen Beurteilen und (sich) entscheiden Die Schülerinnen und Schüler können 1. unterschiedliche Positionen (beispielsweise in einer Situations-, Fakten-, Interessenanalyse) erarbeiten und vergleichend bewerten	Kompetenzseite, S. 136–137 Das große Schreddern, S. 140, Nr. 3 Die Masse macht's, S. 142, Nr. 4
2. verschiedene Begründungen (beispielsweise Autorität, Religion, Tradition, Konvention, Moralphilosophie) abwägen und bewerten	Falsch verstandene Tierliebe?, S. 139, Nr. 3 Anwälte der Tiere, S. 141, Nr. 3 Was ist anders am Zooleben?, S. 145, Nr. 3 Zoos: Wichtig für Mensch und Tier?, S. 146, Nr. 4
4. eigene begründete Standpunkte entwickeln und moralphilosophische Begründungsansätze einbeziehen	Das große Schreddern, S. 140, Nr. 3 Anwälte der Tiere, S. 141, Nr. 3 Die Masse macht's, S. 142, Nr. 3 Was ist anders am Zooleben?, S. 145, Nr. 3 Zoos: Wichtig für Mensch und Tier?, S. 146, Nr. 4
5. Handlungs- und Lösungsansätze hinsichtlich der Realisierbarkeit, ihrer Normen- und Wertebasis und Folgen kritisch-argumentativ überprüfen (beispielsweise in Gedankenexperimenten, ethischen Dilemmata) und bewerten	Das große Schreddern, S. 140, Nr. 3 Die Masse macht's, S. 142, Nr. 4 Vegan ist auch (k)eine Lösung, S. 144, Nr. 3 Artenschutz im Zoo, S. 148, Nr. 4
6. eigene Handlungsoptionen entwerfen, im Hinblick auf Folgen und Realisierbarkeit bewerten und die Rolle von Vernunft und Gefühl beim Entscheiden kritisch prüfen	Kompetenzseite, S. 136–137 Anwälte der Tiere, S. 141, Nr. 4 Vegan ist auch (k)eine Lösung, S. 144, Nr. 4

4. Tipps zum Umgang mit der Lernaufgabe – Eine Tierschutzampel erstellen

Um Handlungsmöglichkeiten zu reflektieren und ethische Urteile zu fällen, bietet das Kapitel eine Tierschutzampel an. Die Schülerinnen und Schüler legen in ihrem Heft eine Tierschutzampel an, in die im Laufe der Einheit Situationen im Umgang mit Tieren notiert und beurteilt werden können. Die Ampelfarben sind allen Schülern bekannt und die Fälle können je nach Schwere der Tierschutzverletzung als bedenklich, verbesserungswürdig oder in Ordnung gekennzeichnet und mit der entsprechenden Ampelfarbe belegt werden. Die Beschäftigung mit Tierschutzgesetzen und die Auseinandersetzung mit den Grundpositionen der Naturethik erleichtert das ethische Urteil und bietet eine Grundlage für die Bewertung. Die Fälle können auf diese Weise bearbeitet, strukturiert im Heft gesammelt und begründet beurteilt werden.

Darüber hinaus können in der Tierschutzampel von den Schülerinnen und Schülern eigene Handlungsalternativen notiert und beurteilt werden. Die Aufgaben werden zunehmend komplexer und erfordern die Entwicklung eigener Handlungsstrategien.
Die Tierschutzampel garantiert eine Visualisierung, in wie vielen Fällen es ethische Probleme im Umgang mit Tieren gibt. Sie macht bewusst, dass wir unser Handeln reflektieren und nach Alternativen suchen müssen. Durch die Beschäftigung mit dem Thema wird aber auch deutlich, dass es Handlungsmöglichkeiten gibt und wir eine bewusste Wahl treffen können, wie wir mit Tieren umgehen und unser Handeln verbessern können.

5. Umgang mit der Kompetenzseite

Durch die Auftaktseite sind die Schülerinnen und Schüler gedanklich schon auf das Thema Tiere eingestimmt. Die Kompetenzseite regt nun dazu an, über ethische Fälle nachzudenken und das eigene Handeln auf den Prüfstand zu stellen. An dieser Stelle sollte mit den Schülerinnen und Schülern thematisiert werden, wie häufig wir unreflektiert handeln und automatisiert reagieren, ohne bewusst über die Betroffenen und die Folgen nachzudenken.

Um Handlungen auf den ethischen Prüfstand zu stellen, muss zuerst ein Bewusstsein dafür entwickelt werden, wann ethische Probleme auftreten können. Die Probleme müssen dann untersucht und im Hinblick auf Interessen, Beteiligte und Hintergründe beleuchtet werden. Dies dient als Grundlage für ein ethisches Urteil und eine eigene Positionierung. Darüber hinaus sollen die Schülerinnen und Schüler auch über Handlungsalternativen nachdenken, diese bewerten und möglicherweise weitere, eigene, handlungsalternativen entwerfen. Um dieses Vorgehen bei der ethischen Beurteilung einzuüben, müssen die drei Schritte im „So geht's"-Kasten mit den Schülerinnen und Schülern durchgesprochen werden. Vor allem bei Punkt zwei ist ein Hinweis auf zugrundeliegende Werte und Normen ratsam.

Nach der Verinnerlichung der Kompetenzschritte wird das Beispiel auf S. 137 besprochen. Die Kompetenzschritte werden hier durch die konkrete Anwendung auf das Thema Tierversuche konkretisiert und veranschaulicht. In Anlehnung an Tierversuche in der Kosmetikindustrie untersuchen die Schülerinnen und Schüler nun selbständig das ethisches Problem von Tierversuchen für die Medikamente unter „… jetzt du". Die Schülerinnen und Schüler bearbeiten die Kompetenzschritte der Reihenfolge nach und halten ihre Überlegungen möglichst schriftlich fest.

6. Aufgabencheck

a) Klassifizierung der Aufgaben

Folgende Aufgaben …	
sind leistungsdifferenziert	Lernaufgabe, S. 134-135 Falsch verstandene Tierliebe?, S. 139, Nr. 5 Vegan ist auch (k)eine Lösung!, S. 144, Nr. 6
sind wahl- oder interessendifferenziert	Artenschutz im Zoo, S. 148, Nr. 4
enthalten kreative Elemente	Was ist anders am Zooleben?, S. 145, Nr. 1
machen unterrichtsorganisierende Vorschläge	Die Masse macht's, S. 142, Nr. 3
sind handlungs- oder produktorientiert	Lernaufgabe, S. 134-135
machen Zusatzangebote (Code/DUA)	S. 137, Kompetenz: ⊕ Link-Tipps: Tierversuche in der Medikamentenforschung

b) Hinweise und Lösungen mit Zuordnungen der Online-Codes

	Hinweise und Lösungen	Ergänzendes Material
Problemaufhänger	Durch den Einstieg mit dem Foto wird sehr provokant auf das Problem hingewiesen, dass Tiere für uns unterschiedliche Bedeutung haben. Viele Schüler besitzen selbst Haustiere bzw. finden das Tier auf dem Bild niedlich. Sich ein solches Tier direkt als Nahrungsmittel vorzustellen, erscheint vielen allerdings als absurd. Die Frage, ob man Tiere essen darf, wird deshalb vielleicht zunächst sehr spontan beantwortet, hitzig oder kontrovers diskutiert. Es motiviert die Frage des Kapitels, wie wir mit Tieren umgehen sollen und welche Handlungsmöglichkeiten wir haben. Um diese Alternativen bewerten zu können, bietet sich eine Tierschutzampel an.	
Lernaufgabe: Eine Tierschutzampel erstellen, S. 134–135		

9

	Hinweise und Lösungen	Ergänzendes Material
Kompetenzseite: **Ethische Probleme untersuchen –** **Handlungsvarianten beurteilen:** **Handeln auf den Prüfstand** **stellen: „… und jetzt du", S. 137**	Für die Anwendungsaufgabe „… und jetzt du" wird eine neue Fragestellung zum Umgang mit Tieren aufgeworfen, anhand derer die Schülerinnen und Schüler die Kompetenzschritte einüben: Die Bewertung von Tierversuchen. Um ein tiefgehendes und gründliches Einüben der Kompetenzschritte zu ermöglichen, empfiehlt sich die schriftliche Durchführung der Übung. Dies bereitet auch die Tierschutzampel vor. Bei der Bearbeitung der Aufgabe können sich die Schülerinnen und Schüler an dem Kasten „So geht's" und den Kompetenzschritten im Beispiel orientieren. Zu Schwierigkeiten kann es vermutlich bei der Angabe von Handlungsalternativen zu Tierversuchen kommen. Dafür stehen Linktipps zur Verfügung.	⊕ Link-Tipps: Tierversuche in der Medikamentenforschung
a | Falsch verstandene Tierliebe?, **S. 138**	S. 138, Nr. 1	
	Mit dieser Aufgabe sollen die Schülerinnen und Schüler gedanklich auf die nachfolgenden Texte eingestimmt werden. Die Texterarbeitung wird so vorentlastet und gedanklich vorbereitet. Die Schülerinnen und Schüler können sich an eigene Erfahrungen mit Hunden erinnern und diese beschreiben.	
	S. 138, Nr. 2	
	Als klare Grenzen der Vermenschlichung werden Verletzungen der Tierrechte, der Tierethik und der Tierschutzgesetze genannt. Etwas schwieriger zu fassen ist die Grenze, die beginnt, wenn wir Tiere für unsere eigenen Bedürfnisse benutzen. In beiden Fällen könnte ein Beispiel zur Veranschaulichung hilfreich sein. Z. B. mein eigenes Bedürfnis, den Hund mit ins Bett zu nehmen, das ihn aber schwitzen lässt. Oder das Bekleiden von Hunden, das ihnen vielleicht sogar Schmerzen bereitet und damit Tierschutzgesetze verletzt.	
	S. 139, Nr. 3	
	Z. B. kann man das Tierschutzgesetz §2 Punkt 1 auf das Schlafen von Hunden im Bett anwenden. Wenn diese Art des Schlafens nicht der Art des Tieres entspricht, wäre das ein Verstoß gegen das Gesetz. Punkt 3 des gleichen Gesetzes zwingt mich als Hundehalter sogar dazu, mich über eine artgerechte Pflege und Unterbringung zu informieren. Sollte das Ausstaffieren von Hunden mit Kleidung und Schmuck dazu führen, dass der Hund leidet oder in seinen Bewegungen eingeschränkt ist, wäre das ein Verstoß gegen §1, da man keinem Tier ohne vernünftigen Grund Schmerzen zufügen darf.	
	S. 139, Nr. 4	
	Eine Denkmöglichkeit von staatlichem Tierschutz wären regelmäßige Kontrollen von Tierhaltern, eine größere Achtsamkeit auch in der Öffentlichkeit (Meldung von Tierschutzverstößen) oder eine „Haustierführerschein", deren Besitz erst zur Tierhaltung befähigt.	
	S. 139, Nr. 5	
	Tierliebe wird hier mehr als ganzheitliche Liebe zur Natur und damit auch zu den Tieren gesehen. Tierliebe bedeutet nicht, dass ich mein eigenes Haustier liebe, sondern dass ich zugleich die gesamte Tierwelt und Natur miteinbeziehe. Ein wahrer Natur- und Tierfreund versucht immer, sich aktive für Tiere und die Natur einzusetzen und deren Bedürfnisse und Interessen zu wahren.	
	S. 139, Nr. 6	
	Je nach Einschätzung der Schülerinnen und Schüler kann der Eintrag in der Tierschutzampel mit gelb oder grün bewertet werden.	
b | Das große Schreddern, S. 140	S. 140, Nr. 1	
	Mögliche Vermutungen: Küken, die nur einen Tag leben, analog zu „Eintagsfliegen". Allerdings müssen dann Hypothesen aufgestellt werden, warum die Küken nicht länger leben.	

Wie gehen wir mit Tieren um?

	Hinweise und Lösungen	Ergänzendes Material
	S. 140, Nr. 2	
	Das ethische Problem ist das Töten von Millionen männlicher Küken nach dem Schlüpfen. Die männlichen Küken werden nur aus Gründen der Unverwertbarkeit getötet, es lässt sich kein weiterer vernünftiger Grund dafür angeben. Da das grundlose Töten von Tieren nach dem Tierschutzgesetz verboten ist und ebenso das Zufügen von Leid (durch die Methode des Vergasens und vor allem des Schredderns), haben wir es hier mit einem schweren Verstoß gegen Tierrechte zu tun. Das Bild verdeutlicht die Ungerechtigkeit, wenn männliche Küken aussortiert und weibliche am Leben erhalten werden, da auf dem Foto beide gleich aussehen und die Auswahl zufällig und grundlos wirkt.	
	S. 140, Nr. 3	
	Vorteile des neuen Verfahrens der Blutzellanalyse: Der Test kann gemacht werden, bevor die Küken Schmerzen empfinden, also das Leiden kann beendet werden. *Nachteile:* Das Verfahren ist sehr kostspielig und zeitintensiv, außerdem ändert sich nichts an dem Umstand, dass männliche Küken aussortiert und getötet werden.	
c | Anwälte der Tiere, S. 141	**S. 141, Nr. 1**	
	Drei mögliche Argumente zum Schutz von Tieren: – Sie sind auch Lebewesen. – Sie können leiden und Schmerzen empfinden. – Wir müssen Tiere schützen, da wir sie brauchen (z. B. als Haustiere oder Nutztiere).	
	S. 141, Nr. 2	
	Vergleich: Jeremy Bentham und Immanuel Kant vertreten in der Tierethik unterschiedliche Positionen: Für Bentham steht die Leidensfähigkeit der Tiere im Vordergrund. Für ihn ist nicht die Vernunftfähigkeit das Merkmal für eine gesonderte Stellung des Lebewesens, sondern seine Leidensfähigkeit. Wenn Tiere Schmerzen empfinden können, dürfen sie nicht gequält werden. Kant betrachtet den Umgang mit Tieren aus einem anderen Blickwinkel. Für ihn stehen nicht die Tiere selbst im Vordergrund, sondern der handelnde Mensch. Wer Tiere quält, stumpft innerlich ab und bildet keine Fähigkeit zum Mitgefühl heraus. Diese Fähigkeit aber ist wichtig im Umgang mit anderen Menschen. Im Hinblick auf die Tiere verurteilt aber auch Kant ein grundloses Quälen. Man darf Tiere töten, aber nur, wenn es ohne Leid geschieht. **Bentham** ist damit dem **Pathozentrismus** zuzuordnen. Der Mensch hat für ihn keine Sonderstellung, sondern alle leidensfähigen Wesen haben Rechte und dürfen nicht gequält werden. Alle leidensfähigen Wesen müssen in ethische Überlegungen miteinbezogen werden. **Kant** dagegen vertritt den **Anthropozentrismus**. Tiere werden nicht um ihrer selbst willen gut behandelt, sondern um das Mitgefühl im Menschen für andere Menschen einzuüben und auszuprägen. Das Tier an sich hat hier keinen eigenen Wert, sondern nur einen Wert für den Menschen.	

9

	Hinweise und Lösungen	Ergänzendes Material
	S. 141, Nr. 3	
	Kant: Kant hätte generell nichts gegen das Töten von Küken einzuwenden. Allerdings würde er die Methode des Vergasens und des Schredderns verurteilen, da sie den Küken Leid zufügt und das Töten von Tieren nur ohne Qualen erlaubt ist. Außerdem würde der Mensch, der Küken quält, abstumpfen und seine Mitleidsfähigkeit vernachlässigen. Kant würde er die neue Methode der Blutanalyse bevorzugen. **Bentham**: Bentham würde das Schreddern von männlichen Küken ebenfalls negativ bewerten. Allerdings aus anderen Gründen. Beim Schreddern leiden die Küken und dieser Umstand ist im Sinne der Tiere unter allen Umständen zu verhindern. Die Leidensfähigkeit der Tiere ist hier das entscheidende Argument gegen das Schreddern.	
	S. 141, Nr. 4	
	Das Schreddern von männlichen Küken kann in der Tierschutzampel mit rot bewertet werden. Die Handlungsalternative mit gelb oder grün, je nach Einschätzung der Schülerinnen und Schüler.	
a ǀ Die Masse macht's, S 142	**S. 142, Nr. 1**	
	Die Aufgabe dient zur Bewusstmachung bei den Schülerinnen und Schülern: Wie hoch ist der eigene Fleischkonsum in der Woche? Die Umfrage bei den Schülerinnen und Schülern wird voraussichtlich zu ähnlichen Ergebnissen kommen wie die Grafik. ¼ der Menschen essen täglich Fleisch und die Hälfte der Befragten mehrmals wöchentlich. (Interessant wäre an dieser Stelle auch eine kurze Diskussion, wie sich der Fleischkonsum über die Generationen verändert hat.)	
	S. 142, Nr. 2	
	Ursachen für den Anstieg des weltweiten Fleischkonsums: 1. Änderung der Ernährungsgewohnheiten v. a. in den Schwellenländern 2. Ausweitung traditioneller Ernährungsgewohnheiten zum Beispiel in Deutschland – schnell verfügbare Nahrung („schnell braten") – scheinbar kalorienarme (Eiweiß-)Nahrung	
	S. 142, Nr. 3	
	Unter Slow-Food versteht man genussvolles bewusstes Essen von selbst zubereiteten regionalen Produkten. *mögliche Argumente für Slow Food:* – individuelle Zubereitungsmöglichkeiten – Kontrolle der Inhaltsstoffe – Schulung des Geschmacks – Essen als soziales Erleben – Stärkung der einheimischen Produzenten – kurze Transportwege *mögliche Argumente für Fast Food:* – man weiß, was man bekommt – schmeckt gut – geht schnell – Treffpunkt mit anderen Jugendlichen	
	S. 142, Nr. 4	
	Vermutungen: – Der hohe Fleischkonsum führt zu schlechten Haltungsbedingungen (z. B. Legebatterien). – Die Versorgung der Tiere mit Nahrung muss praktisch und kostengünstig sein. – Verkürzte Lebenszeiten der Tiere durch die erhöhte Nachfrage – Das Schlachten der Tiere muss schnell gehen, es kann nicht auf das Leiden der Tiere Rücksicht genommen werden. u. v. m. In der Summe erhöht der starke Fleischkonsum die schlechten Bedingungen für die Tiere und damit ihre Leiden. In der Tierschutzampel kann das mit gelb oder rot bewertet werden.	

	Hinweise und Lösungen	Ergänzendes Material
b | Anders essen, S. 143	**S. 143, Nr. 1**	
	Hintergrund dieser Aussage: Um Fleisch produzieren zu können, braucht es Anbauflächen für Futtermittel und Wasser – sowohl für die Tiere als auch für die Pflanzen. Eine erhöhte Fleischproduktion benötigt eine größere Anbaufläche für Nutzpflanzen auf Kosten pflanzlicher Nahrungsmittel. Das führt letztlich entweder zu einer Verknappung oder einer Verteuerung von Nahrungsmitteln. Durch Abholzung gewonnene Ackerflächen haben globale klimatische Auswirkungen. Auch wird der Lebensraum von Tieren eingeschränkt oder beseitigt. Deshalb ist ein Umdenken in unseren Ernährungsgewohnheiten besonders wichtig.	
	S. 143, Nr. 2	
	Was gegen den Verzehr von Milchprodukten spricht: – Überzüchtung der Milchkühe (Skelettschäden, verkürzte Lebensdauer) – andauernde Trächtigkeit (= starke psychische und physische Belastung) – Trennungsschmerz von Kalb und Kuh – nicht artgerechte Haltung Der generelle Verzicht auf fleischige Nahrung zugunsten einer vegetarischen Ernährung, die den Verzehr von Eiern und Milchprodukten zulässt, verlagert das eigentliche Problem. Der z. B. damit verbundene wachsende Bedarf an Milch ist nur erzielbar durch eine Überzüchtung der Milchkühe und einer nicht artgerechten Haltung.	
c | Vegan ist auch (k)eine Lösung!, S. 143–144	**S. 143, Nr. 1**	
	Vegane Gerichte bestehen vorwiegend aus Gemüse, Pasta, Kräutern und Körnern. Auf tierische Produkte wie Fleisch, Eier und Milch wird komplett verzichtet.	
	S. 144, Nr. 3	
	Sarah Wieners Kritik an veganer Ernährung: – Vegane Ernährung fördert nicht die Nachfrage nach regionalen Produkten. – Die Produktion von veganen Lebensmitteln ist ebenso falsch wie die Produktion von tierischen. – Auch bei veganen Produkten florieren Kunstprodukte. – Wir entfernen uns von der Natur durch unsere Essgewohnheiten. – Unser Körper braucht bestimmte tierische Enzyme.	
	S. 144, Nr. 4	
	Ein gesundes und verantwortliches Essverhalten richtet sich nach Sarah Wiener zum einen nach dem, was unser Körper an wichtigen Nahrungsbausteinen und Inhaltsstoffen benötigt. Zum anderen richtet es sich nach regionalen Produkten und schont damit die Umwelt. Regionale Produkte je nach Saison in einer angemessenen Weise verzehrt – auch Tiere! –, so sieht eine verantwortungsvolle Ernährung aus, die Kunstprodukte ablehnt, an das Klima denkt und gleichzeitig gesund ist.	
	S. 144, Nr. 5	
	Der Beitrag zur Tierschutzampel kann sich an Nr. 3 orientieren, um mit grün bewertet zu werde.	
a | Was ist anders am Zooleben?, S. 145	**S. 145, Nr. 1**	
	Die möglichen Antworten des Kamelvaters können sehr unterschiedlich ausfallen. Während manche Antworten den Aufenthalt im Zoo damit erklären, dass die Tiere für die Besucher da sind, greifen andere die Kritik auf und stellen die Gefangenschaft in Frage.	
	S. 145, Nr. 2	
	Diese Beobachtungen leiten zu der Grafik über. Sie zeigt die Unterschiede zwischen dem Leben in freier Wildbahn und dem Leben im Zoo: – die Tiere im Zoo begegnen nie ihren natürlichen Feinden (und/oder ihren Beutetieren) – die Nahrungsbeschaffung, die in freier Wildbahn fast die Hälfte der Zeit in Anspruch nimmt, entfällt, weil das Futter bereitgestellt wird	

9

	Hinweise und Lösungen	Ergänzendes Material
	S. 145, Nr. 3	
	Z. B. § 2 des Tierschutzgesetzes: Tiere müssen artgerecht und ihren Bedürfnissen entsprechend gehalten werden. Hier können einige Verstöße, wie zu kleine Käfige, zu wenig Auslauf, zu wenig Möglichkeiten zum Jagen etc. genannt werden.	
b | Zoos: Wichtig für Mensch und Tier?, S. 146	S. 146, Nr. 1	
	Funktionen von Zoos für Menschen: – Ort der Entspannung und Erholung – Erlebnisse in der Natur – Kennenlernen von Tieren, die man im Alltag oder sogar in Deutschland sonst nicht antrifft – Erwerb von Kenntnissen über die Natur und Tiere	
	S. 146, Nr. 2	
	Dr. Kölpin nennt die folgenden Gründe, warum Zoos wichtig für Menschen sind: – Ort der Erholung für Familien – Informationen über Tiere, Natur und Umwelt – Verhaltensforschung und Artenschutz im Zoo – Zucht- und Auswilderungsprogramme – Sensibilisierung für Schutzprojekte – Erleben von Tieren aus echter Nähe fördert die Tierliebe – Emotionale Bindung an die Mitgeschöpfe	
	S. 146, Nr. 3	
	Interessen der Tiere – Werte: – Artgerechte Haltung – Gute Versorgung, ausreichend Nahrung – Bewegung und Auslauf – Soziale Bedürfnisse – Gesundheit Interessen der Menschen – Werte (siehe Nr. 2)	
	S. 146, Nr. 4	
	Vertreter des **Anthropozentrismus** würden die Berechtigung von Zoos bestätigen. Sie erfüllen (wie unter Nr. 2 genannt) viele Funktionen im Sinne des Menschen. „Tierschutz für den Menschen!" würde hier der Slogan lauten. Wir erhalten Tierarten und informieren Menschen, damit diese etwas lernen.	
	Vertreter des **Pathozentrismus** würden den Focus auf die häufig schlechte Tierhaltung richten und Zoos eher negativ bewerten. Solange Tiere nicht artgerecht gehalten werden und leiden müssen (z. B. unter zu wenig Auslauf, Licht etc.), haben Zoos keine Berechtigung. Kann das Leiden der Tiere ausgeschlossen werden, könnten sich auch Pathozentriker mit Zoos anfreunden.	
c | Tiger, Löwe und Co. in Gefahr, S. 147	S. 147, Nr. 1	
	Hier sind viele Nennungen möglich, unter anderem der Pandabär, Gorillas und Elefanten.	
	S. 147, Nr. 2	
	Die Grafik stellt bedrohte Arten dar, darunter Vögel, Säugetiere, Reptilien und Bäume. In jeder Gattung gibt es rot gekennzeichnete, also bedrohte Arten. Da die Arten nicht beschriftet sind, liegt es in der Fantasie der Schülerinnen und Schüler, die Arten zu erkennen.	
	S. 147, Nr. 3	
	Folgen, wenn Arten aussterben: – Es bedeutet eine Verarmung, wenn andere Arten aussterben. – Es schwächt das Ökosystem, wenn Arten reduziert werden. – Noch unentdeckte Arten könnten dem Menschen im Kampf gegen Krankheiten von Nutzen sein. – „Kulturfolger" profitieren von der Ausbreitung der Menschen und drohen andere Arten zu verdrängen.	

Wie gehen wir mit Tieren um?

	Hinweise und Lösungen	Ergänzendes Material
d | Artenschutz im Zoo, S. 148	S. 148, Nr. 1	
	Schüler können sich an dem Wortpaar „sterben" und „aussterben" bewusst machen, dass das Aussterben einer Tierart einen unwiederbringlichen Verlust für die Fauna bedeutet.	
	S. 148, Nr. 2	
	Zoos versuchen das Aussterben einzelner Tierarten zu verhindern, indem sie Tiere züchten und zur Wiederauswilderung vorbereiten. *Der Zoo Leipzig bemüht sich um den Erhalt der Großkatzen, indem er* – auf die Situation der Tiere aufmerksam macht. – im Rahmen internationaler Zuchtprogramme Tiere züchtet und mit anderen Zoos austauscht. – Tiere zukünftig auch auswildert.	

7. Durchführung der Unterrichtseinheit (Vorschlag für 7 Doppelstunden)

Minimalvorschlag (6 Doppelstunden)

1. Doppelstunde	**Einstieg:** Auftaktseite, S. 133 **Erläuterung der Lernaufgabe:** Eine Tierschutzampel erstellen, S. 134–135	**Bearbeitung der Kompetenzseite:** Ethische Probleme untersuchen – Handlungsvarianten beurteilen: Handeln auf den Prüfstand stellen, S. 136 Kompetenzschritte auf den Beispieltext anwenden	**Hausaufgabe:** Übung „… und jetzt du", S. 137
2. Doppelstunde	**Einstieg:** Auswertung der Hausaufgabe „… und jetzt du", S. 137 **Erarbeitung:** Falsch verstandene Tierliebe?, S. 138–139, Nr. 1–5 **Anwendung:** Falsch verstandene Tierliebe?, S. 139, Nr. 6	**Erarbeitung:** Das große Schreddern, S. 140, Nr. 1 und 2 **Transfer:** Das große Schreddern, S. 140, Nr. 3	
3. Doppelstunde	**Einstieg:** Anwälte der Tiere, S. 141, Nr. 1 **Erarbeitung:** Anwälte der Tiere, S. 141, Nr. 2 **Anwendung:** Anwälte der Tiere, S. 141, Nr. 3 **Sicherung** Anwälte der Tiere, S. 141, Nr. 4	**Erarbeitung:** Die Masse macht's, S. 142, Nr. 1 und 2 **Problematisierung** Die Masse macht's, S. 142, Nr. 3 **Sicherung:** Die Masse macht's, S. 142, Nr. 4	**Hausaufgabe:** Die Masse macht's, S. 142, Nr. 4
4. Doppelstunde	**(Hausaufgabe)** **Einstieg:** Anders essen, S. 143, Nr. 1 **Erarbeitung:** Anders essen, S. 142, Nr. 2 und 3	**Erarbeitung:** Vegan ist auch (k)eine Lösung!, S. 143, Nr. 1 und 2 **Anwendung:** Vegan ist auch (k)eine Lösung!, S. 144, Nr. 3 **Differenzierung:** Einen Eintrag für die Tierschutzampel formulieren Vegan ist auch (k)eine Lösung!, S. 144, Nr. 4	**Hinweis:** Die Anwendungs- und die Differenzierungsaufgaben eignen sich auch als Hausaufgabe
5. Doppelstunde	**Einstieg:** Was ist anders am Zooleben?, S. 145, Nr. 1 **Erarbeitung:** Was ist anders am Zooleben?, S. 145, Nr. 2 und 3	**Erarbeitung** Zoos: Wichtig für Mensch und Tier?, S. 146, Nr. 1–3 **Transfer:** Zoos: Wichtig für Mensch und Tier?, S. 146, Nr. 4	

6. Doppelstunde	**Einstieg:** Tiger, Löwe und Co. in Gefahr, S. 147, Nr. 1 und 2 **Erarbeitung und Sicherung:** Tiger, Löwe und Co. in Gefahr, S. 147, Nr. 3	**Erarbeitung** Artenschutz im Zoo, S. 148, Nr. 1–3 **Anwendung** Artenschutz im Zoo, S. 148, Nr. 4	
7. Doppelstunde	Diskussion der Tierschutzampeln	Das weiß ich, S. 149 Das kann ich, S. 150	

8. Medientipps

Für Lehrer

Jonathan Safran Foer: Tiere essen. Köln: Kiepenheuer & Witsch 2010
Dieses Sachbuch des amerikanischen Schriftstellers Jonathan Safran Foer hinterfragt unsere Essgewohnheiten und setzt sich mit der Massentierhaltung auseinander. Auszüge des Hörbuches eignen sich für den Einsatz im Unterricht.

Dokumentarfilm: We Feed the World. Regie: Erwin Wagenhofer. Österreich 2005 (95 Minuten)
Der österreichische Dokumentarfilm wirft ein kritisches Licht auf die zunehmende Massenproduktion von Nahrungsmitteln und die Industrialisierung. (Filmheft über BpB).

Dokumentarfilm: Unser täglich Brot. Regie: Nikolaus Geyrhalter, Österreich 2005 (92 Minuten)
Österreichischer Dokumentarfilm, der sich mit der Massenproduktion von Nahrungsmitteln in Europa beschäftigt.

Dokumentarfilm: Home. Regie: Yann Arthus-Bertrand, Frankreich 2009 (93 Minuten)
Der französische Dokumentarfilm zeigt größtenteils Luftaufnahmen aus verschiedenen Gebieten der Erde. Er thematisiert ökologische und soziale Probleme, wie die globale Erwärmung, Überbevölkerung, Bodenerosion, die Ausbeutung natürlicher Ressourcen, Trinkwassermangel und den Artenschutz. Abschließend werden noch einige positive Entwicklungen gezeigt, wie der zunehmende Einsatz von Windenergie und Solarenergie und die Rolle des persönlichen Konsumstils. Weitere Informationen über www.home-2009.de.

Stefan Austermühle: … und hinter tausend Stäben keine Welt! Die Wahrheit über Tierhaltung im Zoo. Hamburg: Rasch und Röhrig 1996
Einen schonungslos kritischen Blick auf zoologische Einrichtungen bietet Stefan Austermühle, indem er mit den Argumenten der Zoo-Befürworter abrechnet.

Melanie Basten: Wie fühlen sich Tiere im Zoo? Eine ethische Reflexion mit Comics – Jahrgangsstufe 5 und 6, in: Ethik und Unterricht 3/2010, S. 15 f.
Der Beitrag bietet ein Angebot für ein Rollenspiel und macht Vorschläge zur Vorbereitung eines Zoobesuchs.

Eric Baratay/Elisabeth Hardouin-Fougier: Zoo. Von der Menagerie zum Tierpark. Berlin: Verlag Klaus Wagenbach 2000
Die Autoren geben einen historischen Überblick über die Geschichte der Tierhaltung von antiken Tierhetzen über mittelalterliche Zwinger bis hin zum zoologischen Garten der Gegenwart. Aus dem jeweiligen Umgang mit den Wildtieren schließen sie zurück auf das Selbstverständnis der Epoche.

Jürg Meier: Handbuch Zoo. Bern u.a.: Haupt-Verlag 2009
Das Handbuch verortet den Zoo zwischen Wissenschaft und Tierschutz und arbeitet die vielfältigen Funktionen heraus, die er als Bildungseinrichtung, als Erholungsraum und Zuchtstation hat. Mit einer durchaus auch kritischen Absicht richtet es sich an Experten und Laien

Für Schüler

DVD: Mattis & die Milch. Ein Blick hinter die Kulissen der deutschen Milchindustrie (2013). Film- und Unterrichtsmaterial für Kinder und Erwachsene der Werkstatt Zukunft, Bergisch Gladbach 2013
Der Film (bestellbar über www.werkstatt-zukunft.eu) vermittelt altersgerecht Einblick in das Leben von „Milchkühen" und in die Produktion von Kuhmilch als Nahrungsmittel für den Menschen sowie in die damit verbundenen Problematiken hinsichtlich des Tierschutzes.

Henner Müller: Endstation Tierhof. Essen: Tierschutzverlag 2011
Jugendroman, der unterschiedliche Facetten des Tierschutzes mit sehr viel Gefühl, spannenden Erzählsträngen, ein wenig Philosophie und Lebensweisheiten und einer angemessenen Portion Humor verbindet.

Andrea Mertiny: Was ist was? Bd. 110: Tiere im Zoo. Nürnberg: Tessloff Verlag 2000
Der Band bietet für jugendliche Leser Informationen rund um den Zoo. Er beschreibt den Aufbau der Zooanlagen, die Anforderungen, die heute an die Gehegehaltung gestellt werden.

Eva Demmler u.a.: Elefant, Tiger und Co. Berlin: Econ 2006
Unterhaltsame Geschichten aus dem Zoo Leipzig, die die Tiere meist kindgerecht vermenschlichen, erzählt dieser Band. Er stellt ganz unterschiedliche Bewohner vor und informiert über die Tiere, die Unterbringung und das Berufsfeld Zoo.

9. Bewertungsbogen

Bewertungsbogen für _____

Eine Tierschutzampel erstellen

Die Lösung deiner Lernaufgabe erfüllt folgende Kriterien:	☺☺ Prima, weiter so!	☺ Gut gemacht!	😐 Nicht schlecht, aber das geht noch besser!	☹ Oh je, daran musst du arbeiten!	Erläuterungen und Tipps
Inhalt (doppelte Wertung)					
Du hast die vorgestellten Fälle aus dem Kapitel in deine Tierschutzampel eingetragen und bewertet.					
Du hast die vorgestellten Handlungsalternativen ebenfalls in die Tierschutzampel eingetragen und mit den entsprechenden Farben bewertet.					
Du hast eigene Handlungsmöglichkeiten entwickelt und bewertet.					
Du hast eine positive Handlungsmöglichkeit in Bezug auf positiven Fleischkonsum entwickelt.					
Du hast selber entschieden, wie du die Existenz von Zoos bewertest.					
Formales (einfache Wertung)					
Du hast eine Tierschutzampel angelegt, verschiedene Fälle und Handlungsmöglichkeiten eingetragen und mit den Ampelfarben bewertet.					
Deine Formulierungen sind fehlerfrei (Rechtschreibung, Zeichensetzung, Grammatik).					
Du hast sauber und ordentlich gearbeitet.					
Du hast sauber und ordentlich gearbeitet.					
Zusätzliche Bemerkungen:					

Überwiegend ☺☺ = sehr gut   ☺ und 😐 = gut   ☺ und 😐 = befriedigend
☺ und 😐 = ausreichend   Überwiegend ☹ = mangelhaft   Ausschließlich ☹ = ungenügend

Datum: _____   Bewertung: _____

Unterschrift: _____

10 Mensch, Natur, Technik

1. Übersicht Themen – Kompetenzen – Lernaufgaben

Kapiteltitel	Thema	Kompetenz	Instrumentarium zum Kompetenzerwerb	Lernaufgabe
10 Mensch, Natur, Technik Die Welt wahrnehmen	Mensch, Natur, Technik	Wahrnehmen und sich hineinversetzen	**Die Welt wahrnehmen:** **Etwas sichtbar machen** (Ergebnisse meiner Wahrnehmung zusammentragen, Die Wirkung der Wahrnehmung erläutern, Das Wahrgenommene in einen Zusammenhang stellen)	Ein Fotoheft erstellen

2. Didaktischer Leitfaden

Mit zunehmendem Alter nehmen die Schülerinnen und Schüler ihre Umwelt bewusster wahr, sie beobachten und bewerten Veränderungen in der Natur (Luftverschmutzung, Flächenversiegelung usw.), aber auch technische Errungenschaften (Klimaanlagen, Smartphone-Apps usw.). Als Konsumenten nehmen sie indirekt Einfluss auf diese Entwicklungen und müssen sich deshalb mit der Frage nach ihrer Verantwortung auseinandersetzen. Das gelingt dann am besten, wenn man sich selbst als Teil der Natur begreift und das eigene Verhältnis zur Natur reflektiert. Im Sinn des „Nat/Cul"-Konzepts von Bruno Latour muss sich der Mensch als Teil der Natur verstehen lernen, um die Wechselwirkungen von Natur und Kultur zu begreifen. Nur dann könne man, so Latour, die Herausforderungen der technischen Entwicklungen bewältigen.

Schülerinnen und Schüler diskutieren im Unterricht anhand konkreter Problemstellungen die Frage, wie etwa auf den enormen Papierverbrauch oder auf die immer größere Abhängigkeit von Service-Apps zu reagieren ist. Sie entwickeln dabei Lösungsansätze, die in ihrem Umfeld umsetzbar sind.

Voraussetzung dafür ist, dass die (problematischen) Entwicklungen überhaupt als problematisch wahrgenommen werden, weshalb Naturschutz und Technikkritik Wahrnehmungskompetenz erfordert. Das Kapitel „Mensch, Natur, Technik" verknüpft das Thema eng mit der Wahrnehmungskompetenz und schult sie, indem verschiedene Phänomene beobachtet, beschrieben und kontextualisiert werden. Wahrnehmungskompetenz meint also nicht nur ein aufmerksames Beobachten, sondern auch eine bewusste Auseinandersetzung und die Einordnung bzw. Bewertung des Wahrgenommenen. Es geht darum, etwas sichtbar zu machen.

Didaktische Zielsetzung

- Die Schülerinnen und Schüler schulen ihre **Wahrnehmungskompetenz**, indem sie lernen, zu beobachten, zu beschreiben, das Wahrgenommene zu erläutern und zu kontextualisieren.
  - Sie üben, problematische Phänomene wahrzunehmen bzw. zu beobachten.
  - Sie lernen, problematische Phänomene zu beschreiben.
  - Sie lernen, das Wahrgenommene zu erläutern und die Wirkung der Wahrnehmung zu erklären.
  - Sie lernen, das Wahrgenommene in vorhandene Wissensbestände einzuordnen.

- Die Schülerinnen und Schüler erwerben Wissen zu den Themen **Natur und Technik.**
  - Sie beschreiben, welche Bedeutung Natur und Technik für sie haben, und reflektieren ihr Verhältnis zur Natur und zu technischen Innovationen.
  - Sie informieren sich über aktuelle Entwicklungen im Umgang mit Natur und Technik, sie bewerten deren Folgen und leiten Handlungsoptionen ab.
  - Sie diskutieren Aspekte der Verantwortung im Umgang mit Natur und Technik und erörtern Möglichkeiten eines nachhaltigen Umgangs.

- Die Schülerinnen und Schüler wenden ihre **Wahrnehmungskompetenz** und ihr Wissen über **Natur und Technik** an, indem sie ein Fotoheft erstellen.
  - Sie wählen Fotomotive aus, die sich zur Veranschaulichung der Problemstellung eignen.
  - Sie lernen, Beobachtungen und Bewertungen adressatenbezogen zu formulieren.
  - Sie üben, den Informationsgehalt so zu gestalten, dass er Interesse weckt und zugleich informativ ist.
  - Sie entwickeln eigenständig Denkanstöße oder Lösungsansätze, indem sie Bezüge zwischen dem Wahrgenommenen und dem Betrachter herstellen.

	Material	Lernfortschrittsbereich
Lernaufgabe bearbeiten	Ein Fotoheft erstellen	LF 1–LF 6
Kompetenzen entwickeln	Die Welt wahrnehmen Etwas sichtbar machen	
Die Natur und du	a | Fremd oder vertraut?	LF 1 und LF 4
	b | Du (ver-)brauchst die Natur	LF 1
Zwischen Natur und Technik	a | Die Natur verlassen	LF 3
	b | Die Natur bezwingen	LF 3
	c | Die Technik beherrschen	LF 2
	d | Von der Technik beherrscht?	LF 1
	e | Nat/Cul – Natürliches und Menschliches	LF 2 und LF 4

	Material	Lernfortschritts-bereich
Nicht ohne Technik	a | Nicht ohne mein Handy	LF 3
	b | Nicht ohne das Navi	LF 1
	c | Nicht ohne Computer	
	d | Nicht ohne Roboter	LF 2

	Material	Lernfortschritts-bereich
Global denken – lokal handeln	a | Fliegen ist schön, Nicht-Fliegen ist besser	
	b | Erderwärmung	LF 3
Gelerntes anwenden und überprüfen	Das weiß ich	
	Das kann ich	

3. Bildungsplanbezug

Lehrplaninhalte: Standards für inhaltsbezogene Kompetenzen	
3.1.5 Mensch und Natur **3.1.5.2 Mensch, Natur, Technik**	
Die Schülerinnen und Schüler können 1. die Bedeutung der Natur für den Menschen an Beispielen differenziert beschreiben und vergleichen (zum Beispiel Freizeit, Ressource, Schönheit, Bedrohung), Herkunft, soziales Umfeld, Alter, Geschlecht)	Kompetenzseite, S. 155 Fremd oder vertraut?, S. 156 Du (ver-)brauchst die Natur, S. 157 Die Natur verlassen, S. 158 Nat/Cul – Natürliches und Menschliches, S. 160
2. den Stellenwert der Technik für den Menschen an Beispielen differenziert beschreiben und vergleichen (zum Beispiel bezogen auf Freizeit, Haushalt, Mobilität, Arbeit, Kommunikation)	Die Natur verlassen, S. 158 Die Technik beherrschen, S. 159 Nat/Cul – Natürliches und Menschliches, S. 160 Nicht ohne mein Handy, S. 161 Nicht ohne das Navi, S. 161 Nicht ohne Computer, S. 162
3. Auswirkungen der Technik auf Mensch und Natur und die Folgen zunehmender Technisierung im Hinblick auf mögliche Wertekonflikte darstellen und diskutieren (zum Beispiel Selbstbestimmung, Komfort, Nachhaltigkeit)	Die Natur bezwingen, S. 158 Von der Technik beherrscht?, S. 159 Nat/Cul – Natürliches und Menschliches, S. 160 Nicht ohne Computer, S. 162 Nicht ohne Roboter, S. 162 Fliegen ist schön, Nicht-Fliegen ist besser, S. 163 Erderwärmung, S. 164
4. Aspekte von Freiheit und Verantwortung im Umgang des Menschen mit Natur und Technik an Beispielen untersuchen, Möglichkeiten eines verantwortungsvollen und nachhaltigen Umgangs mit Technik und Natur entwickeln (zum Beispiel Schutz der Biodiversität, Schonung der Ressourcen) und für diese argumentieren	Du (ver-)brauchst die Natur, S. 157 Nicht ohne das Navi, S. 161 Fliegen ist schön, Nicht-Fliegen ist besser, S. 163 Erderwärmung, S. 164

Standards für prozessbezogene Kompetenzen	
Schwerpunktkompetenz des Kapitels: Die Welt wahrnehmen	Kompetenz, S. 154–155 Alle Eulenaufgaben
Wahrnehmen und sich hineinversetzen Die Schülerinnen und Schüler können 1. ihre Wahrnehmung von Phänomenen, Sachverhalten und ethisch relevanten Situationen wiedergeben	Die Technik beherrschen, S. 159, Nr. 1 Nicht ohne mein Handy, S. 161, Nr. 1 und 3 Fliegen ist schön, Nicht-Fliegen ist besser, S. 163, Nr. 1 Erderwärmung, S. 164, Nr. 1
5. Phänomene, Situationen oder Sachverhalte und die zugrundeliegenden Werte und Normen benennen und (…) darstellen	Die Natur bezwingen, S. 158, Nr. 3 Nicht ohne das Navi, S. 161, Nr. 3 Fliegen ist schöner, Nicht-Fliegen ist besser, S. 163, Nr. 5 Erderwärmung, S. 164, Nr. 4
6. in Situationen, Ereignissen oder Handlungen ethische Fragestellungen oder Probleme identifizieren	Fremd oder vertraut?, S. 156, Nr. 2–4 Du (ver-)brauchst die Natur, S. 157, Nr. 1 Die Natur bezwingen, S. 158, Nr. 3 Von der Technik beherrscht?, S. 159, Nr. 2 Fliegen ist schön, Nicht-Fliegen ist besser, S. 163, Nr. 5
7. Situationen und Sachverhalte aus verschiedenen Perspektiven betrachten und beschreiben	Fremd oder vertraut?, S. 156, Nr. 3 Die Natur verlassen, S. 158, Nr. 3 Nicht ohne das Navi, S. 161, Nr. 3 Nicht ohne Roboter, S. 162, Nr. 2 Erderwärmung, S. 164, Nr. 4
Argumentieren und reflektieren Die Schülerinnen und Schüler können 1. sich zu ethisch relevanten Themen, Frage- und Problemstellungen äußern und eine Position argumentativ darlegen	Nicht ohne mein Handy, S. 161, Nr. 3 Nicht ohne Roboter, S. 162, Nr. 2
5. Werte und Normen bei ethischen Frage- und Problemstellungen diskutieren	Die Natur bezwingen, S. 158, Nr. 3 Nicht ohne Roboter, S. 162, Nr. 2 Erderwärmung, S. 164, Nr. 4

10

Standards für prozessbezogene Kompetenzen	
7. in kommunikativ-argumentativen Kontexten (beispielsweise Rollenspiele, Szenarien, Fallbeispiele, Diskussionen) Position beziehen und gemeinsam neue Lösungsansätze entwerfen und vertreten	Fremd oder vertraut? S. 156, Nr. 3 Die Natur verlassen, S. 158, Nr. 3

Standards für prozessbezogene Kompetenzen	
Beurteilen und (sich) entscheiden **Die Schülerinnen und Schüler können** 1. unterschiedliche Positionen (beispielsweise in einer Situations-, Fakten-, Interessenanalyse) erarbeiten und vergleichend bewerten.	Nicht ohne das Navi, S. 161, Nr. 3 Fliegen ist schön, Nicht-Fliegen ist besser, S. 163, Nr. 5
3. ethische Grundsätze und moralische Regeln in Frage- und Problemstellungen vergleichen, abwägen und sich begründet entscheiden	Erderwärmung, S. 164, Nr. 4

4. Tipps zum Umgang mit der Lernaufgabe – Ein Fotoheft erstellen

Die Lernaufgabe sensibilisiert für umweltethische Fragen und fordert die Schülerinnen und Schüler dazu auf, andere auf diese Fragen aufmerksam zu machen. In einem Fotoheft sammeln sie zu den einzelnen Unterkapiteln zu zweit Motive und Texte, die unseren Umgang mit der Natur bzw. mit der Technik problematisieren.
Die ⬚-Aufgaben geben jeweils konkretere Problemstellungen vor. Die Schülerinnen und Schüler sind durch die im Unterricht bearbeiteten Materialien mit den Themen vertraut und können relevante Phänomene (Papierverbrauch, Abhängigkeit von technischen Geräten …) bewusster wahrnehmen. Sie diskutieren und bewerten mögliche Bildmotive und legen ihre Überlegungen dar, indem sie die Fotos mithilfe der Kompetenzschritte erläutern.
Die Fotomotive können ganz unterschiedlich entstehen: Schnappschüsse von Alltagsszenen (Foto von ausgelegten Werbebroschüren), nachgestellte Szenen (achtloses Wegwerfen von Plastikmüll), Motive, die auch symbolhaft wirken (Umgang mit städtischen Grünflächen). Zu jedem Foto gehört dann auch eine möglichst differenzierte Beschreibung und die Schülerteams sind ggfs. auf die Kompetenzseite hinzuweisen. Sie fordert die Schüler im letzten Schritt dazu auf, nach den Ursachen für das Wahrgenommene zu fragen, sodass häufig das eigene Verhalten reflektiert werden muss. Wer beispielsweise feststellt, dass er das achtlose Wegwerfen von Müll zunächst gar nicht negativ bewertet, denkt auch über seine Einstellung und die gesellschaftlich Perspektive nach.
Bei allen Fotos ist darauf zu achten, dass eventuell abgebildete Personen der „Veröffentlichung" bzw. der Präsentation des Fotos zustimmen. Das gilt insbesondere dann, wenn sich die Lerngruppe dazu entscheidet, die Ergebnisse im Rahmen einer kleinen Foto-Ausstellung im Schulhaus zu präsentieren. Als Präsentationsform wird im Schülerbuch das Auslegen der Fotohefte vorgeschlagen. Wenn es der zeitliche und organisatorische Rahmen zulässt, kann die Lehrkraft einen größeren Rahmen für die Präsentation vorschlagen.
Die Tipps **„So gestaltet ihr euer Fotoheft"** leiten die Zweierteams Schritt für Schritt an. Hier wird aufgelistet, welche Arbeiten schon zu Beginn der Unterrichtseinheit zu erledigen sind (Schritt 1), welche Aufgaben während des Kapiteldurchgangs jeweils im Zusammenhang mit den einzelnen Eulenaufgaben anfallen (2 und 3) und was nach Abschluss der Eulenaufgaben zu ergänzen ist (Schritt 4 und 5). Als Anschauungsbeispiel für eine Fotoheft-Seite dient das Muster auf Seite 152.

5. Umgang mit der Kompetenzseite

Die Wahrnehmungskompetenz wird bereits auf der Auftaktseite eingeübt. Hier wird eine bewusste Wahrnehmung durch den intendierten Vergleich erleichtert.
Die Schülerinnen und Schülern sollen dann üben, alltägliche, also scheinbar „normale", Beobachtungen zu artikulieren und zu hinterfragen.
Ein Beobachtungsinteresse bzw. ein Thema ist in aller Regel bei einer Wahrnehmung vorhanden bzw. vorgegeben und so soll es in unserem Zusammenhang um den Umgang mit Natur und Technik gehen. Wenn die Schülerinnen und Schüler eine Sache oder ein Geschehen ausgewählt haben, geht es zunächst um eine möglichst umfassende Beschreibung. Im zweiten Schritt wird, insbesondere bei ethisch relevanten Phänomenen, nach der Wirkung gefragt, die sich vor dem Hintergrund von Werten und Normen erklären lässt. Im dritten Schritt wird nach den prägenden Kontexten gefragt, also nach dem Erfahrungswissen (wissenschaftliche, gesellschaftliche, kulturelle Zusammenhänge).
Das Beispiel („… und jetzt du:", S. 155) geht von einer Alltagsbeobachtung aus. Auf die beschriebene Auffälligkeit folgt die Irritation. Schließlich wird die Beobachtung in einem größeren Zusammenhang gesehen und so können mögliche Entwicklungen diskutiert oder Gefahren erkannt werden.
Das Beispiel, an dem die Schüler die Kompetenzschritte ausprobieren können, ist gut geeignet, um von der Beobachtung, über eine mögliche Irritation („Ich würde solche Zehenschuhe nie anziehen.") zur Feststellung eines allgemeinen Trends („Zurück zur Natur") zu gelangen.

6. Aufgabencheck

a) Klassifizierung der Aufgaben

Folgende Aufgaben …	
sind leistungsdifferenziert	Du (ver-)brauchst die Natur, S. 157, Nr. 4 Nicht ohne Computer, S. 162, Nr. 5 Erderwärmung, S. 164, Nr. 5
sind wahl- oder interessendifferenziert	Nat/Cul – Natürliches und Menschliches, S. 160, Nr. 4 Nicht ohne das Navi, S. 161, Nr. 5
enthalten kreative Elemente	Nat/Cul – Natürliches und Menschliches, S. 160, Nr. 4b
machen unterrichtsorganisierende Vorschläge	Fremd oder vertraut?, S. 156, Nr. 3 Du (ver-)brauchst die Natur, S. 157, Nr. 4a Die Natur verlassen, S. 158, Nr. 3 Fliegen ist schön, Nicht-Fliegen ist besser, S. 163, Nr. 2 Erderwärmung, S. 164, Nr. 4
sind handlungs- oder produktorientiert	Fremd oder vertraut?, S. 156, Nr. 1
machen Zusatzangebote (Code/DUA)	S. 157, Du (ver-)brauchst Natur: ⊕ Link-Tipp S. 163, Fliegen ist schön, Nicht-Fliegen ist besser: ⊕ Informationen zu Kompensationszahlungen S. 164, Erderwärmung: ⊕ Link-Tipp

b) Hinweise und Lösungen mit Zuordnungen der Online-Codes

	Hinweise und Lösungen	Ergänzendes Material
Problemaufhänger	Bei der Beschreibung geht es nicht nur darum, wo sich die Läuferinnen befinden und welches Equipment sie nutzen. Es sollte beim Vergleich auch thematisiert werden, welchen Einfluss der Trainingsraum bzw. die Natur hat, welche Rolle das Wetter oder zufällige Begegnungen spielen.	
Lernaufgabe: Ein Fotoheft erstellen, S. 152–153	Die Lernaufgaben können in Einzel-, Paar- oder Gruppenarbeit erledigt werden. Empfohlen wird die Arbeit in Zweierteams, weil so eine hohe Beteiligung beider Lernpartner garantiert wird und gerade beim Fotografieren oft Teamarbeit erforderlich ist.	
Kompetenzseite: Die Welt wahrnehmen: Etwas sichtbar machen: „… und jetzt du", S. 155	1. Ergebnisse meiner Wahrnehmung zusammentragen: Die sogenannten Zehenschuhe sind auffällig. Sie sind komplett aus Kautschuk, also aus Gummi, hergestellt und umschließen die Zehen einzeln. 2. Die Wirkungen der Wahrnehmung erläutern: Diese Schuhe wirken einerseits sportlich, andererseits nicht ganz so stabil wie Laufschuhe. Die Fußsohle hat deshalb direkteren Kontakt zum Boden und federt kaum ab. 3. Das Wahrgenommene in einen Zusammenhang stellen: Der Vorteil der Zehenschuhe ist also, dass die Läufer direkteren Kontakt zum Boden haben. Gerade auf einem Wald- oder Feldweg bedeutet das eine „spürbare" Erfahrung. Der Wunsch nach solchen Naturerfahrungen passt in den allgemeinen Trend, die Natur unmittelbar erleben zu wollen.	
a | Fremd oder vertraut?, S. 156	S. 156, Nr. 1	
	Die Auswertung der Umfrage kann ganz verschiedene Ergebnisse haben. Je nach Lerngruppe haben die Schülerinnen und Schüler bereits viele Naturerfahrungen gemacht. Sie werden äußern, dass sie Naturerfahrungen suchen bzw. wertschätzen oder gar keinen Bezug zum „Landleben" haben.	
	S. 156, Nr. 2	
	Als Ursachen für eine zunehmende Entfremdung werden genannt: – mangelnde Kenntnisse über Tier- und Pflanzenwelt (Zeile 3–9) – steigender Medienkonsum und medial vermittelte „Naturerfahrungen" (Zeile 11–15) – fehlende bzw. ausbleibende Naturerfahrungen (Zeile 20–23) – keine Freizeitaktivitäten in der Natur (Zeile 24–25) – keine Weitergabe von Grundlagenwissen an die jüngere Generation (Zeile 27–30)	

	S. 156, Nr. 3		
	Eine mögliche Position geht von der Tatsache aus, dass Kinder und Jugendliche in ihrem Alltag kein Wissen über die Natur brauchen. Eine Aneignung wäre insofern überflüssig. Andererseits fehlen durch mangelnde Bezüge zur Natur Kenntnisse über die Zusammenhänge zwischen der technischen Lebenswelt und der natürlichen Umwelt. Fehlentscheidungen können die Folge sein.		
	S. 156, Nr. 4		
	Familie Grabowski „sucht" die Natur, verzichtet aber nicht auf die gewohnten Errungenschaften der modernen Welt. Die Familie ist mit dem Auto angereist, hat sich mit Sprays und Fliegenklatsche gegen Mücken gewappnet. Der Vater wirkt ängstlich und hat sich auf alle Eventualitäten vorbereitet. Die Familie trägt ihren Lebensstil in die Natur und macht echte Naturbegegnungen unmöglich.		
b | Du (ver-)brauchst die Natur, S. 157	S. 157, Nr. 1	⊕ **Link-Tipp**	
	Der Handtuchspender veranschaulicht, wie durch unseren Verbrauch Rohstoffe (Holz) verbraucht werden und gleichzeitig die Regenwälder abgeholzt und damit vernichtet werden.		
	S. 157, Nr. 2		
	Zu erklären ist, wie durch das (berechtigte oder nicht berechtigte) Bedürfnis nach Papier zum Kauf von Papier und damit zu einer Nachfrage führt, die wiederum von Unternehmen befriedigt werden muss. Es besteht also ein direkter Zusammenhang zwischen dem Papierverbrauch und der Papierproduktion bzw. dem Ressourcen-Verbrauch. Angesprochen wird hier auch, dass die Nachfrage manchmal nur dadurch entsteht, dass Papier leichtfertig verbraucht wird, weil es vermeintlich günstig ist.		
	S. 157, Nr. 3		
	Vorschläge für den Haushalt Stofftaschentücher statt Papiertaschentücher Spüllappen statt Papier-Wischtücher verwenden Verzicht auf Papiertüten und Verwendung von Stofftaschen Verzicht auf Werbeprospekte; Anbringen von Aufklebern auf Briefkästen: „Keine Werbung" … *Vorschläge für die Schule* Gebrauch der Blattvorder- und rückseite gezielter Einsatz von Kopien und Ausdrucken Arbeit mit digitalen Medien		
	S. 157, Nr. 4a, Interviewfragen		
	Wie viel Blätter Papier werden pro Jahr verbraucht? Gibt es Fälle von Papierverschwendung? Wie gut funktioniert die Mülltrennung, insbesondere beim Papiermüll? …		
	S. 157, Nr. 4b, Aspekte		
	absoluter Verbrauch Deutschland als Papierproduzent pro-Kopf-Verbrauch prozentualer Anteil von Recycling-Papier …		

Mensch, Natur, Technik

a | Die Natur verlassen, S. 158	S. 158, Nr. 1	
	Die Darstellung zeigt die Entstehung des Menschen in 6 Entwicklungsstadien. Auffällig ist: – die Entwicklung vom gebeugten zum aufrechten Gang. – die zunehmende Größe. – das Freiwerden der Hände, die nicht mehr zur Fortbewegung gebraucht werden. – die Verwendung von Werkzeug/Waffen. – das Erlernen der Kulturtechnik Lesen bzw. der Gebrauch technischer Geräte.	
	S. 158, Nr. 2	
	Der Gebrauch von Wurfspeeren und anderen Waffen ermöglichte es den Menschen der Steinzeit Beutetiere aus größerer und ggf. sicherer Entfernung zu erjagen und sicherte ihm Vorteile gegenüber den Beutetieren, aber auch gegenüber Rivalen. Ebenso konnten sich die Menschen mithilfe von Waffen und Werkzeugen gegenüber stärkeren Tieren zur Wehr setzen. Der technologische Fortschritt (hier: Smartphone) ermöglicht es, über große Mengen an Informationen und Daten zu verfügen, die im Alltag hilfreich sein können. Technische Geräte, die die Kommunikation ermöglichen oder erleichtern, kommen dem Bedürfnis nach Kooperation entgegen. Kooperation und Austausch bedeuten in der modernen Lebens- und Arbeitswelt Erleichterung und weitere Vorteile.	
	S. 158, Nr. 3	
	Die Darstellung zeigt bzw. impliziert zum einen deutlich die Abstammung des Menschen von affenähnlichen Vorfahren. Als Säugetier teilt er alle körperlichen Merkmale und Funktionen mit verwandten Arten. Der Gebrauch von Werkzeug und die Schaffung von Kultur stellt dagegen ein Alleinstellungsmerkmal dar. Während der Mensch noch immer den Gesetzen der Natur (Geburt und Tod) unterworfen ist, hat er sich eine eigene („unnatürliche") Lebens- und Geisteswelt geschaffen.	
b | Die Natur bezwingen, S. 158	S. 158, Nr. 1	
	Bedeutungsfeld „ungeheuerlich": schrecklich, unheimlich, unglaublich, unfassbar …	
	S. 15, Nr. 2	
	Leistungen und Fähigkeiten des Menschen: Er beherrscht die Seefahrt (Zeile 3–5). Er beherrscht den Ackerbau und beackert die Felder mithilfe von Nutztieren (Zeile 6–10). Er fängt Tiere mithilfe von „Garn" und „Schlingen" (Ziele 11–15). Er zähmt und nutzt Pferde und Stiere und macht sich ihre Kraft zunutze (Zeile 16–21).	
	S. 158, Nr. 3	
	„Ungeheuerlich" sind die Leistungen und Fähigkeiten des Menschen, weil sie die der anderen Lebewesen übersteigen, weil es dem Menschen sogar gelingt, andere Lebewesen in Dienst zu stellen, weil er in vielen Bereichen Geschick und Können beweist.	
c | Die Technik beherrschen, S. 159	S. 159, Nr. 1, Beispiele	
	Fön, mit dem die Haare schnell getrocknet werden können; elektrische Zahnbürste, die das Zähneputzen erleichtert; Kühlschrank, der Lebensmittel länger frisch hält	
	S. 159, Nr. 2	
	Flaschenzüge oder Krane ermöglichen die Bewegung schwerer Lasten; Häuser und Fabriken werden gebaut; mit Booten, Fähren und Schiffen wird Schifffahrt betrieben; Werkzeuge wie Hammer und Meißel, aber auch zahnmedizinische Bohrer oder Industriefräsen dienen „jeglichem Gebrauch"; Fernrohre und mathematische Berechnungen ermöglichen Astronomie	

	S. 159, Nr. 3		
	Ein Einbaum ermöglicht bereits das Zurücklegen größerer Strecken und zugleich den Lastentransport. Segelschiffe nutzen die Kraft des Windes und erhöhen die Geschwindigkeit und das Transportvolumen. Dampfschiffe sind unabhängig von der Windstärke und Windrichtung. Ozeanriesen erlauben den weltweiten Transport von Waren.		
d | Von der Technik beherrscht?, S. 159	S. 159, Nr. 1		
	Die Darstellung zeigt wie die Abbildung auf Seite 158 die Entwicklung des Menschen. Der sich entwickelnde aufrechte Gang wird von der fünften Figur von links zugunsten einer gebeugten Haltung aufgegeben. Die gekrümmte Haltung ist schließlich der Arbeit am Computer angepasst. Anders als in der Darstellung auf Seite 158 wird der Werkzeuggebrauch nicht thematisiert. Keine der Figuren zeigt den aufrechten Gang so deutlich wie die drei rechten Figuren auf Seite 158.		
	S. 159, Nr. 2		
	Die dargestellte Entwicklung stellt verglichen mit dem Ausgangszustand eine Zurückentwicklung dar. Der aufrechte Gang wird aufgegeben. Statt Werkzeuge zu gebrauchen konzentriert sich der Mensch hier auf einen PC. Verglichen mit der vierten Figur von links (mit geballter Faust) ist die Figur am Computer klein und wirkt wenig agil. Die Kritik der Darstellung richtet sich gegen Konzentration auf das „Werkzeug" Computer, das die Entfaltung des menschlichen Potentials verhindert. Das führt dazu, das eine körperliche Entwicklung verkehrt wird und der Mensch verkümmert.		
e | Nat/Cul – Natürliches und Menschliches, S. 160	S. 160, Nr. 1		
	Die Göttin Gaia ist als fürsorgliche Mutter dargestellt. Schützend hält sie ihre Kinder im Arm, sodass diese unbesorgt spielen können. Gaia hat zudem für reichlich Nahrung gesorgt.		
	S. 160, Nr. 2		
	„Nat/Cul" hebt die Trennung zwischen Natur und Kultur auf. Es macht darauf aufmerksam, dass viele Phänomene, z. B. Wetterphänomene, natürliche und vom Menschen ausgelöste Ursachen haben. Ferner haben menschliche Aktivitäten Auswirkungen auf die Natur, so wie Naturereignisse Auswirkungen auf die Menschen haben. „Nat/Cul" betrachtete diese Wechselwirkung im Zusammenhang.		
	S. 160, Nr. 3		
	Überschwemmungen sind in der Regel ausgelöst von lang anhaltenden oder starken Regenfällen und haben insofern natürliche Ursachen. Zur Katastrophe werden Überschwemmungen aber erst, wenn durch Eingriffe in die Natur natürliche Abflüsse fehlen oder flussnahe Zonen bebaut wurden. Eine Überschwemmung ist so betrachtet keine „Natur"-Katastrophe, sondern ein „Nat/Cul"-Phänomen.		
	S. 160, Nr. 4 a und b, freie Schülerarbeit		
a | Nicht ohne mein Handy, S. 161	S. 161, Nr. 1, freie Schülerarbeit		
	S. 161, Nr. 2		
	Auswertung der Grafik, Lesebeispiel: 2,3 % aller Befragten und 5,8 % der 18- bis 29-Jährigen schauen bis zu 20-mal pro Stunde auf ihre Handy. 49,5 % der Männer und 42,8 % der Frauen schauen auch auf das Handy, obwohl es gar nicht klingelt.		
	S. 161, Nr. 3		
	Die Bewertung des eigenen Standpunkts kann anhand dieser Fragen erfolgen, z. B.: Wärst du gerne weniger abhängig von deinem Handy" bzw. „Willst du Handy ist Zukunft noch intensiver nutzen?"		

b | Nicht ohne das Navi, S. 161	S. 161, Nr. 1, freie Schülerarbeit	
	S. 161, Nr. 2, Lösung	
	Die Software des Navigationsgeräts war vermutlich fehlerhaft und führte so dazu, dass sich die Fahrerin verirrte. Andererseits war es über das Handy möglich, das Fahrzeug zu orten und zu bergen. Außerdem kam bei der Bergung Abschlepptechnik zum Einsatz.	
	S. 161, Nr. 3, mögliche Lösung	
	Sofern keine Fehlbedienung vorliegt, kommt ein Teil der Verantwortung möglicherweise dem Hersteller zu. In der Verantwortung der Fahrerin liegt es aber eigentlich auch, die Fahrtrichtung zu kontrollieren. Insbesondere für die Fahrt in die Wiese ist die Fahrerin verantwortlich, insofern ein Navigationsgerät konkrete Straßensituationen nicht erfasst.	
	S. 161, Nr. 5, freie Schülerarbeit	
c | Nicht ohne Computer, S. 162	S. 162, Nr. 1	
	Ein Autopilot übernimmt anstelle des Fahrers bzw. des Fliegers die Kontrolle über das Fahr- oder Flugzeug.	
	S. 162, Nr. 2	
	Den Flugverkehr sicherer macht heute: dass Autopiloten und elektronische Flugsteuerung eingesetzt werden (Zeile 1–6). dass die Software immer besser wird (Zeile 30–36). Den Flugverkehr unsicherer macht: dass viele Cockpit-Aufgaben auf den Computer übertragen wurden (Zeile 8–10). dass die Piloten unter „Fähigkeitsschwund" leiden (Zeile 13–14). dass Piloten der Technik blind vertrauen (Zeile 21–26). dass umfangreiche Anwendungen die Anwender weniger eigenständig handeln lassen (Zeile 33–36).	
	S. 162, Nr. 3	
	Der Einsatz von Computern kann zu Fähigkeitsschwund führen, weil … die Piloten viele Flugabläufe nicht mehr aktiv durchführen. die Piloten zu wenig Flugpraxis haben. Piloten nicht mehr voll gefordert werden und ihre „Bestform" nicht abrufen können/müssen. die Piloten nur noch reagieren müssen und ihre Fähigkeiten nicht abrufen.	
	S. 162, Nr. 4	
	Lösungsvorschläge: - Trainingseinheiten im Flugsimulator ganz ohne elektronische Flugsteuerung - Deaktivierung von bestimmten Anwendungen - Schulung von persönlichen Kompetenzen	
	S. 162, Nr. 5	
	Navigationsgeräte (S. 161) Röntgengeräte, MRT, CRT ersetzen den ganzheitlichen Blick auf den Patienten. Der Einsatz von Taschenrechnern lässt die Fähigkeit zum Kopfrechnen oder Abstraktionsvermögen verkümmern. Vollautomatische Fotokameras machen Kenntnisse der Optik überflüssig.	
d | Nicht ohne Roboter, S. 162	S. 162, Nr. 1	
	Die Abbildung zeigt eine sogenannte Produktions- oder Fertigungsstraße. Der Arbeiter erledigt einen bestimmten Produktionsschritt per Hand, während andere Montagen von Robotern übernommen werden. Überschriften können eher sachlich („Moderne Fabrikation") oder kritisch („Immer das Gleiche", „Der (fast) menschenfreie Arbeitsplatz") formuliert werden.	

10

		S. 162, Nr. 2	
		Die hochtechnisierte Fertigung hat den Menschen in der Produktion fast vollständig ersetzt. Das kann positiv bewertet werden, insofern unattraktive, eintönige Arbeitsschritte nicht mehr von Menschen erledigt werden müssen. Möglicherweise sind die Produkte präziser gefertigt. Negativ kann bewertet werden, dass solche Produktionsformen den Menschen als Arbeitskraft überflüssig gemacht haben und Menschen keine Arbeit mehr finden. Zudem besteht eine hohe Abhängigkeit von der Robotertechnik, bei deren Ausfall keine Teile gefertigt werden können.	
a | **Fliegen ist schön, Nicht-Fliegen ist besser, S. 163**		S. 163, Nr. 1	⊕ Informationen zu Kompensationszahlungen
		Die Deutschen haben seit den 50er Jahren immer höhere Geldbeträge, über die sie (nach Abzug der Miete, Fixkosten u. a.) frei verfügen können (einem ledigen Arbeitnehmer ohne Kinder im Jahr 2000 zum Beispiel 15.660 €) Den Deutschen stehen seit den 50er Jahren immer mehr gesetzliche Urlaubstage zu (seit 1995: 24 Tage).	
		S. 163, Nr. 2, freie Schülerarbeit	
		S. 163, Nr. 3	
		negative Folgen des Flugverkehrs: Bei der Verbrennung von Kerosin (Flugbenzin) entsteht CO_2, das sich auf das Klima auswirkt (Zeile 1–2). Stickoxide, Aerosole und Wasserdampf tragen zur Erwärmung der Atmosphäre bei (Zeile 1–4). Flugreisen tragen damit zur Erwärmung der Erdatmosphäre bei (2–5). Das Vorhandensein dieser Stoffe in hohen Höhen befördert den Treibhauseffekt (Zeile 5–9). Luftverkehr verursacht Fluglärm, der krank machen kann oder zu Konzentrations- oder Lernschwierigkeiten führt (Zeile 9–15). Flugemissionen verschlechtern die Luftqualität (Zeile 15–17). Der Bau von Flughäfen erfordert Flächen (Zeile 17–19).	
		S. 163, Nr. 4	
		mögliche Bewertung der Alternativen zur Flugreise: „Nutzung von Autos, Bussen und Bahnen sind für Langstrecken keine attraktive Alternative. Zum einen wegen der Zeitersparnis beim Flug und zum anderen durch die relativ günstigen Flugangebote." Hinterfragen der Reisewünsche: „Reisen hat einen hohen Stellenwert und auch längere (Flug-) Reisen sind selbstverständlich geworden. Ein Umdenken hat bisher kaum stattgefunden."	
		S. 163, Nr. 5	
		mögliche Kritikpunkte: „Kompensationszahlungen führen zu keiner Reduzierung der klimaschädlichen Stoffe." „Kompensationszahlungen dienen nur der Beruhigung des Gewissens und sind nicht effektiv." „Kompensationszahlungen führen zu keinem Umdenken."	
b | **Erderwärmung, S. 164**		S. 164, Nr. 1, freie Schülerarbeit	⊕ Link-Tipps
		S. 164, Nr. 2	
		Ursachen des Klimawandels: – Anstieg der Treibhausgase Methan und FCKW in der Atmosphäre – Ursache: Verbrennung von Kohle, Öl und Gas, Herstellung von Zement	
		S. 164, Nr. 3, weitere Tipps	
		– Fahren Sie häufiger mit dem Fahrrad und seltener mit dem Auto. – Kaufen Sie langlebige Produkte. – Achten Sie beim Kauf von Elektrogeräten auf die Effizienz.	

	S. 164, Nr. 4	
	An konkreten Beispielen kann diskutiert werden, ob bzw. inwiefern Umweltschutz persönliche Freiheit einschränkt, z. Bsp.: Wer sich für den energieeffizienten Kühlschrank entscheiden will, kann sich evtl. nicht für das Wunschdesign entscheiden. Wer das Auto stehen lassen will, muss auf Bequemlichkeit verzichten. Diese Einschränkungen sind spürbar. In der Diskussion kann es darum gehen, wie schwerwiegend diese Einschränkungen tatsächlich sind.	
	S. 164, Nr. 5, freie Schülerarbeit	

7. Durchführung der Unterrichtseinheit (Vorschlag für 7 Doppelstunden)

Minimalvorschlag (6 Doppelstunden)

1. Doppelstunde	**Einstieg:** Auftaktseite **Bearbeitung der Kompetenzseite:** Die Welt wahrnehmen: Etwas sichtbar machen, S. 154–155 und selbständige Anwendung der Kompetenzschritte auf den Beispieltext	**Einstieg:** Fremd oder vertraut?, S. 156, Nr. 1 **Erarbeitung:** Fremd oder vertraut?, S. 156, Nr. 2 **Diskussion:** Fremd oder vertraut?, S. 156, Nr. 3 **Erläuterung der Lernaufgabe:** Ein Fotoheft erstellen, S. 152–153	**Hausaufgabe:** Fremd oder vertraut?, S. 156, Nr. 4 und/oder Nr. 5 (Foto)
2. Doppelstunde	**(Hausaufgabe) Einstieg, Erarbeitung und Anwendung:** Du (ver-)brauchst die Natur, S. 157, Nr. 1–3 **Sicherung:** Begriffsdefinition „Ressource"	**Einstieg und Erarbeitung:** Die Natur verlassen, S. 158, Nr. 1 und 2 **Sicherung:** Begriffsdefinition „Natur" **Vertiefung:** Die Natur verlassen, S. 158, Nr. 3	**Hausaufgabe** Du (ver-)brauchst die Natur, S. 157, Nr. 5 (Foto) oder Nr. 4 a oder b
3. Doppelstunde	**(Hausaufgabe) Rückfragen zur Lernaufgabe, Präsentation der Fotoheftseite** **Einstieg und Erarbeitung:** Die Natur bezwingen, S. 158, Nr. 1–3	**Einstieg, Erarbeitung, Bewertung:** Die Technik beherrschen, S. 159, Nr. 1–3 **Sicherung:** Begriffsdefinition „Technik" **Problematisierung:** Von der Technik beherrscht?, S. 159, Nr. 1 und 2	**Hausaufgabe:** Die Natur bezwingen, S. 158, Nr. 4
4. Doppelstunde	**(Hausaufgabe) Einstieg und Erarbeitung:** Nat/Cul – Natürliches und Menschliches, S. 160, Nr. 1–3	**Einstieg:** Nicht ohne mein Handy, S. 161, Nr. 1–3 **Erarbeitung:** Nicht ohne das Navi, S 161, Nr. 1 und 2	
5. Doppelstunde	**Einstieg, Erarbeitung und Diskussion:** Nicht ohne Computer, S. 162, Nr. 1–5	**Einstieg und Erarbeitung:** Nicht ohne Roboter, S. 162, Nr. 1 und 2 **Arbeit im Zweierteam:** Diskussion der Fotos	
6. Doppelstunde	**Einstieg:** Fliegen ist schön, Nicht-Fliegen ist besser, S. 163, Nr. 1 oder 2 **Erarbeitung und Diskussion:** Fliegen ist schön, Nicht-Fliegen ist besser, S. 163, Nr. 3–5	**Arbeit im Zweierteam:** Erstellung der Texte, Gestaltung des Fotoheftes **Das weiß ich Das kann ich**	
7. Doppelstunde Produktpräsentation	**Einstieg und Erarbeitung:** Erderwärmung, S. 164, Nr. 1 und 2 **Anwendung und Diskussion:** Erderwärmung, S. 164, Nr. 3 und 4	**Produktpräsentation** Auslegen der Hefte, Sichtung und evtl. Würdigung besonders gelungener Seiten	

8. Medientipps

Für Lehrer

„Die Natur muss ins Parlament". Horizonte-Gespräch mit Bruno Latour, in: philosophieMagazin, Heft 2/2016, S. 34–39
Im Interview entwickelt der französische Soziologe Ansätze zu einem neuen Naturverständnis und schlägt vor, die Natur als Akteur zu betrachten und mit ihr zu verhandeln.

Angelika Krebs: Naturethik. http://www.bpb.de/gesellschaft/umwelt/bioethik/33722/naturethik
Der Text fragt nach dem Wert der Natur und diskutiert dazu anthropo- und physiozentrische Ansätze.

Klaus Michael Meyer-Abich: Praktische Naturphilosophie. Erinnerung an einen vergessenen Traum. München: C. H. Beck 1997
Meyer-Abich unternimmt eine Reise durch die Jahrhunderte. Er untersucht, wie sich die Menschheit aus dem Naturzusammenhang gelöst hat und wie Wissenschaft und Technik zu einer wahren Naturkrise führten. Der Frieden mit der Natur sei nur über ein neues Bewusstsein zu erreichen.

Ethik & Unterricht, Heft 3/2010, Themenheft: Umweltethik
In einem Basisbeitrag werden „Grundzüge ökologisch-ethischer Bldungsdiskurse" vorgestellt. Im Praxisteil ist für die Jahrgangsstufe 7/8 der Beitrag von Hauke Hellwig relevant: „Homo destruens".
Der Material-Teil bietet Text- und Bildmaterial zu folgenden Themen: Biodiversität, Ökologie und Ökononmie, Ökoethik u. a.

Ethik & Unterricht, Heft 4/2007, Themenheft: Technik
Ziel des Heftes ist es, den verantwortungsethischen Ansatz, der beim Thema „Mensch und Technik" natürlich sofort auf dem Plan steht, durch einen eher soziologischen zu ergänzen.

Für Schüler

Ab ins Grüne! Das Naturheft fluter. Magazin der Bundeszentrale für politische Bildung, Nr. 26/März 2008
Das Heft bietet eine Vielzahl an Themen, die schülergerecht und zugleich differenziert vorgestellt werden. Es geht um akustische Umweltverschmutzung, ökologisch korrekten Lebensstil, die Entfremdung von der Natur u.v.m.

Carl Hiaasen: Fette Fische. Weinheim: Beltz & Gelberg 2005
Der Umweltkrimi erzählt von Noah und Abbey, die einen Umweltskandal aufdecken. Mit Zivilcourage gehen sie gegen Dusty Muleman vor, der die Abwässer seines Kasinoschiffes ungeklärt ins Hafenbecken leitet. Der Roman sensibilisiert für Umweltthemen und thematisiert Umweltverschmutzung als Umweltkriminalität.

9. Bewertungsbogen

Bewertungsbogen für _____

Ein Fotoheft erstellen

Die Lösung deiner Lernaufgabe erfüllt folgende Kriterien:	😊😊 Prima, weiter so!	😊 Gut gemacht!	😐 Nicht schlecht, aber das geht noch besser!	☹ Oh je, daran musst du arbeiten!	✏ Erläuterungen und Tipps
Inhalt (doppelte Wertung)					
Ihr habt geeignete Fotomotive ausgewählt, die auf die vorgegebene Problemstellung aufmerksam machen.					
Ihr habt jeweils die Fotomotive differenziert beschrieben.					
Ihr habt jeweils die Wirkung des Wahrgenommenen erklärt.					
Ihr habt jeweils das Wahrgenommene in einen größeren Zusammenhang gestellt.					
Ihr habt jeweils informative oder Interesse weckende Überschriften formuliert.					
Formales (einfache Wertung)					
Die Fotomotive sind deutlich zu erkennen und in angemessenem Abstand und stimmiger Perspektive fotografiert.					
Die erläuternden Texte sind klar gegliedert.					
Die Formulierungen sind fehlerfrei (Rechtschreibung, Zeichensetzung, Grammatik).					
Es wurde sauber und ordentlich gearbeitet.					
Zusätzliche Bemerkungen:					

Überwiegend 😊😊 und 😊 = sehr gut   😊😊 und 😐 = gut   😊 und 😐 = befriedigend

😐 und ☹ = ausreichend   Überwiegend ☹ = mangelhaft   Ausschließlich ☹ = ungenügend

Datum: _____   Bewertung: _____

Unterschrift: _____

11 Religion in unserer Gesellschaft

1. Übersicht Themen – Kompetenzen – Lernaufgaben

Kapiteltitel	Thema	Kompetenz	Instrumentarium zum Kompetenzerwerb	Lernaufgabe
11 Religion in unserer Gesellschaft Einen Sachverhalt gründlich durchdenken	Glaubensgrundsätze und Achtung des Religiösen	Argumentieren und reflektieren	Einen Sachverhalt gründlich durchdenken: Denkwege entwickeln (Einen Klärungsbedarf feststellen, Sich gedanklich vertiefen, Etwas besser verstehen)	Ein Gedankenexperiment durchführen

2. Didaktischer Leitfaden

Schülerinnen und Schüler werden in ihrem Umfeld, unabhängig davon, ob sie selbst einer Religion angehören oder nicht, mit verschiedenen Erscheinungs- und Ausdrucksformen des Religiösen konfrontiert. Jüdische, christliche und islamische Religion bestimmt als kulturelles Phänomen unser Umfeld, zum Beispiel im Stadtbild, in Kunst und Medien. Die christliche Religion bestimmt unseren Kalender. So kommen durch Oster-, Pfingst- und Weihnachtsferien alle Lernenden in Berührung mit religiösen Feiertagen. Die Lerngruppen im Ethikunterricht zeichnen sich durch große Heterogenität, auch in religiöser Hinsicht, aus. Ziel des Ethikunterrichts muss es daher sein, Toleranz gegenüber religiösen oder weltanschaulichen Überzeugungen zu entwickeln sowie Grenzen der Toleranz zu bewerten.

Reflexionsfähigkeit bedeutet, die Fähigkeit zu erwerben, über Fragen des alltäglichen Denkens und Handelns nachzudenken, gedankliche Zusammenhänge herzustellen und zu diskutieren. Mit den Kompetenzschritten in diesem Kapitel wird Reflexionsfähigkeit auf einer mittleren Niveaustufe geschult. Die Aufgabenstellungen ermöglichen es, eigene Erfahrungen zu rekapitulieren, vorhandenes Wissen zu aktivieren, sich in einen Gedanken- und Erfahrungsaustausch mit anderen zu begeben und sich den Erkenntnisfortschritt bewusst zu machen. Ziel ist es, Vormeinungen im Hinblick auf Religion kritisch zu hinterfragen und eventuell zu modifizieren bzw. zu revidieren. Im Verlauf des Kapitels erhalten die Schülerinnen und Schüler im Rahmen eins Gedankenexperimentes immer wieder Anregungen für persönliche Reflexionsprozesse.

Didaktische Zielsetzung

- Die Schülerinnen und Schüler schulen ihre **Reflexionskompetenz**, indem sie lernen, Themen oder Fragestellungen gründlich zu durchdenken.
  - Sie lernen, einen persönlichen Klärungsbedarf zu erkennen und zu formulieren.
  - Sie lernen, sich gedanklich in ein Thema zu vertiefen.
  - Sie lernen, neu erworbenes Wissen zu vernetzen und Themen so besser zu verstehen.

- Die Schülerinnen und Schüler erwerben Wissen zum Thema **Glaubensgrundsätze und Achtung des Religiösen.**
  - Sie setzen sich mit dem Menschen als homo religiosus auseinander.
  - Sie setzen sich mit der Funktion von Ruhetagen in den Religionen und im Alltag auseinander.
  - Sie lernen Inhalt und Funktion der Zehn Gebote kennen.
  - Sie denken über die Funktion von Gebeten nach.
  - Sie erfahren etwas über Gebete in den abrahamitischen Religionen.
  - Sie denken über die Motivation zum Teilen und Helfen in den abrahamitischen Religionen nach.
  - Sie lernen religiöse Hilfsorganisationen kennen.
  - Sie reflektieren Spannungen zwischen Tradition und Öffnung im Leben muslimischer Mitbürger in Deutschland (Ramadan, Kopftuch, Heirat).
  - Sie setzen sich mit Möglichkeiten zum interreligiösen Dialog auseinander.
  - Sie lernen Grundzüge fundamentalistischen Gedankengutes kennen.
  - Sie lernen fundamentalistische Bewegungen in den abrahamitischen Religionen kennen.
  - Sie denken über den Zusammenhang von Fundamentalismus und Fanatismus nach.

- Die Schülerinnen und Schüler wenden ihre **Reflexionskompetenz** und ihr Wissen über **Glaubensgrundsätze und Achtung des Religiösen** an, indem sie ein Gedankenexperiment durchführen und auswerten.
  - Sie tragen zusammen, wo ihnen in der Gesellschaft Religion begegnet.
  - Sie bewerten die religiösen Elemente in der Gesellschaft.
  - Sie denken darüber nach, wie sich die Gesellschaft verändern würde, wenn diese Elemente fehlen würden.
  - Sie ziehen ein abschließendes Fazit ihrer Überlegungen.

	Material	Lernfortschrittsbereich
Lernaufgabe bearbeiten	Ein Gedankenexperiment durchführen	LF 1–LF 6
Kompetenzen entwickeln	Einen Sachverhalt gründlich durchdenken Denkwege entwickeln	
Religion als kulturelles Phänomen	a | Bauen für Gott	LF 1
	b | Endlich frei!	LF 2
	c | Die zehn Gebote	LF 2

	Material	Lernfortschritts-bereich
Spiritualität zum Ausdruck bringen	a | Beten	LF 3
	b | Beten im Judentum	LF 3
	c | Beten im Christentum	LF 3
	d | Beten im Islam	LF 3
	e | Teilen und Helfen	LF 3
Den Glauben anderer achten	a | Moscheebau	LF 3
	b | Ramadan	LF 3
	c | Leila will nicht heiraten	LF 3
	d | Das Kopftuch	LF 3
	e | Beschneidung	LF 3
	f | Meile der Religionen	LF 3

	Material	Lernfortschritts-bereich
Fundamentalismus und Fanatismus	a | Wie Fundamentalisten denken	LF 4–LF 5
	b | Fundamentalismus in den Religionen	LF 4–LF 5
	c | Gegen Fanatismus	LF 3
Gelerntes anwenden und überprüfen	Das weiß ich	
	Das kann ich	

3. Bildungsplanbezug

Lehrplaninhalte: Standards für inhaltsbezogene Kompetenzen

3.1.6 Glauben und Ethos
3.1.6.1 Glaubensgrundsätze und Achtung des Religiösen

Die Schülerinnen und Schüler können	
1. die Bedeutung der Religion als kulturelles Phänomen (zum Beispiel Stadtbild, Kalender, Kunst, Medien) darstellen und sich damit auseinandersetzen (zum Beispiel bezogen auf Christentum, Islam, Judentum)	Bauen für Gott, S. 172 Endlich frei!, S. 173 Die zehn Gebote, S. 174
2. den Stellenwert des Glaubens für das Leben der Gläubigen beschreiben und nachvollziehen (zum Beispiel Spiritualität, religiöse Riten im Christentum, Islam oder Judentum)	Kompetenzseite, Beispiel, S. 171 Beten, S. 175 Beten im Judentum, S. 175 Beten im Christentum, S. 176 Beten im Islam, S. 176 Teilen und Helfen, S. 177
3. die Achtung des Glaubens Anderer als grundlegendes ethisches Prinzip untersuchen und diskutieren	Moscheebau, S. 178 Ramadan, S. 178 Leila will nicht heiraten, S. 179 Das Kopftuch, S. 179 Beschneidung, S. 180 Meile der Religionen, S. 181
4. sich mit weiteren religiösen Erscheinungsformen auseinandersetzen und im Hinblick auf Grenzen der Toleranz bewerten (zum Beispiel Fanatismus, Sekten)	Wie Fundamentalisten denken, S. 182 Fundamentalismus in den Religionen, S. 182–183 Gegen Fanatismus, S. 184

Standards für prozessbezogene Kompetenzen

Schwerpunktkompetenz des Kapitels: Einen Sachverhalt gründlich durchdenken	Kompetenz, S. 170–171 Alle Eulenaufgaben

Standards für prozessbezogene Kompetenzen

Prozessbezogene Kompetenzen Wahrnehmen und sich hineinversetzen	
Die Schülerinnen und Schüler können	
1. ihre Wahrnehmung von Phänomenen, Sachverhalten und ethisch relevanten Situationen wiedergeben	Bauen für Gott, S. 172, Nr. 1–3 Beten, S. 175, Nr. 1 und 2 Beten im Judentum, S. 175, Nr. 1 Beten im Christentum, S. 176, Nr. 1 Beten im Islam, S. 176, Nr. 1
2. ihre Wahrnehmung mit der anderer vergleichen und dabei Vormeinungen, Gewohnheiten und Prägungen (beispielsweise personal, sozial, kulturell, religiös, ethnisch, medial) berücksichtigen und aufzeigen	Endlich frei!, S. 173, Nr. 1–4 Moscheebau, S. 178, Nr. 1 Ramadan, S. 178, Nr. 1 Leila will nicht heiraten, S. 179, Nr. 1 Das Kopftuch, S. 179, Nr. 1 Beschneidung, S. 180, Nr. 1 und 2 Gegen Fanatismus, S. 184, Nr. 1
3. eigene Bedürfnisse, Interessen und Gefühle und die anderer erkennen und formulieren	Moscheebau, S. 178, Nr. 1 Ramadan, S. 178, Nr. 1 Leila will nicht heiraten, S. 179, Nr. 1 Das Kopftuch, S. 179, Nr. 1 Beschneidung, S. 180, Nr. 1 und 2 Meile der Religionen, S. 181, Nr. 3 Gegen Fanatismus, S. 184, Nr. 1
6. Phänomene, Situationen oder Sachverhalte und die zugrundeliegenden Werte und mögliche Wertekonflikte benennen und differenziert darstellen	Endlich frei!, S. 173, Nr. 5 und 6 Ramadan, S. 178, Nr. 2 Leila will nicht heiraten, S. 179, Nr. 2 Das Kopftuch, S. 179, Nr. 2 Beschneidung, S. 180, Nr. 2 Fundamentalismus in den Religionen, S. 182–183, Nr. 2
9. Grundbedingungen verschiedener Perspektiven (beispielsweise Alter, physische oder psychische Merkmale, Geschlecht, sexuelle Identität oder Orientierung, Religion, Herkunft, Erfahrungen, Kultur) erkennen und erklären	Die zehn Gebote, S. 174, Nr. 3, 4 und 7 Meile der Religionen, S. 181, Nr. 3 Wie Fundamentalisten denken, S. 182, Nr. 2

11

Standards für prozessbezogene Kompetenzen	
Argumentieren und reflektieren **Die Schülerinnen und Schüler können** 1. sich zu ethisch-moralischen Themen, Frage- und Problemstellungen äußern und eine Meinung darlegen und erläutern	Meile der Religion, S. 181, Nr. 1–4 Wie Fundamentalisten denken, S. 182, Nr. 1–3 Fundamentalismus in den Religionen, S. 182–183, Nr. 4
2. einen Standpunkt begründet und unter Bezug auf Werte und Normen vertreten	Die zehn Gebote, S. 174, Nr. 4 Ramadan, S. 178, Nr. 3 Leila will nicht heiraten, S. 179, Nr. 3 Das Kopftuch, S. 179, Nr. 3 Beschneidung, S. 180, Nr. 3 und 4 Fundamentalismus in den Religionen, S. 183, Nr. 4

Standards für prozessbezogene Kompetenzen	
4. verschiedene Argumente in der ethisch-moralischen Auseinandersetzung in Beziehung setzen und gewichten	Moscheebau, S. 178, Nr. 2 Ramadan, S. 178, Nr. 3 Leila will nicht heiraten, S. 179, Nr. 3 Das Kopftuch, S. 179, Nr. 3 Beschneidung, S. 180, Nr. 2 und 3 Fundamentalismus in den Religionen, S. 182–183, Nr. 4
7. in kommunikativ-argumentativen Kontexten (beispielsweise Rollenspiel, Szenario, Fallbeispiel, Diskussion) Position beziehen und gemeinsam neue Lösungsansätze entwerfen und vertreten	Das Kopftuch, S. 179, Nr. 3 Beschneidung, S. 180, Nr. 3 Meile der Religionen, S. 181, Nr. 5

4. Tipps zum Umgang mit der Lernaufgabe – Ein Gedankenexperiment durchführen

Im Rahmen der Lernaufgabe sollen die Schülerinnen und Schüler dazu angeleitet werden, sich reflexiv mit dem Einfluss von Religion auf unsere Gesellschaft und unser Zusammenleben auseinanderzusetzen. Sie sollen lernen, zwischen positiv zu bewertenden Einflüssen von Religion sowie negativen Wirkungen von Religion zu unterscheiden. Die Sammlung und Bewertung der Aspekte geschieht mithilfe einer Tabelle im Rahmen eines Gedankenexperimentes. Das Gedankenexperiment eröffnet die Möglichkeit, im Stile einer fiktiven Nichtung davon auszugehen, es gäbe eine Welt ohne Religion, um sich vor dem Hintergrund dieser Setzung freier und ungehemmter mit Wirkung und Bedeutung von Religion auseinandersetzen zu können.

5. Umgang mit der Kompetenzseite

Es ist sinnvoll, anhand des begonnenen Gedankenexperiments aus der Lernaufgabe S. 168–169 und persönlicher Überlegungen zunächst in der Lerngruppe über die (persönliche) Bedeutung von Religion zu sprechen, bevor im Anschluss die Kompetenzschritte gelesen und besprochen werden. Denkbar wäre auch, dass die Schülerinnen und Schüler vor der Bearbeitung der Kompetenzseite eine kleine Umfrage in ihrem Umfeld zum Thema durchführen und die Antworten mit denen im Text vergleichen.

6. Aufgabencheck

a) Klassifizierung der Aufgaben

Folgende Aufgaben …	
sind leistungsdifferenziert	Bauen für Gott, S. 172, Nr. 3 Endlich frei!, S. 173, Nr. 5 Beten im Christentum, S. 176, Nr. 3
sind wahl- oder interessendifferenziert	Die zehn Gebote, S. 174, Nr. 7 Leila will nicht heiraten, S. 179, Nr. 3
enthalten kreative Elemente	Die zehn Gebote, S. 174, Nr. 7
machen unterrichtsorganisierende Vorschläge	Endlich frei, S. 173, Nr. 3 und 4 Beschneidung, S. 180, Nr. 2 Wie Fundamentalisten denken, S. 182, Nr. 1 Fundamentalismus in den Religionen, S. 182–183, Nr. 1 und 2
sind handlungs- oder produktorientiert	Die zehn Gebote, S. 174, Nr. 7
machen Zusatzangebote (Code/DUA)	S. 177, Teilen und Helfen: ⊕ Links zu Hilfsorganisationen S. 178, Ramadan: ⊕ Bibel und Koran: Fasten und ⊕ Stellungnahme zum Fasten S. 183, Fundamentalismus in den Religionen: ⊕ Vergleich: Fundamentalismus in verschiedenen Religionen

b) Hinweise und Lösungen mit Zuordnungen der Online-Codes

	Hinweise und Lösungen	Ergänzendes Material
Problemaufhänger	Die Bilder machen deutlich, dass uns Religion in unserem Umfeld in verschiedener Form begegnet: in Form von Architektur durch religiöse Gebäude, durch Hinweise auf feste wie den Chanukkaleuchter oder auch durch Gipfelkreuze beim Wandern.	
Lernaufgabe: Ein Gedankenexperiment durchführen, S. 168–169	Die Lernenden tragen zunächst zusammen, wo ihnen im Umfeld und Alltag Religion begegnet. Unter Umständen ist auch ein Stadtrundgang hilfreich.	
Kompetenzseite: Einen Sachverhalt gründlich durchdenken: Denkwege entwickeln: „… und jetzt du", S. 170–171	Die Lernenden können zunächst in Einzelarbeit darüber nachdenken, was sie über den Zugang zur eigenen Religion wissen (z. B. die meisten Kinder gehören der Religion ihrer Eltern an, Zugangsrituale wie Taufe, Bar Mitzwa), bevor sie sich gemeinsam darüber austauschen.	
a | Bauen für Gott, S. 172	**S. 172, Nr. 2** Menschen aller Religionen und Kulturen bauen besonders prachtvolle und große Gotteshäuser zu Ehren ihres/ ihrer Götter. Die Größe des Bauwerkes symbolisiert die Größe Gottes. **S. 172, Nr. 3, freie Schülerarbeit**	
b | Endlich frei!, S. 173	**S. 173, Nr. 1** Das Plakat der evangelischen Kirche zeigt den Unterschied zwischen der Hektik des Alltags, symbolisiert durch den Straßenverkehr, und der Ruhe und Zeit für die Familie am Sonntag. Der Spruch ‚Gott sei Dank, es ist Sonntag' spielt mit weltlichen und religiösen Sprachgewohnheiten. **S. 173, Nr. 2** Schulfrei, Familie zu Hause, Verwandtenbesuche, Zeit zum Spielen, Hausaufgaben und Lernen, christlicher Gottesdienst **S. 173, Nr. 3 und 4** <table><tr><th>Arbeitstage</th><th>Ruhetage</th></tr><tr><td>Schaffen</td><td>Ausruhen</td></tr><tr><td></td><td>Sich am geschaffenen freuen</td></tr><tr><td>Wissen anwenden</td><td></td></tr><tr><td>Wissen lernen</td><td></td></tr><tr><td>Wach sein</td><td>schlafen</td></tr><tr><td>Eilig sein</td><td>Müßig sein</td></tr><tr><td>Weckerklingeln</td><td>Von der Sonne wecken lassen</td></tr><tr><td>Verkehr beachten</td><td>In die Luft gucken</td></tr><tr><td>Fest auf dem Boden stehen</td><td>Die Beine baumeln lassen</td></tr><tr><td>Alltag</td><td>Sonntag</td></tr><tr><td>Schule</td><td>Spielen</td></tr><tr><td>Lernen</td><td>Freizeit</td></tr><tr><td>Mitschüler</td><td>Familie</td></tr><tr><td>Fester Tagesablauf</td><td>In den Tag hineinleben</td></tr><tr><td>Früh aufstehen</td><td>Länger schlafen</td></tr><tr><td>…</td><td>…</td></tr></table> **S. 173, Nr. 5, mögliche Lösung** Freier Sonntag: Zeit für Religion und Familie, wenn Eltern arbeiten müssen, kann die Familie nichts zusammen unternehmen, es gibt genug Einkaufsmöglichkeiten Verkaufsoffener Sonntag: Angestellte haben dafür an anderen Tagen frei, Menschen haben am Wochenende mehr Zeit zum Einkaufen	

	Hinweise und Lösungen	Ergänzendes Material
	S. 173, Nr. 6	
	Judentum: Menschen dürfen nicht arbeiten, d.h. sie müssen alles vorbereiten. Dadurch haben sie Zeit für die Religion, aber vor allem für die Familie, denn Schabbat ist ein Familientag. Christentum: Der Sonntag bietet Zeit für einen gemeinsamen Gottesdienst. Islam: In islamischen Ländern ist der Versammlungstag der Muslime, an dem gemeinsam gebetet wird, auch Ruhetag. So ist Zeit für die Religion und für das Festigen der Gemeinschaft. Alltag: Unsere gesamte Gesellschaft orientiert sich an den christlichen Gewohnheiten. So kommen auch nicht religiöse Menschen oder Anhänger anderer Religionen zumeist in den Genuss eines schul- und arbeitsfreien Tages.	
	S. 173, Nr. 7	
	Ruhetage kommen allen Bürgern unabhängig von ihrer Religionszugehörigkeit zugute. Alle Schüler profitieren von Oster-, Pfingst- und Weihnachtsferien, ohne sich jedoch oft über die Ursprünge und Bedeutung der Feste im Klaren zu sein.	
c | Die Zehn Gebote, S. 174	S. 174, Nr. 1	
	Gebote machen Vorschriften, Verbote untersagen Handlungen.	
	S. 174, Nr. 2, individuelle Schülerarbeit	
	S. 174, Nr. 3	
	Werteordnung der westlichen Welt, französische und amerikanische Verfassung, Menschenrechte basieren auf den Zehn Geboten, die das Verhältnis des Menschen zu Gott sowie das Verhältnis der Menschen untereinander regeln. Sie sind somit die Grundlage unserer Kultur.	
	S. 174, Nr. 5 und 6	
	Das Tötungsverbot bekommt ein besonderes Gewicht, was durch das dreifache ‚nicht töten' sowie den abgebildeten Panzer unterstützt wird. Die Liebe zu Gott wird durch die christliche Nächstenliebe ersetzt.	
	S. 174, Nr. 7, individuelle Schülerarbeit	
	S. 174, Nr. 8	
	Gebote regeln das Verhältnis zu Gott und das Verhältnis der Menschen untereinander. Weltliche Gesetze können nur das zwischenmenschliche Verhältnis regeln. Religion ist Privatsache und unterliegt keiner staatlichen Regelung.	
a | Beten, S. 175	S. 175, Nr. 1	
	Die Kinder stellen unterschiedliche Körperhaltungen dar, die jeweils eine große Konzentration deutlich machen. Die wird durch unterschiedliche Handhaltungen zum Ausdruck gebracht.	
	S. 175, Nr. 2	
	Gründe für das Beten: neue Ideen bekommen, Ruhe und Halt finden, einen Zuhörer haben, mit Gott oder anderen höheren Wesen sprechen, Gott nahe sein, Hilfe bei wichtigen Entscheidungen finden Inhalte: über Sorgen und Leid sprechen, Gott danken, Gott loben, Bitte um Hilfe	
	S. 175, Nr. 3	
	Ein Gebet ist etwas sehr Persönliches. Es setzt voraus, dass es an jemanden gerichtet wird, der zuhört. Oft werden mit dem Gebet Bitten für sich, die Familie oder nahestehende Menschen verbunden. Auch Bitten um Frieden sind möglich. Das Christentum kennt in diesem Zusammenhang auch die im Gottesdienst gesprochenen Fürbitten.	
	S. 175, Nr. 4	
	Durch Beten soll eine Verbindung zum Jenseits hergestellt werden. Somit ist Beten eine sehr persönliche Möglichkeit, Spiritualität zum Ausdruck zu bringen.	

Religion in unserer Gesellschaft

	Hinweise und Lösungen	Ergänzendes Material
b | Beten im Judentum, S. 175	**S. 175, Nr. 1**	
	Da das Beten etwas sehr Persönliches und sehr emotional ist, kann es als Dienst des Herzens bezeichnet werden. Die persönliche Bedeutung von etwas wird auch durch Redewendungen wie ‚zu Herzen gehen', ‚sich etwas zu Herzen nehmen' ausgedrückt.	
	S. 175, Nr. 2	
	Im Alltag drei feste Gebetszeiten (morgens, mittags, abends), am Schabbat vier. Segenssprüche in verschiedenen Situationen, im Gottesdienst vorgegebene Texte.	
	S. 175, Nr. 3	
	Religion: Bitte für einen erfolgreichen Tag, Dank für den vergangenen Tag, Bericht über die Erlebnisse des Tages, zur Ruhe finden. Psychologie: Gebete strukturieren den Tag, rahmen ihn ein, gemeinsam gesprochene Gebete wie z. B. ein Nachtgebet verbinden.	
c | Beten im Christentum, S. 176	**S. 176, Nr. 1**	
	Ein Vater ist stark, beschützt und behütet, straft aber auch, wenn es nötig ist. Diese Eigenschaften werden mit Gott in Verbindung gebracht.	
	S. 176, Nr. 2	
	Glaube an ein Jenseits, in dem die Menschen sich für ihre Taten verantworten müssen; Abhängigkeit; Hilfe und Unterstützung; Schutz; Schuldhaftigkeit des Menschen; Vergebung	
	S. 176, Nr. 3	
	Nachtgebet: Bitte um Schutz im Schlaf Vor den Mahlzeiten: Dank für die Mahlzeit	
d | Beten im Islam, S. 176	**S. 176, Nr. 1**	
	Nacheinander werden Hände, Mund, Nase, Stirn, Arme, Haaransatz, Ohren, Nacken und Füße gewaschen.	
	S. 176, Nr. 2	
	Die Eröffnungssure bezeugt die Macht Gottes. Die rituelle Waschung unterstützt dies. Nur im Zustand der Reinheit ist der Mensch würdig, zu Gott zu beten. „O ihr, die ihr glaubt! Wenn ihr euch zum Gebet begebt, so wascht euer Gesicht und eure Hände bis zu den Ellenbogen und streicht über euren Kopf und (wascht) eure Füße bis zu den Knöcheln. Und wenn ihr im Zustande der Unreinheit seid, so reinigt euch." (Sure 5:6)	
	S. 176, Nr. 3	
	Die Schüler sollen die Bedeutung von Gebeten im Tagesverlauf eines Gläubigen reflektieren.	
e | Teilen und Helfen, S. 177	**S. 177, Nr. 1**	⊕ Links zu Hilfsorganisationen
	Hilfsorganisationen haben es sich zur Aufgabe gemacht, Menschen oder Tiere zu schützen, oder sich um Sachwerte oder schützenswerte Kulturgüter zu kümmern.	
	S. 177, Nr. 2	
	Die Hilfsorganisationen der Religionsgemeinschaften setzen sich für Bedürftige in Deutschland und der Welt ein. Sie kämpfen gegen Armut, kämpfen gegen Krankheiten aufgrund von Unterversorgung, unterstützen Kinder, helfen Flüchtlingen und bemühen sich um gerechte Verteilung der Grundgüter.	
	S. 177, Nr. 3	
	Hilfsorganisationen leisten wichtige humanitäre Arbeit in der Gesellschaft und international.	

11

	Hinweise und Lösungen	**Ergänzendes Material**
a | **Moscheebau, S. 178**	S. 178, Nr. 1	
	Hinweise zur Funktion der Moschee finden sich auf der Seite der Aktion ‚Tag der offenen Moschee' http://www.tagderoffenenmoschee.de/default.php?p=14	
	Moscheen sind Gebetshäuser und Treffpunkt der Gemeinden. Dort wird gefeiert und fünfmal am Tag gebetet. Die Moschee organisiert auch die Pilgerreise nach Mekka und organisiert Bestattungen. Angeschlossen an die Moscheen in Deutschland sind häufig Kulturzentren, die Beratungsangebote und Seelsorge anbieten und Kontaktmöglichkeiten für die Gemeindemitglieder bieten.	
	S. 178, Nr. 2	
	Die grundsätzliche Kritik am Bau einer Moschee ist nach Grundgesetz und Menschenrechten (Vergl. Kapitel 4, S. 54–55 im Schülerbuch) nicht zu rechtfertigen. Das Grundgesetz sichert die freie Religionsausübung, die Menschenrechte ebenfalls. Eingeschränkt werden darf die Religionsausübung nur, wenn sie die öffentliche Sicherheit gefährdet. Zur Diskussion dürften demnach allenfalls der Bauplatz und die Architektur stehen.	
b | **Ramadan, S. 178**	S. 178, Nr. 1, freie Schülerarbeit	⊕ Bibel und Koran: Fasten ⊕ Stellungnahmen zum Fasten
	S. 178, Nr. 2	
	Fasten gehört zu den Gottesdiensten. Deshalb bemühen sich alle Muslime, das Fastengebot einzuhalten. Eine allgemeine Befreiung vom Fasten für Schüler gibt es nicht, aber im Einzelfall kann der Betroffene nach eigenem Ermessen entscheiden. Wenn ein Schaden für den Schüler befürchtet wird, sollte er zum Unterbrechen des Fastens tendieren und den Fastentag nachholen.	
	S. 178, Nr. 3, mögliche Lösung	
	Es sollte diskutiert werden, inwieweit die Schule Rücksicht nehmen kann, z. B. durch Gestaltung des Klausurplans und die Termine für Klassenfahrten, Sportfeste u. Ä.	
c | **Leila will nicht heiraten, S. 179**	S. 179, Nr. 1, freie Schülerarbeit	
	S. 179, Nr. 2	

Amals Mutter	Leilas Mutter
Ein Mädchen soll selbst entscheiden dürfen	Ein Mädchen, das ausgeht, ist ein schlechtes Mädchen
Leila ist zu jung zum Heiraten	Ein gutes Mädchen heiratet den Mann, den die Mutter aussucht
Es ist die islamische Pflicht der Tochter, zu lernen und Wissen zu sammeln	Die Mutter entscheidet, was gut für die Tochter ist
Ein intelligentes Mädchen hat viele Optionen	Mädchen sollen heiraten, wenn sie jung sind
Die Mutter hat ein falsches Verständnis vom Islam	Mädchen sollen Kinder bekommen und den Haushalt führen, das ist die Aufgabe der Frauen

S. 179, Nr. 3a

Viele Menschen verwechseln Traditionen mit Religion. Sie setzen ihre Herkunftskultur mit der Religion gleich.

S. 179, Nr. 3b

Tradition ist die Überlieferung von Bräuchen und Sitten. Sie kann von Religion beeinflusst sein, ist aber nicht mit ihr identisch. Traditionen unterliegen einem stetigen Wandel, Religion dagegen ist nur bedingt wandelbar.

Religion in unserer Gesellschaft

	Hinweise und Lösungen	Ergänzendes Material
d | Das Kopftuch, S. 179	S. 179, Nr. 1, freie Schülerarbeit	
	S. 179, Nr. 2	
	Das Verhüllungsgebot ist vor dem Hintergrund der Entstehungszeit des Korans zu sehen. Damals war der Schutz der körperlichen Unversehrtheit u. a. abhängig von der Kleidung, heute von Recht und Gesetz. Der mit dem Kopftuchgebot verbundene Gedanke der Sittsamkeit hat jedoch weiter Bestand. Er zeigt sich in angemessener Kleidung, fordert jedoch nicht das Tragen eines Kopftuches. Dieses ist den Frauen freigestellt.	
	S. 179, Nr. 3	
	Hintergrundinformationen zum Thema finden sich unter http://www.bpb.de/politik/innenpolitik/konfliktstoff-kopftuch/63259/einstieg-in-die-debatt	
e | Beschneidung, S. 180	S. 180, Nr. 1	
	Riad möchte nicht beschnitten werden. Er begründet es damit, dass er das Recht hat, über seinen Körper zu entscheiden. Dafür verzichtet er auch auf die versprochene Belohnung. Der Vater ist zu keiner Diskussion bereit. Beschneidung ist Tradition.	
	S. 180, Nr. 2	
	Landgericht Köln: Kindeswohl, Recht auf körperliche Unversehrtheit *Deutscher Ethikrat*: Kindeswohl, elterliche Fürsorge *Zentralrat der Muslime*: Selbstbestimmungsrecht der Religionsgemeinschaft, elterliche Fürsorge (im muslimischen Sinne) *Zentralrat der Juden:* Religionsfreiheit	
	S. 180, Nr. 3	
	Das Grundgesetz schützt die positive wie negative Religionsfreiheit. Art. 4 GG: „(1) Die Freiheit des Glaubens, des Gewissens und die Freiheit des religiösen und weltanschaulichen Bekenntnisses sind unverletzlich." „(2) Die ungestörte Religionsausübung wird gewährleistet."	
f | Meile der Religionen, S. 181	S. 181, Nr. 1	
	Die Frage ‚Weißt du, wer ich bin?' wird mit Hilfe der Symbole von Christentum, Judentum und Islam gebildet.	
	S. 181, Nr. 2	
	Kreuz: Christentum Siebenarmiger Leuchter: Judentum Mondsichel: Islam Das Plakat entstammt einem Projekt zum interreligiösen Dialog und zum friedlichen Zusammenleben in Deutschland, das von der Arbeitsgemeinschaft Christlicher Kirchen in Deutschland (ACK), dem Zentralrat der Juden in Deutschland, dem Zentralrat der Muslime in Deutschland (ZMD) und der Türkisch Islamischen Union der Anstalt für Religion (DITIB) getragen wurde. Weitere Informationen unter: http://www.oekumene-ack.de/themen/interreligioeser-dialog/projekt-weisst-du-wer-ich-bin/	
	S. 181, Nr. 3	
	Fest der Gemeinschaft und des Friedens, besseres Kennenlernen der anderen Religionen und der Mitbürger, gemeinsam essen, andere Kulturen kennen lernen, Austausch, Gespräch	
	S. 181, Nr. 4	
	An der Meile der Religionen sind alle Religionen in Planung, Vorbereitung und Durchführung beteiligt. Die Besucher werden zum Austausch und zum respektvollen Dialog mit Angehörigen anderer Religionen angeregt.	
	S. 181, Nr. 5	
	Der interreligiöse Dialog trägt zum Wissen über andere Religionen und Kulturen durch den Austausch mit Angehörigen dieser Religionen bei und kann damit zum Verständnis beitragen.	

	Hinweise und Lösungen	Ergänzendes Material
a | Wie Fundamentalisten denken, S. 182	S. 182, Nr. 1, freie Schülerarbeit	
	S. 182, Nr. 2	
	Alles soll so bleiben, wie es ist. Altes gibt Gewissheit, Neues ist gefährlich. Angst erzeugt Aggression gegen das Neue und Andere. Zwanghaft muss geschützt und bewahrt werden, was Sicherheit gibt = Fanatismus. Ursachen sind unsichere politische oder soziale Verhältnisse, innerpsychische Gründe. Sechs Merkmale sind für fundamentalistisch eingestellte Menschen typisch: Bedürfnis nach Sicherheit, nach Verankerung, nach Autorität, nach Identifikation, nach Perfektion, nach Einfachheit. Bedürfnisse werden durch Orientierung an äußeren Werten befriedigt.	
	S. 182, Nr. 3	
	Mensch, Minarett, Waffe: Durch Identifikation mit einer Religion und ihren Werten, durch Unterordnung unter eine religiöse Autorität entsteht Fundamentalismus.	
b | Fundamentalismus in den Religionen, S. 182–183	S. 182, Nr. 1	
	Bei dieser Aufgabe kann das Vorwissen zum Thema Menschenrechte reaktiviert werden, um es für die spätere Diskussion nutzbar zu machen.	
	S. 182, Nr. 2	
	<table><tr><th>Judentum</th><th>Christentum</th><th>Islam</th></tr><tr><td>Leben an der Erfüllung religiöser Gebote orientiert</td><td>Sicherheit</td><td>Lehnen Pluralismus ab</td></tr><tr><td>Strikte Moralvorstellungen</td><td>Einfache Antworten auf komplexe Fragen</td><td>Westliche Werte durch islamische ersetzen</td></tr><tr><td>Furcht vor negativem Einfluss der nichtreligiösen Umwelt</td><td>Klare Unterscheidung zwischen gut und schlecht</td><td>Welt soll entwestlicht werden</td></tr><tr><td>Rückzug in Segregation</td><td>Freiheit des Einzelnen wird eingeschränkt</td><td>Wollen eine weltweite Herrschaft des Islam etablieren</td></tr><tr><td>Verweigerung des Militärdienstes</td><td>Kampf gegen liberale Gesellschaft, z. B. Homoehe, Abtreibung, z. T. gegen Migration</td><td></td></tr></table>	
	S. 183, Nr. 3	
	Die Merkmale weisen auf fundamentalistische Strömungen hin, weil sie die Bedürfnisse fundamentalistisch eingestellter Menschen erfüllen und ihre Ziele fanatisch umzusetzen versuchen.	
	S. 183, Nr. 4	
	Fundamentalismus verstößt dann gegen Art. 18, wenn er anderen das Recht auf ihre Religion abspricht und gegen Andersgläubige vorgeht. Solange es sich um individuelle Einstellungen handelt, die andere nicht in ihrer Freiheit beschneiden, ist er legitim.	
	S. 183, Nr. 5	
	Die Schüler sollen Fundamentalismus als eine Ursache für Gewalt zwischen den Religionen und religiöse Unterdrückung reflektieren.	

	Hinweise und Lösungen	Ergänzendes Material
c | Gegen Fanatismus, S. 184	S. 184, Nr. 1	
	Die Menschen auf dem Plakat charakterisieren sich als Alevitin, Christin, Homosexueller, Muslimin, Jüdin und Atheistin. Trotz ihrer unterschiedlichen religiösen bzw. sexuellen Orientierung haben sie alle das gleiche Ziel: Einhaltung der Menschenrechte, kein Morden im Namen einer Religion, gegen religiösen Fundamentalismus.	
	S. 184, Nr. 2	
	Fanatiker respektieren andere Meinungen nicht, sie sind davon überzeugt, dass ihre Sichtweise die einzig richtige ist. Die Menschenrechte gewähren allen Menschen unabhängig von religiöser Zugehörigkeit, sexueller Orientierung oder Herkunft die gleichen Rechte. Sie sind gegen Antisemitismus, Verfolgung und Diskriminierung Andersdenkender und Andersgläubiger gerichtet.	
	S. 184, Nr. 3	
	Fundamentalisten halten ihre Sichtweise (politisch, religiös) für die einzig richtige. Fundamentalismus schlägt dann in Fanatismus um, wenn die persönliche Einstellung mit Gewalt durchgesetzt werden soll und Andersdenkende verfolgt und bekämpft werden.	

7. Durchführung der Unterrichtseinheit (Vorschlag für 8 Doppelstunden)

Minimalvorschlag (6 Doppelstunden)

1. Doppelstunde	Einstieg: Auftaktseite Erläuterung der Lernaufgabe und Durchführung des Gedankenexperiments, S. 168–169	Bearbeitung der Kompetenzseite: Einen Sachverhalt gründlich durchdenken: Denkwege entwickeln, S. 170–171 Übung: „… und jetzt du", S. 170–171 selbständige Anwendung der Kompetenzschritte	
2. Doppelstunde	Einstieg: Bauen für Gott, S. 172, Nr. 1–3	Erarbeitung: Endlich frei!, S. 173, Nr. 1–4 Vertiefung: Endlich frei!, S. 173 Nr. 5 und 6	Hausaufgabe: Endlich frei!, S. 173, Nr. 7
3. Doppelstunde	(Hausaufgabe) Einstieg: Die zehn Gebote, S. 174, Nr. 1 und 2 Erarbeitung: Die zehn Gebote, S. 174, Nr. 3 und 4 Vertiefung: Die zehn Gebote, S. 174, Nr. 5–8	Einstieg: Beten, S. 175, Nr. 1–4 Erarbeitung arbeitsteilig: Beten im Judentum, S. 175 Beten im Christentum, S. 176 Beten im Islam, S. 176	Hausaufgabe: Teilen und helfen, S. 177, Nr. 1–2
4. Doppelstunde	(Hausaufgabe) Einstieg: Moscheebau, S. 178, Nr. 1 Problematisierung: Moscheebau, S. 178, Nr. 2	Einstieg: Ramadan, S. 178, Nr. 1 Problematisierung: Ramadan, S. 178, Nr. 2 und 3	Hausaufgabe: Teilen und helfen, S. 177, Nr. 3
5. Doppelstunde	(Hausaufgabe) Einstieg: Leila will nicht heiraten, S. 179, Nr. 1 Problematisierung: Leila will nicht heiraten, S. 179, Nr. 2 und 3	Einstieg: Das Kopftuch, S. 179, Nr. 1 Problematisierung: Das Kopftuch, S. 179, Nr. 2 und 3	Hausaufgabe: Teilen und helfen, S. 177, Nr. 3
6. Doppelstunde	Einstieg: Beschneidung, S. 180, Nr. 1 Problematisierung: Beschneidung, S. 180, Nr. 2	Vertiefung: Meile der Religionen, S. 181, Nr. 1–5	Hausaufgabe: Beschneidung, S. 180, Nr. 3

7. Doppelstunde	(Hausaufgabe) **Einstieg:** Wie Fundamentalisten denken, S. 182, Nr. 1 **Erarbeitung:** Wie Fundamentalisten denken, S. 182, Nr. 2 und 3	**Vertiefung:** Fundamentalismus in den Religionen (arbeitsteilig), S. 182–183, Nr. 1–4	**Hausaufgabe:** Fundamentalismus in den Religionen, S. 183, Nr. 5
8. Doppelstunde Produktpräsentation	**Problematisierung:** Gegen Fanatismus, S. 184, Nr. 1–3	**Präsentation**	**Das weiß ich**

8. Medientipps

Für Lehrer

Helmut Engels: „Nehmen wir an …". Das Gedankenexperiment in didaktischer Absicht. Weinheim: Beltz 2004
Standardwerk zur Arbeit mit Gedankenexperimenten im Ethik- und Philosophieuntericht.

Willi Bühler/Benno Bühlmann/Andreas Kessler (Hrsg.): Sachbuch Religionen. Hinduismus, Buddhismus, Judentum, Christentum und Islam. Horw/Luzern: db-Verlag 2009
Sehr informativ durch kurze Darstellungen von religiöser Lehre und Praxis, Quellentexte, Reportagen und Porträts.

Für Schüler

Christine Clement: Theos Reise. Roman über die Religionen der Welt. München: Hanser 1998
Überblick über die Weltreligionen anhand einer Reise. Im Stil von Sophies Welt.

Burkhard Weitz: Nachgefragt. Weltreligionen: Basiswissen zum Mitreden. Bindlach: Loewe 2009
Ein guter Überblick über die Weltreligionen auch für ungeübte und schwache Leser.

Jana Frey: Ich, die Andere. Bindlach: Loewe 2010
Kelebek gerät in Konflikt mit ihrer türkischstämmigen, muslimischen Familie und ihren eigenen Vorstellungen von einem selbstbestimmten Leben.

9. Bewertungsbogen

Bewertungsbogen für _____

Ein Gedankenexperiment durchführen

Die Lösung deiner Lernaufgabe erfüllt folgende Kriterien:	😊😊 Prima, weiter so!	😊 Gut gemacht!	😐 Nicht schlecht, aber das geht noch besser!	☹ Oh je, daran musst du arbeiten!	✏ Erläuterungen und Tipps
Inhalt (doppelte Wertung)					
Du hast zusammengetragen, wo dir in der Gesellschaft Religion begegnet.					
Du hast religiöse Aspekte in der Gesellschaft bewertet.					
Du hast beschrieben, wie die Gesellschaft ohne die religiösen Aspekte aussähe.					
Du hast deine Überlegungen anhand des Kapitels ergänzt.					
Du hast deine Bewertungen überprüft und bei Bedarf verändert.					
Du hast eine abschließende Bewertung formuliert.					
Formales (einfache Wertung)					
Deine Formulierungen sind fehlerfrei (Rechtschreibung, Zeichensetzung, Grammatik).					
Du hast sauber und ordentlich gearbeitet.					
Zusätzliche Bemerkungen:					

Überwiegend 😊😊 = sehr gut   😊😊 und 😊 = gut   😊 und 😐 = befriedigend

😊 und 😐 = ausreichend   Überwiegend 😐 = mangelhaft   Ausschließlich ☹ = ungenügend

Datum: _____   Bewertung: _____

Unterschrift: _____

12 Wenn sich meine innere Stimme meldet ...

1. Übersicht Themen – Kompetenzen – Lernaufgaben

Kapiteltitel	Thema	Kompetenz	Instrumentarium zum Kompetenzerwerb	Lernaufgabe
12 Wenn sich meine innere Stimme meldet ... Moralisch Argumentieren	Ethisch-moralische Grundlagen des Handelns	Argumentieren und reflektieren	Moralisch argumentieren: Argumente abwägen und zu einer Entscheidung finden (Moralische Probleme und Handlungsmöglichkeiten erfassen, Werte und Normen analysieren, begründet entscheiden)	Ein Tagebuch der Entscheidungen führen

2. Didaktischer Leitfaden

Die Zeit des Heranwachsens ist für Jugendliche häufig geprägt von einer großen Unsicherheit in den unterschiedlichsten Lebensbereichen. Gerade wenn es darum geht, sich in bestimmter Weise zu verhalten, ist es bedeutsam, über eine zuverlässige Orientierung zu verfügen, um die richtige Entscheidung zu treffen. Für Jugendliche bilden einerseits Eltern und Familie, andererseits aber auch immer mehr der Freundeskreis den Orientierungsrahmen für bestimmte Entscheidungen. Jedoch sind diese Referenzgrößen nur bedingt zuverlässig auf dem Weg zur richtigen Entscheidung. Erwachsenwerden bedeutet, verstärkt Verantwortung für das eigene Handeln zu übernehmen. Um bewusst Entscheidungen zu fällen und diese nachvollziehbar vor anderen begründen zu können, müssen Jugendliche sich zunehmend bewusst und analytisch mit Situationen auseinandersetzen. Sie müssen Gefühle von Pflicht und Schuld und das Gewissen als eine Art „innere Stimme" wahrnehmen lernen, um im Einklang mit dem eigenen Gewissen handeln zu können. Zu dem Wechselverhältnis zwischen individuellen und soziokulturellen Forderungen kommt so das „autonome Gewissen", die sogenannte „innere Stimme", hinzu. Es ist in der Lage, eigene Erfahrungen zu berücksichtigen. Aus diversen Alltagssituationen sind den Jugendlichen Dilemmata bekannt. Unsicherheit besteht häufig jedoch in der Art des Umgangs mit diesen Dilemmata. Daher wird in diesem Kapitel das Thema Gewissen mit dem Moralischen Argumentieren verknüpft. Moralisches Argumentieren auszubilden heißt, Handlungsmöglichkeiten zu untersuchen und auf Grundlage einer Werte und Normenanalyse eine begründete Entscheidung zu fällen und diese argumentativ vertreten zu können. In diesem Kapitel werden die Schülerinnen und Schüler angeregt, verschiedene Situationen aus ihrer Lebens und Erfahrungswelt zu durchdenken, Handlungsalternativen für die vorgestellten Situationen zu entwickeln und jeweils begründete Entscheidungen zu fällen.

Didaktische Zielsetzung

- Die Schülerinnen und Schüler schulen das **Moralische Argumentieren**, indem sie lernen, sich mit moralischen Problemen auseinanderzusetzen.
  - Sie lernen, ein moralisches Problem als ein solches wahrzunehmen und zu beschreiben.
  - Sie lernen, verschiedene Handlungsmöglichkeiten zu entwickeln und zu bewerten.
  - Sie lernen, Folgen ihres Handelns für sich und andere in ihre Überlegungen mit einzubeziehen.
  - Sie lernen, Werte und Normen herauszuarbeiten und zu gewichten.
  - Sie lernen, eine getroffene Entscheidung nachvollziehbar zu begründen.

- Die Schülerinnen und Schüler erwerben **Wissen zum Thema Gewissen**.
  - Sie setzen sich mit Situationen auseinander, in denen sie ihre eigene „innere Stimme" wahrgenommen haben.
  - Sie lernen moralische Probleme in Form von Dilemmata kennen.
  - Sie erfahren, was Moral bedeutet.
  - Sie versetzen sich in die Lage anderer Personen und reflektieren dabei Gewissensentscheidungen.
  - Sie erfahren, wie verschiedene Dichter und Denker das Gewissen beschreiben.
  - Sie erfahren, worauf sich das Gewissen gründet.
  - Sie lernen Werte und Normen als Regeln für unser Handeln kennen.
  - Sie denken über Handlungsmotive nach.

- Die Schülerinnen und Schüler wenden das **Moralische Argumentieren** und ihr **Wissen über das Gewissen** an, indem sie ein Tagebuch der Entscheidungen führen.
  - Sie lernen, ein moralisches Problem als solches wahrzunehmen und zu beschreiben.
  - Sie lernen, Handlungsmöglichkeiten zu untersuchen und zu bewerten.
  - Sie lernen, ihr erworbenes Sachwissen über Werte und Normen in einer auf konkrete Fälle bezogene Werte und Normenanalyse anzuwenden.
  - Dabei lernen sie, Wissen und eigene Erfahrung miteinander zu verknüpfen.
  - Sie lernen, ihren Standpunkt argumentativ vertreten zu können.
  - Sie lernen, eine Entscheidung begründet zu fällen.

	Material	Lernfortschrittsbereich
Lernaufgabe bearbeiten	Ein Tagebuch der Entscheidungen führen	LF 1–LF 6
Kompetenzen entwickeln	Moralisch argumentieren Argumente abwägen und zu einer Entscheidung finden	

	Material	Lernfortschrittsbereich
Das Gewissen als innere Stimme hören	a | Ein schlechtes Gewissen – warum?	LF 1–LF 2
	b | Irgendwie dazwischen	LF 3
Dem Gewissen auf der Spur	a | Was ist das Gewissen?	LF 3
	b | Das Gewissen – nur eine Frage des Trainings?	LF 3

	Material	Lernfortschrittsbereich
Worauf sich das Gewissen gründet	a | Werte und Normen – Regeln für unser Handeln	LF 4–LF 5
	b | Auf das Gewissen hören: Handlungsmotive erkennen	LF 5–LF 6
	c | Werte und Normen im Wandel	LF 5
Wie soll ich mich entscheiden?		LF 6
Gelerntes anwenden und überprüfen	Das weiß ich	
	Das kann ich	

3. Bildungsplanbezug

Lehrplaninhalte: Standards für inhaltsbezogene Kompetenzen	
3.1.7 Ethik und Moral	
3.1.7.1 Ethisch-Moralische Grundlagen des Handelns	
Die Schülerinnen und Schüler können	
1. Eigene Wertvorstellungen anhand von Beispielsituationen erschließen und mit moralischen Werten vergleichen (zum Beispiel Freiheit, Gerechtigkeit und Toleranz)	Ein schlechtes Gewissen – warum?, S. 192 Auf das Gewissen hören: Handlungsmotive erkennen, S. 197 Wie soll ich mich entscheiden?, S. 199–202
2. Werte von Normen unterscheiden und deren Bedeutung für die Einzelne oder den Einzelnen und das Zusammenleben an selbst gewählten Fällen erläutern (zum Beispiel rechtliche und moralische Normen, Konventionen)	Werte und Normen – Regeln für unser Handeln, S. 196
3. Grundbegriffe der Ethik erklären und voneinander abgrenzen (zum Beispiel ethisch, moralisch, Begriff des Guten, Wert, Norm, Gewissen, Vernunft) und diese anhand von Beispielen in ihren Verwendungsmöglichkeiten erschließen und bezogen auf ihre ethisch-moralische Relevanz differenzieren	Kompetenzseite, S. 190–191 Irgendwie dazwischen, S. 193 Was ist das Gewissen?, S. 194 Das Gewissen – nur eine Frage des Trainings?, S. 195 Werte und Normen – Regeln für unser Handeln, S. 196
4. den Begriff des Guten anhand von Beispielen in seinen Verwendungsmöglichkeiten erschließen und erläutern	Werte und Normen – Regeln für unser Handeln, S. 196
5. unterschiedliche Wert- und Normvorstellungen erschließen und vergleichen (zum Beispiel altersbezogen, historisch, inter-, intrakulturell)	Werte und Normen im Wandel, S. 198
6. Motive ethischen Handelns analysieren (zum Beispiel bezogen auf Gefühle, Vernunft, Gewissen)	Ein schlechtes Gewissen – warum?, S. 192

Lehrplaninhalte: Standards für inhaltsbezogene Kompetenzen	
7. sich mit Konfliktsituationen auseinandersetzen und Entscheidungsmöglichkeiten mit Bezug auf Normen und ethische Prinzipien ansatzweise begründen	Auf das Gewissen hören: Handlungsmotive erkennen, S. 197 Wie soll ich mich entscheiden?, S. 199–202

Standards für prozessbezogene Kompetenzen	
Schwerpunktkompetenz des Kapitels: **Moralisch Argumentieren**	Ein Tagebuch der Entscheidungen führen, S. 188–189 Kompetenzseite, S. 190–191 Ein schlechtes Gewissen – warum?, S. 192, Nr. 5 Irgendwie dazwischen, S. 193, Nr. 4 Was ist das Gewissen?, S. 194, Nr. 5 und 6 Das Gewissen – nur eine Frage des Trainings?, S. 195, Nr. 5 und 6 Werte und Normen – Regeln für unser Handeln, S. 196, Nr. 4 und 5 Auf das Gewissen hören: Handlungsmotive erkennen, S. 197, Nr. 5 Werte und Normen im Wandel, S. 198, Nr. 4 Wie soll ich mich entscheiden?, S. 199–202, Nr. 4
Prozessbezogene Kompetenzen **Argumentieren und reflektieren** **Die Schülerinnen und Schüler können** 1. sich zu ethisch relevanten Themen, Frage- und Problemstellungen äußern und eine Position argumentativ darlegen	Ein schlechtes Gewissen – warum?, S. 192, Nr. 5 Auf das Gewissen hören: Handlungsmotive erkennen, S. 197, Nr. 5 Wie soll ich mich entscheiden?, S. 199–202, Nr. 4
4. verschiedene Argumente in der ethischen Auseinandersetzung in Beziehung setzen und gewichten	Ein schlechtes Gewissen – warum?, S. 192, Nr. 5 Auf das Gewissen hören: Handlungsmotive erkennen, S. 197, Nr. 5 Wie soll ich mich entscheiden?, S. 199–202, Nr. 4

Standards für prozessbezogene Kompetenzen	
5. Werte und Normen bei ethischen Frage- und Problemstellungen diskutieren	Werte und Normen – Regeln für unser Handeln, S. 196, Nr. 4 Auf das Gewissen hören: Handlungsmotive erkennen, S. 197, Nr. 3 Wie soll ich mich entscheiden?, S. 199–202, Nr. 4

Standards für prozessbezogene Kompetenzen	
7. in kommunikativ-argumentativen Kontexten (beispielsweise Rollenspiele, Szenarien, Fallbeispiele, Diskussionen) Position beziehen und gemeinsam neue Lösungsansätze entwerfen und vertreten	Ein Tagebuch der Entscheidungen führen, S. 188–189 Wie soll ich mich entscheiden?, S. 199–202, Nr. 3

4. Tipps zum Umgang mit der Lernaufgabe – Ein Tagebuch der Entscheidungen führen

Um über Entscheidungen gründlich nachzudenken, empfiehlt sich das Führen eines Tagebuchs. Die Tagebuchform ist in besonderem Maße geeignet, den Prozess der Entscheidungsfindung mit dem Abwägen von Argumenten zu dokumentieren. Die schriftliche Form hilft dabei, Entscheidungen nicht vorschnell zu fällen und oberflächliche Begründungen zu vermeiden, die – so man sie näher betrachtet – lediglich Scheinrechtfertigungen darstellen. Der intime Charakter eines Tagebuchs korrespondiert zudem mit der sehr persönlich zu treffenden Entscheidung in einem moralischen Dilemma. Die Form des Tagebuchs ist einigen Schülerinnen und Schülern aus dem Alltag bereits bekannt. Selbst wenn durch die Verbreitung der neuen Medien diese Form zunehmend durch Blogs ersetzt wird, so kann es für die Schülerinnen und Schüler durchaus hilfreich sein, das Medium des Tagebuchs als geeignete Form der Auseinandersetzung mit sich selbst auf dem Weg zu einer gut vertretbaren Entscheidung kennen und nutzen zu lernen. Durch die neuen Medien erleben Schülerinnen und Schüler durch soziale Netzwerke, Blogs oder Fernsehsendungen eine Art von gesellschaftlichem Exhibitionismus, sodass die Rückbesinnung auf sich selbst und die Auseinandersetzung mit sich selbst mit Hilfe eines Tagebuchs durchaus als bereichernd empfunden werden kann.

Das Thema „Gewissen" eignet sich in besonderem Maße für die Entwicklung des Moralischen Argumentierens. Die Schülerinnen und Schüler werden im Laufe des Kapitels mit unterschiedlichen Situationen aus der eigenen Lebens- und Erfahrungswelt konfrontiert, in denen es gilt, moralisch zu argumentieren und eine gut begründete Entscheidung zu fällen. Dabei wird den Schülerinnen und Schülern bei der Beschäftigung mit den Themenseiten ein Hilfsinstrumentarium in Form der Werte und Normenanalyse an die Hand gegeben, um die spontan gefällten Entscheidungen gezielt zu hinterfragen oder sie weiter auf einer soliden Begründung aufzubauen. Eine gut begründete Entscheidung benötigt Zeit. Dies macht die Prozessorientierung der Entscheidungsfindung deutlich und unterstreicht den Dokumentationscharakter des Tagebuchs. Ein wünschenswertes Ziel wäre es, den Schülerinnen und Schülern die Sinnhaftigkeit einer gut begründeten Entscheidung nahe zu bringen, indem sie die gut nachvollziehbare Begründung für sich als befreiend erfahren können, da das Vertreten des eigenen Standpunktes gegenüber anderen mit größerer Sicherheit und entsprechend selbstbewusster erfolgen kann.

Die Beschäftigung mit den Themenseiten und die damit einhergehende Übung des Moralischen Argumentierens befähigen die Schülerinnen und Schüler dazu, die Lernaufgabe zu erfüllen. Durch das Symbol erhalten die Schülerinnen und Schüler auf den Themenseiten direkt die Aufgabe, einen konkreten Kompetenzschritt anhand eines vorgestellten Fallbeispiels zu üben. Die Aufgaben werden dabei zunehmend komplexer und verknüpfen die Kompetenzschritte miteinander. In einigen Aufgaben werden die Schülerinnen und Schüler dazu angeregt, anhand eigener persönlicher Erlebnisse oder Dilemmata die Kompetenzschritte zu üben. Die Tipps „So entsteht dein Tagebuch der Entscheidungen" geben genaue Hinweise zum Gestalten und Führen des Tagebuchs. Unter ⊕ **Formulierungshilfen und Vorlage** kann auch ein Arbeitsblatt ausgedruckt werden, das geeignete Wendungen für das Führen eines Tagebuchs anbietet. Die Aufgaben eignen sich gut als Hausaufgabe, weil sie neben der persönlichen Komponente der Analyse eigener Beispiele auch die zuvor eingeübten Kompetenzschritte wiederholen und vertiefen.

5. Umgang mit der Kompetenzseite

Durch die Auftaktseite sind die Schülerinnen und Schüler bereits in das Thema gedanklich eingestiegen. Im Hinblick auf die Kompetenzseite ist es ratsam, mit den Schülerinnen und Schülern in einem Unterrichtsgespräch gemeinsam über die Frage „Wie komme ich zu einer guten Entscheidung?" nachzudenken. Die Schülerinnen und Schüler werden ausgehend von eigenen Erfahrungen vermutlich verschiedene Dilemmasituationen und das Bedürfnis, den dem Dilemma immanenten Widerspruch aufzulösen, schildern. Im Vergleich zu den Schülerbeiträgen sollte dann der Einführungstext auf der Kompetenzseite S. 190 hinzugezogen werden. Dabei lernen die Schülerinnen und Schüler, dass die Kompetenz, moralisch zu argumentieren und die richtige Entscheidung treffen zu können, für ihr Leben bedeutsam ist. Darüber hinaus ist es wünschenswert, dass die Schülerinnen und Schüler eine gut durchdachte und gut begründete Entscheidung als Lebenshilfe begreifen, da sie so in die Lage versetzt werden, zu Entscheidungen zu stehen. Auch sollten die Schülerinnen und Schüler dabei erkennen, dass das Fällen einer gut begründeten Entscheidung Zeit in Anspruch nimmt und es als lohnend ansehen, diese Zeit zu investieren. Die vier Kompetenzschritte werden mit den Schülerinnen und Schülern unter „So geht's" (S. 190) in dem Kasten besprochen. Dabei ist es ratsam, den Schritt drei (Werte und Normen analysieren) näher zu erläutern. Im Inhaltsteil werden auf S. 191 die Begriffe „Werte" und „Normen" weiter konkretisiert und dieser Kompetenzschritt dann an der Stelle umfassend ausgebaut und gefestigt. Nach der Klärung der Kompetenzschritte wird das Beispiel zur Verdeutlichung besprochen. Dabei werden die Begriffe „Werte" und „Normen" unter Schritt drei so veranschaulicht, dass die Schülerinnen und Schüler den Kompetenzschritt gut nachvollziehen und ansatzweise bereits selbst in einem Fallbeispiel umsetzen können.

Im Anschluss an das Beispiel für die Kompetenzschritte sollen die Schülerinnen und Schüler die moralische Urteilskompetenz in einer Anwendungsaufgabe unter „… und jetzt du" einüben. Dazu werden die Fragen der Auftaktseite S. 187 wieder aufgegriffen. Die Schülerinnen und Schüler wählen eine Fragestellung der Auftaktseite S. 187 und bearbeiten sie entlang der Kompetenzschritte. Es ist ratsam, diese Anwendungsaufgabe schriftlich durchzuführen.

6. Aufgabencheck

a) Klassifizierung der Aufgaben

Folgende Aufgaben …	
sind leistungsdifferenziert	Irgendwie dazwischen, S. 193, Nr. 5 Das Gewissen – nur eine Frage des Trainings?, S. 195, Nr. 4 Werte und Normen – Regeln für unser Handeln, S. 196, Nr. 5 Wie soll ich mich entscheiden?, S. 199–202, Nr. 5
sind wahl- oder interessendifferenziert	Ein schlechtes Gewissen – warum?, S. 192, Nr. 5 Was ist das Gewissen? S. 194, Nr. 6 Das Gewissen – nur eine Frage des Trainings?, S. 195, Nr. 6 Werte und Normen – Regeln für unser Handeln, S. 196, Nr. 5
enthalten kreative Elemente	Irgendwie dazwischen, S. 193, Nr. 5 Werte und Normen – Regeln für unser Handeln, S. 196, Nr. 2
machen unterrichtsorganisierende Vorschläge	Ein schlechtes Gewissen – warum?, S. 192, Nr. 1 Was ist das Gewissen? S. 194, Nr. 1 und 3 Das Gewissen – nur eine Frage des Trainings?, S. 195, Nr. 1 und 3 Auf das Gewissen hören: Handlungsmotive erkennen, S. 197, Nr. 1 Wie soll ich mich entscheiden, S. 199–202, Nr. 3
sind handlungs- oder produktorientiert	Lernaufgabe: Ein Tagebuch der Entscheidungen führen, S. 188–189 Irgendwie dazwischen, S. 193, Nr. 5 Werte und Normen – Regeln für unser Handeln, S. 196, Nr. 2 Wie soll ich mich entscheiden, S. 199–202, Nr. 5
machen Zusatzangebote (Code/DUA)	S. 188–189, Lernaufgabe: Ein Tagebuch der Entscheidungen führen: ⊕ Formulierungshilfen und Vorlage S. 197, Auf das Gewissen hören: Handlungsmotive erkennen: ⊕ Anleitung Schreibgespräch

b) Hinweise und Lösungen mit Zuordnungen der Online-Codes

	Hinweise und Lösungen	Ergänzendes Material
Problemaufhänger	Die Fragen in den Sprechblasen konfrontieren die Schülerinnen und Schüler mit moralischen Fragestellungen, die ihnen durch die Nähe zu ihrer Lebens- und Erfahrungswelt den Zugang zum Thema erleichtern. Durch die Bearbeitung der Aufgaben erkennen die Schülerinnen und Schüler schnell die Problemimmanenz und ihnen wird die Bedeutung des Perspektivwechsels bei der Diskussion von Dilemmata deutlich. Durch die vermutlich unterschiedlichen Antworten der Schülerinnen und Schüler wird das Bedürfnis nach der Suche nach der „richtigen" Antwort motiviert und das Verlangen nach einer überzeugenden Begründung eines Urteils geweckt. Zudem werden die Schülerinnen und Schüler bereits durch die Bearbeitung der Aufgaben aufgefordert, eigene Erlebnisse als Beispiel heranzuziehen und diese zu reflektieren.	
Lernaufgabe: Ein Tagebuch der Entscheidungen führen, S. 188–189		⊕ Formulierungshilfen und Vorlage

	Hinweise und Lösungen	Ergänzendes Material
Kompetenzseite: **Moralisch Argumentieren:** **Argumente abwägen und zu einer Entscheidung finden:** „… und jetzt du", S. 191	Für die Anwendungsaufgabe „… und jetzt du" werden die Fragestellungen der Auftaktseite wieder aufgegriffen. Die Schülerinnen und Schüler wählen nach Interesse aus, anhand welcher Fragestellung sie die Kompetenzschritte einüben möchten. Um ein tiefgehendes und gründliches Einüben der Kompetenzschritte zu ermöglichen, empfiehlt sich die schriftliche Durchführung der Übung. Dies bereitet auch die Tagebucheinträge vor, die im Laufe der Arbeit mit dem Kapitel erfolgen werden. Bei der Bearbeitung der Aufgabe können sich die Schülerinnen und Schüler an dem Kasten „So geht's" und den Kompetenzschritten im Beispiel orientieren. Zu Schwierigkeiten kann es vermutlich bei der Einübung des Kompetenzschrittes drei, Werte und Normen analysieren, kommen, da die Schülerinnen und Schüler eventuell noch über keine klare konzeptionelle Vorstellung von Werten und Normen verfügen. Auf der Themenseite 196 werden die Schülerinnen und Schüler sich eingehend mit den Begriffen Werte und Normen auseinandersetzen. Die Ergebnissicherung kann zunächst in themengleichen Gruppen erfolgen, in denen die Schülerinnen und Schüler gemeinsam ihre gefällten moralischen Urteile besprechen. Anschließend kann ein Gruppensprecher im Plenum das Diskussionsergebnis der Gruppe zusammenfassend vorstellen.	
a | Ein schlechtes Gewissen – warum?, S. 192	S. 192, Nr. 1	
	Mit dieser Aufgabe sollen die Schülerinnen und Schüler gedanklich in die Lage der Hauptfigur des nachfolgenden Textes versetzt werden. Die Texterarbeitung wird so vorentlastet und gedanklich vorbereitet. Die Partnerarbeit soll die Schülerinnen und Schüler dabei ermutigen, Situationen anzusprechen, die sie im Plenum möglicherweise nicht anzusprechen wagen.	
	S. 192, Nr. 2	
	Mögliche zusammenfassende Schüleräußerung: Pia möchte die schon lange geplante Reise mit ihrer Freundin Anne nicht mehr antreten, weil sie sich in Marc verliebt hat und er nach den Ferien für ein Jahr nach Amerika geht. Weil Anne sich schon so lange auf die Reise gefreut hat, überlegt Pia, ihr einfach zu sagen, dass ihr Geld für die Reise nicht reicht. Allerdings hat sie dabei ein schlechtes Gewissen.	
	S. 192, Nr. 3, mögliche Schülernennungen	
	– „Anne ist schon lange deine Freundin. Du darfst sie nicht anlügen." – „Anne hat im Vergleich zu Marc die älteren Rechte." – „Du musst mit Anne sprechen und ihr deine Situation erklären. Eine Freundin versteht dich." – „Die Reise ist schon so lange geplant, die kannst du nicht einfach absagen." – „Anne wird furchtbar enttäuscht sein.	
	S. 192, Nr. 4, mögliche Lösung	
	Pias moralisches Problem besteht darin, dass sie schon lange eine Reise mit ihrer Freundin geplant hat, auf die sich diese Freundin ganz besonders freut, Pia sich aber nun in einen Jungen verliebt hat, der für ein Jahr ins Ausland geht, so dass sie die verbleibende Zeit bis dahin unbedingt mit diesem Jungen verbringen möchte. Das moralische Problem entwickelt sich, da sie nicht gleichzeitig mit ihrer Freundin in den Urlaub gehen und die verbleibende Zeit mit dem Jungen verbringen kann. Sie fragt sich nun, ob sie unter einem Vorwand die Reise einfach absagen kann. *Kurzformulierung:* Darf ich lügen, um eine Freundin nicht zu enttäuschen, weil ich ein Versprechen aufgrund veränderter Umstände nun nicht mehr halten möchte? Pia hat folgende Handlungsmöglichkeiten: – Sie fährt mit Anne in den Urlaub und verbringt nur noch wenige Tage mit Marc. (Verzicht) – Pia sagt die Reise mit Anne unter einem Vorwand ab und verbringt die verbleibende Zeit mit Marc. (Lüge) – Pia bespricht ihr Problem mit Anne und findet mit ihr eine gemeinsame Lösung. (Kompromiss/bisher unbekannte Alternative)	

	Hinweise und Lösungen	Ergänzendes Material
	S. 192, Nr. 5	
	Die Schülerinnen und Schüler notieren eine Situation aus ihrem Leben, die sie als moralisches Problem empfunden haben, in ihrem Tagebuch der Entscheidungen. Bei der Bewältigung dieser Aufgabe wird der Kompetenzschritt „Das moralische Problem erfassen" von S. 190 geübt. Die Schülerinnen und Schüler schildern die Situation nicht nur genau, sie bewerten sie auch als moralisches Problem und erläutern diese Bewertung.	
b | Irgendwie dazwischen, S. 193	**S. 193, Nr. 1**	
	Das Bild von Jean Dubuffet veranschaulicht eine Dilemmasituation, die die Schülerinnen und Schüler bildlich erfassen, bevor sie sich in Aufgabe 3 mit der Definition auseinandersetzen. Das Bild veranschaulicht einerseits die Situation von Pia aus dem Text auf S. 192 und dient so zur Textfestigung. Andererseits wird die textliche Definition des Begriffs „Dilemma" bildlich vorentlastet. Bei der Bildbeschreibung sollte der Umstand des Zerrissenseins, die Unentschlossenheit der Figur in der Bildmitte, herausgearbeitet werden. *Mögliche Beschreibung:* Die Person in der Mitte steht zwischen den Wellenlinien links oben und den Kreisformen rechts unten. Die Wellenlinien und die Kreisformen sind – wie auch die Person selbst – weiß unterlegt. Der Hintergrund jedoch ist jeweils schwarz. Die Figur und auch die wellenartigen Formen wirken so wie aus Papier ausgerissen. Die Figur wendet sich dem Kreis unten rechts zu und kehrt der wellenförmigen Figur oben links den Rücken zu. Die Atmosphäre des Bildes ist aufgrund der vorherrschenden dunklen Farbtöne, schwarz und blau, bedrückend. Die wellenförmigen Figuren leuchten darin hoffnungsvoll durch die Unterlegung der weißen Farbe. Die groben Umrisse der Person in der Mitte in Weiß und der wellenförmigen Figuren lassen ein Gefühl der Zerrissenheit entstehen. Das Bild trägt den Titel L'Indécis (Der Unentschlossene). Die auf dem Bild dargestellte Person ist unentschlossen. Sie kann sich nicht zwischen der wellenförmigen Figur oben links und dem wellenförmigen Kreisgebilde unten rechts entscheiden. Beide sind zu weit auseinander, um miteinander vereint zu werden. Sie erscheinen beide als helle Verlockungen in drohendem Dunkel.	
	S. 193, Nr. 2, mögliche Antwort	
	Pia könnte sich so fühlen, wie die Person auf dem Bild. Die Reise mit Anne könnte durch die wellenförmige Figur oben links dargestellt werden. Der wellenförmige Kreis unten rechts könnte dafür stehen, die verbleibende Zeit mit Marc zu verbringen. Wie die Person auf dem Bild wendet sich auch Pia dem Kreis rechts, also Marc, zu und will die Reise mit Anne absagen. Allerdings hat sie dabei ein schlechtes Gewissen, was durch die schwarze Farbe widergespiegelt werde könnte.	
	S. 193, Nr. 3	
	Bei dieser Aufgabe ist es besonders wichtig, die Kriterien für ein moralisches Dilemma zu thematisieren. Den Schülerinnen und Schülern muss bewusst werden, dass nicht jede Entscheidung ein moralisches Dilemma ist (z. B. die Entscheidung zwischen Vanille und Schokoeis). *Mögliche Antwort:* Die Situation, in der Pia sich befindet, kann als moralisches Dilemma bezeichnet werden, weil sie zwischen zwei (unterschiedliche Werte betreffenden) Alternativen, nämlich mit Anne verreisen oder die Reise absagen und Zeit mit Marc verbringen, entscheiden muss. Für beide Alternativen finden sie gleich gute und gewichtige Gründe. Als moralisch zu bezeichnen ist ihr Dilemma deswegen, weil die Alternativen, die sie hat, von allgemeingültigen Handlungsregeln und Wertmaßstäben beeinflusst werden, die für das menschliche Zusammenleben von Bedeutung sind (z. B. ehrlich sein, Freunde nicht enttäuschen, treu sein, …).	

	Hinweise und Lösungen	Ergänzendes Material
	S. 193, Nr. 4	
	Diese Aufgabe ermöglicht es, den Kompetenzschritt „Handlungsmöglichkeiten untersuchen und bewerten" aus dem „So geht's" Kasten auf S. 190 zu üben. Da der Grad an Komplexität beim Kompetenzerwerb bei der Arbeit mit dem Kapitel sukzessiv zunimmt, wird auch der erste Kompetenzschritt erneut zur Anwendung gebracht. Die Schüler schildern hier ein Dilemma, in dem sie sich bereits selbst einmal befunden haben. Sie sind nun in der Lage, Situationen, in denen sie ein moralisches Problem hatten, als Dilemma zu kennzeichnen. Sie nennen verschiedene Handlungsmöglichkeiten innerhalb des von ihnen geschilderten Dilemmas. Sie untersuchen, welche Folgen sich aus ihrem Handeln für die Beteiligten ergeben und bewerten diese als gut oder schlecht.	
	S. 193, Nr. 5	
	In der Kreativaufgabe können die Schülerinnen und Schüler ihr Dilemma bildlich darstellen. Eine gestalterische Anregung erhalten sie durch das Bild von Dubuffet auf der Seite. Auch wenn die Schülerinnen und Schüler in der Gestaltung frei sind, so sollte doch darauf hingewiesen werden, dass ihr Bild zu ihrem persönlichen Dilemma auch ihre Gefühle und Stimmungen widerspiegeln sollte. Die Bilder können auch in Kooperation mit dem Kunstunterricht in einem fachübergreifenden Projekt erstellt werden. Eine Ausstellung der Bilder ist bei Einverständnis der Schülerinnen und Schüler möglich.	
**a	Was ist das Gewissen?, S. 194**	**S. 194, Nr. 1**	
	Diese Aufgabe fordert die Schülerinnen und Schüler auf, sich zunächst selbst darüber Gedanken zu machen, wie sie das Gewissen beschreiben würden. So wird einerseits an Vorwissen angeknüpft, andererseits werden die nachfolgenden Zitate verschiedener Dichter und Denker inhaltlich vorentlastet. *Mögliche Antworten:* – Das Gewissen ist etwas in mir, das mir sagt, was richtig und falsch ist. – Das Gewissen meldet sich bei mir, wenn ich etwas Schlechtes getan habe. – Ein gutes Gewissen ist ein schönes Gefühl. – Man kann das Gewissen nicht sehen. – Es ist so etwas wie die Stimme der Eltern/die Stimme Gottes in uns.	
	S. 194, Nr. 2	
	Diese Aufgabe dient als Hilfestellung zur Texterschließung. Vorab können mit den Schülerinnen und Schülern Lesetechniken zum Auffinden von Schlüsselwörtern reaktivierend besprochen werden. *Mögliche Antworten:* – Kant: innerer Gerichtshof, Schatten – Precht: alte Instinkte – Grundwissen Ethik (Lexikon): innere Stimme – Fontane: das Gute in uns – Rousseau: Anwalt/Stimme der Seele/wahrer Führer im Menschen	
	S. 194, Nr. 3	
	Vor der Bearbeitung der Aufgabe sollte den Schülerinnen und Schülern verdeutlicht werden, dass bei einem Mindmap die Struktur wichtig ist. Der Hinweis, sich zunächst eine geeignete Struktur zu überlegen, kann für schwächere Lerngruppen hilfreich sein. Die Struktur kann verschieden sein – sie kann nach Personen, aber auch inhaltlich nach Ähnlichkeit und Unterschieden in der Auffassung gestaltet sein. Der Lerner selbst entscheidet, welches Gestaltungskriterium ihm sinnvoll erscheint. Die Aufgabe ist somit offen genug, Schülerorientierung zu ermöglichen.	

	Hinweise und Lösungen	Ergänzendes Material
	S. 194, Nr. 4	
	Mit Hilfe der erstellten Mindmap überarbeiten die Schülerinnen und Schüler ihre in Nr. 1 aufgestellte Definition. Einerseits festigen sie dabei ihre Kenntnisse und überprüfen ihr Textverständnis, andererseits wenden sie die Kenntnisse aus dem Text konkret an und stellen sich selbst in die Reihe der Dichter und Denker. Von den Schülerinnen und Schülern kann es als sehr motivierend empfunden werden, die Gedanken der berühmten Dichter oder Philosophen selbst formuliert zu haben. Eine kurze Autoevaluation kann im Anschluss an die Bearbeitung der Aufgabe im Plenum oder in Kleingruppen mündlich erfolgen.	
	S. 194, Nr. 5	
	Der Text auf S. 192 endete mit den Worten „Nur habe ich ein furchtbar schlechtes Gewissen dabei." Jetzt verfügen die Schüler über genügend Kenntnisse, diesen Satz zu erläutern. Indem sie eines der Zitate beispielhaft anhand von Pias Situation erklären, festigen sie ihre Kenntnisse, wenden diese konkret an und erweitern ihre Urteilskompetenz. *Mögliche Antworten:* – Kant: Pia will Anne erzählen, dass sie nicht genügend Geld für die Reise hat. Wie ein Richter (innerer Gerichtshof) meldet sich ihr Gewissen und macht ihr deutlich, dass ihre Überlegung nicht richtig ist. Sie kann das schlechte Gewissen nicht verdrängen, es folgt ihr wie ein Schatten. – Precht: Pia fühlt, dass sie nicht richtig handelt. Dieses Gefühl ist für Precht der Instinkt. Pia hat also den Instinkt, dass sie vermutlich nicht richtig handelt, wenn sie Anne erzählt, nicht genügend Geld für die Reise zu haben. Dieser Instinkt ist ihr Gewissen. – Lexikon: Pias Gewissen meldet sich als innere Stimme, die ihr sagt, dass ihr geplantes Verhalten gegenüber Anne nicht richtig wäre. – Fontane: Dass Pia ein schlechtes Gewissen hat, macht deutlich, dass sie eigentlich weiß, was richtig und moralisch gut wäre. Daher ist es „das Gute", das sich in ihr in Form des Gewissens meldet. – Rousseau: Wie auch bei Kant ist das Gewissen der „Anwalt" des Guten. Wie ein Anwalt für das Richtige – und für Anne und ihre Bedürfnisse – meldet es sich bei Pia und gibt ihr klar zu verstehen, was richtig ist und was falsch. Tief im Inneren fühlt Pia, was richtig ist. Dieses Innere ist ihre Seele und das Gewissen spricht zu ihr, wie die „Stimme der Seele". Da Pia Bedenken hat und nicht einfach handelt, wird deutlich, dass das Gewissen der „wahre Führer" in ihr ist. Den Urlaub mit Anne für Marc abzusagen, hieße im Sinne Rousseaus, „der Stimme des Körpers" und nicht „der Stimme der Seele" zu folgen.	
	S. 194, Nr. 6	
	Die erworbenen Kenntnisse werden hier mit persönlichen Erfahrungen verknüpft. Die Schülerinnen und Schüler betrachten dadurch die selbst erlebten Situationen nicht nur spontan und emotional, sondern es gelingt ihnen zudem eine theoretische Auseinandersetzung mit dem Erlebten.	
**b	Das Gewissen – nur eine Frage des Trainings?, S. 195**	**S. 195, Nr. 1**	
	Diese Aufgabe führt die Schülerinnen und Schüler gedanklich in die Thematik des Textes ein. Die Schülerinnen und Schüler sollten darauf Hingewiesen werden, dass es bei der Beantwortung der Frage in der Diskussion besonders auf die Begründung ankommt. *Mögliche Antworten:* – *Ja*, weil man üben kann, sich richtig zu verhalten und auf sein Gewissen zu hören. Je öfter man das macht, desto routinierter wird man, desto sicherer wird man darin, auf sein Gewissen zu hören. – *Nein*, denn das Gewissen ist kein Muskel. Der Vergleich mit einer Sportart ist daher abwegig.	

	Hinweise und Lösungen	**Ergänzendes Material**
	S. 195, Nr. 2	
	Die Aufgabe dient der Texterschließung.	
	Mögliche Antwort: Das Gewissen lässt sich festigen und entwickeln wie das musikalische Gehör und der ästhetische „gute Geschmack". Gewisse ökonomische und soziale Voraussetzungen sind dafür günstig. Die Gewissensbildung hängt in hohem Maße von der Aufmerksamkeit und der Anstrengung eines jeden ab.	
	Die Merkmale des Gewissens sind: – Wissen, dass nicht alles egal ist – Aufpassen, ob das, was wir tun, mit dem übereinstimmt, was wir wirklich wollen – Einen guten moralischen Geschmack entwickeln/lernen, dass es bestimmte Dinge gibt, die wir spontan ablehnen – Keine Ausreden suchen	
	S. 195, Nr. 3	
	In einer Diskussion mit einem Partner vertiefen die Schülerinnen und Schüler ihr Textverständnis, indem sie begründet erläutern, welchen der genannten Aspekte sie besonders wichtig finden. Für Schülerinnen und Schüler werden der zweite („*Aufpassen …*") und der vierte Punkte („*Keine Ausreden …*") besonders gut nachvollziehbar und mit ihrer Erfahrungswelt in Einklang zu bringen sein, sodass eventuell diese beiden Punkte allein deshalb schon häufig genannt werden.	
	S. 195, Nr. 4	
	Indem die Schülerinnen und Schüler für jedes der vier Merkmale ein eigenes Beispiel finden oder konstruieren, verknüpfen sie die eigenen Erfahrungen mit den erworbenen Kenntnissen. Das Textverständnis wird dabei zusätzlich vertieft. *Diese Aufgabe eignet sich zur Differenzierung.*	
	S. 195, Nr. 5	
	Die anhand des Textes erworbenen Kenntnisse dienen dazu, den Kompetenzschritt „Handlungsmöglichkeiten untersuchen und bewerten" zusätzlich zu üben und die moralische Urteilskompetenz somit auszubauen. Gleichzeitig wird der Fall Pia von S. 192 wieder aufgegriffen und anhand der neu erworbenen Kenntnisse auf eine erhöhte Reflexionsebene transportiert.	
	Mögliche Antwort: Pia hat folgende Handlungsmöglichkeiten, und sie werden wie folgt bewertet: – *Sie fährt mit Anne in den Urlaub und verbringt nur noch wenige Tage mit Marc:* Sie weiß, dass neben der neuen Liebe nicht alles andere egal ist, sie will menschlich gut leben und passt auf, dass das, was sie tut, mit dem übereinstimmt, was sie wirklich will. Daher ist diese Lösung geeignet, einen guten moralischen Geschmack zu entwickeln, Pia sucht deshalb auch keine Ausreden. (*gute Lösung*) – *Pia sagt die Reise mit Anne unter einem Vorwand ab und verbringt die verbleibende Zeit mit Marc:* Sie belügt ihre Freundin und stellt das eigene Bedürfnis in den Vordergrund. Dies dient nicht dazu, einen guten moralischen Geschmack zu entwickeln. Sie sucht eine Ausrede. (*schlechte Lösung*) – *Pia bespricht ihr Problem mit Anne und findet mit ihr eine gemeinsame Lösung:* Auch hier sucht Pia keine Ausrede, ihr ist nicht alles egal, sie passt auf, dass das, was, sie tut, mit dem übereinstimmt, was sie wirklich will und übt sich somit in der Entwicklung eines guten moralischen Geschmacks. (*gute Lösung*)	
	S. 195, Nr. 6	
	In der Bearbeitung der Lernaufgabe werden die erworbenen Kenntnisse mit ureigenen persönlichen Erfahrungen verknüpft. Die bisher erarbeiteten Texte, insbesondere der aus Nr. 2, gewinnen so an persönlicher Relevanz für die Schülerinnen und Schüler. Anhand der vier Merkmale (a–d), die im Text von Fernando Savater genannt werden, wird dem Schüler das Auffinden konkreter Handlungen aus dem eigenen Erfahrungsbereich erleichtert.	

	Hinweise und Lösungen	Ergänzendes Material

a | Werte und Normen – Regeln für unser Handeln, S. 196	**S. 196, Nr. 1**
	
	Die Aufgabe knüpft direkt an die für Schülerinnen und Schülern relevanten Regeln an und erleichtert so die Erarbeitung der Textkästen.
	
	Mögliche Antworten:
	– Ich begegne anderen mit Respekt.
	– Ich lüge niemanden an, ich betrüge nicht.
	– Ich darf meine Meinung sagen.
	– Ich kann meine eigenen Entscheidungen treffen.
	Hier sind zahlreiche verschiedene Nennungen möglich, die in einem Blitzlicht im Plenum gesammelt und genannt werden können.
	
	S. 196, Nr. 2
	
	Das Schaubild kann unterschiedlich von den Schülerinnen und Schülern gestaltet werden. Es ist ratsam, als Symbole Pfeile zu verwenden. Das Schaubild sollte deutlich machen, dass es sich bei Normen um Regeln handelt, die einen bestimmten gesellschaftlich verankerten Wert schützen. Die Normen können dann in soziale, wirtschaftliche und ethische Normen aufgefächert werden. Es sollte auch deutlich werden, dass Menschen ihr Verhalten an bestimmten Grundwerten ausrichten.
	
	S. 196, Nr. 3
	
	1) *Ehrlichkeit* c) Du sollst treu sein.
	                      d) Du sollst nicht lügen.
	                      g) Du sollst nicht betrügen.
	2) *Wahrheit* d) Du sollst nicht lügen.
	3) *Gesundheit* f) Du sollst nicht rauchen.
	4) *Gerechtigkeit* a) Du sollst den Kuchen fair mit deinem Bruder teilen.
	5) *Freiheit* b) Du sollst reisen dürfen.
	6) *Liebe* c) Du sollst treu sein.
	7) *Sicherheit* e) Du sollst nicht mit Fremden mitgehen.
	
	S. 196, Nr. 4
	
	Hier wird einmal mehr zentral das neu erworbene Wissen dazu genutzt, ein fundierteres Urteil in dem „Fall Pia" zu treffen. Der Kompetenzschritt „Werte und Normen analysieren" von S. 190 wird hier geübt und die moralische Urteilskompetenz anhand der Geschichte von Pia erweitert und gefestigt.
	
	Mögliche Antwort:
	Wert: Ehrlichkeit – *Norm:* Du sollst nicht lügen.
	Wert: Freundschaft – *Norm:* Du sollst Freunde nicht hintergehen/enttäuschen/anlügen.
	Wert: Liebe – *Norm:* Du sollst für die Menschen, die du liebst, da sein und Zeit haben.
	Wert: Glück – *Norm:* Du sollst dich freuen und das Leben genießen dürfen.
	
	S. 196, Nr. 5
	
	Durch die Verknüpfung mit der Lernaufgabe wird das neu erworbene Wissen mit persönlichen Erfahrungen verknüpft und hier konkret die moralische Urteilskompetenz um den Kompetenzschritt erweitert. Die Schülerinnen und Schüler ergänzen ihre bereits gemachten persönlichen Einträge um die Werte- und Normenanalyse und wenden dabei die neuen Kenntnisse an.
	Diese Aufgabe eignet sich zur Differenzierung.	

	Hinweise und Lösungen	Ergänzendes Material
b | **Auf das Gewissen hören: Handlungsmotive erkennen,** S. 197	**S. 197, Nr. 1**	🌐 Anleitung Schreibgespräch
	Anhand einer konkreten Situation sollen die Schülerinnen und Schüler dafür sensibilisiert werden, Handlungsmotive zu erkennen und zu benennen. Nach Durchführung des Schreibgesprächs können die Kerngedanken in den Gruppen auf Karteikarten notiert und an der Tafel in einem Cluster gesammelt werden. Im Anschluss an Aufgabe 4 könnte dieses Cluster erneut aufgegriffen und, die Aufgaben 2 und 3 wiederholend, in Hinblick auf die Fragestellung aus Nr. 1 bearbeitet werden. *Mögliche Antworten:* – Ich behalte den Geldschein. – Ich gebe das Geld im Sekretariat ab. – Ich nehme das Geld und gebe es schnell aus. – Ich nehme das Geld, mache aber einen Aushang, dass es gefunden wurde.	
	S. 197, Nr. 2	
	a) Thomas: Hunger *b) Can:* Finderlohn *c) Maria:* Eifersucht *d) Florian:* keine freie Hand *e) Niklas:* will in Kontakt bleiben können *f) Frau Hahnemann:* will nicht zu spät kommen *g) Kader:* handelt aus Mitleid	
	S. 197, Nr. 3	
	Der neue Aspekt der Handlungsmotive wird zu dem Aspekt der Werte abgegrenzt. Es ist wichtig, dass die Schülerinnen und Schüler das Handlungsmotiv als Grund für eine Handlung erkennen und diesen von ihrem dahinter stehenden Wert unterscheiden lernen. *Mögliche Lösung:* a) *Handlungsmotiv:* Hunger – *Wert:* Befriedigung eigener Bedürfnisse/ Zufriedenheit („satt sein") b) *Handlungsmotiv:* Finderlohn – *Wert:* Geld/Belohnung c) *Handlungsmotiv:* Eifersucht – *Wert:* Liebe d) *Handlungsmotiv:* keine freie Hand – *Wert:* Befriedigung eigener Bedürfnisse (Bequemlichkeit) e) *Handlungsmotiv:* Kontaktmöglichkeit – *Wert:* Liebe f) *Handlungsmotiv:* nicht zu spät kommen wollen – *Wert:* Pünktlichkeit/ Zuverlässigkeit g) *Handlungsmotiv:* Mitleid – *Wert:* Solidarität	
	S. 197, Nr. 4	
	Kader handelt moralisch richtig, denn ihr geht es bei ihrer Handlung in keiner Weise um einen eigenen Vorteil. *Sie handelt als Einzige uneigennützig.* Ihr Handlungsmotiv beinhaltet keinen eigenen Vorteil. Der Wert, der hinter ihrer Handlung steckt, ist auf das gelingende menschliche Zusammenleben und nicht auf sie selbst ausgerichtet.	
	S. 197, Nr. 5	
	Die Beantwortung der Aufgabe macht es erforderlich, erworbene Sachkenntnisse mit eigenen Erfahrungen zu verknüpfen und eigene Einstellungen und Handlungsmotive bewusst werden zu lassen und offenzulegen. Die Aufgabe hat auch einen festigenden und bündelnden Charakter im Sinne eines Fazits. An dieser Stelle wird der Kompetenzschritt „Begründet für eine Handlungsmöglichkeit entscheiden" der S. 190 einbezogen, so dass die Komplexität bei der Übung der moralischen Urteilskompetenz ausgeweitet wird und nun alle vier Kompetenzschritte umfasst.	

Wenn sich meine innere Stimme meldet …

	Hinweise und Lösungen	Ergänzendes Material
c | Werte und Normen im Wandel, S. 198	**S. 198, Nr. 1**	
	Die Schülerinnen und Schüler werden hier direkt bei ihren eigenen Erfahrungen zu respektvollem bzw. respektlosem Verhalten abgeholt. Zu erwarten sind Situationen aus dem Alltag, der Schule und der Familie. *Respekt:* – grüßen; für ältere und kranke Menschen in der Straßenbahn aufstehen; Autoritäten gehorchen, Respekt für gute Leistungen in der Schule etc. *Respektlosigkeit:* – Füße hochlegen; Kaugummi kauen; auf dem Smartphone spielen, während andere mit einem reden etc.	
	S. 198, Nr. 2	
	Zwischen den Generationen hat sich das Verständnis von „Respekt" begrifflich verschoben. *Frühere Generationen:* Hier wurde Respekt eher mit Gehorsam und Höflichkeit gleichgesetzt. *Heutige Generation:* Für Jugendliche bedeutet Respekt etwas, das man sich durch Leistungen/Verdienste erst erwerben muss. Damit hängt die Unterscheidung zwischen horizontalem und vertikalem Respekt zusammen: *horizontal:* Ich achte den anderen als Menschen, übergehe ihn in meinen Handlungen nicht. *vertikal:* Meisterschaft und Können werden anerkannt, ich respektiere einen anderen für seine Leistungen.	
	S. 198, Nr. 3, mögliches Beispiel	
	Ein Jugendlicher tippt auf seinem Smartphone. Seine Mutter, die gleichzeitig mit ihm redet, empfindet das als respektlos (unhöflich). Der Jugendlich gratuliert aber gerade seinem besten Freund, der für seine Mannschaft das entscheidende Tor geschossen hat (Respekt vor Leistung).	
Wie soll ich mich entscheiden?, S. 199–202	**S. 199, Nr. 2**	
	Annas Argument: Ich will über meinen Körper selbst bestimmen, weil … … ich nur gezeugt wurde, um meine Schwester zu heilen. … ich nie eine Kindheit hatte. … ich immer Stammzellen oder Knochenmark spenden muss, wenn Kate Hilfe braucht. … ich zu keiner medizinischen Behandlung gezwungen werden will. … ich nicht länger Ersatzteillager sein will. … ich will, dass man einmal fragt, wie es mir geht. *Argument der Eltern:* Wir wollen alles tun, damit Kate überlebt, weil… … wir nur das Leben unserer Tochter retten wollen. … wir alles tun würden, um unsere Tochter zu retten. … wir bereit sind, Anna eine Nierenspende zuzumuten, um Kate zu retten. … wir möchten, dass beide Töchter überleben. … Kate nur überleben kann, wenn Anna Organe spendet. *Kates Argument:* Ich will so nicht mehr leben, weil … … ich es satt bin. … ich keine Krankenhäuser, Chemos und Bestrahlungen mehr will. … ich ohnehin sterbe, daher will ich nicht weiter gequält werden. … ich lieber sterben möchte, als so weiterzumachen. … ich Anna dankbar bin, wenn sie mir nicht weiter Zellen oder ihre Niere spendet.	

	Hinweise und Lösungen	Ergänzendes Material
	Argument des Gerichts: *Anna soll das Recht haben, über ihren eigenen Körper zu entscheiden, weil …* … Anna über ihren Körper entscheiden will. … Anna von ihren Eltern gehört werden will. … Anna sich ihr Leben lang Behandlungen zum Wohl ihrer Schwester hat unterziehen müssen. … niemand verpflichtet ist, einem anderen zu helfen, auch wenn der in Not ist. … Anna weder mental noch physisch stark genug ist, eigene Entscheidungen zu fällen. … zwischen dem Schutz des Lebens und der Qualität des Lebens abgewogen werden muss. … Kate nicht sterben möchte, sie aber so auch nicht weiterleben möchte.	
	S. 202, Nr. 3	
	Bei der Methode 66 treffen sich sechs Teilnehmer, um sechs Minuten lang ein Thema zu diskutieren. Die Aufstellung der möglichen Argumente findet sich in der Lösung zur Aufgabe 3. Die Diskussion sollte frei und im Rahmen der Sechsergruppe durchgeführt werden. Das Ergebnis sollte offen sein und wird von der Lehrkraft nicht gesteuert.	
	S. 202, Nr. 4	
	An dieser Stelle soll erneut die Rolle des Gewissens bei schwierigen moralischen Entscheidungen herangezogen werden. Was rät mir mein Gewissen, wenn ich an Annas Stelle wäre? Gegen das weitere Spenden von Körperzellen und Körperteilen können Werte wie Selbstbestimmung, Gesundheit, körperliche Unversehrtheit, Freiheit und Unabhängigkeit genannt werden. Aber auch die Erlösung, die eine Weigerung Annas, weiterhin als Spenderin zur Verfügung zu stehen, für Kate bedeuten würde. Für das Spenden könnte die Stimme des Gewissens Hilfsbereitschaft anführen, das Recht auf Leben von Kate, die Möglichkeit, zwei Leben zu erhalten und Kate die Chance zu geben, wieder gesund zu werden.	

7. Durchführung der Unterrichtseinheit (Vorschlag für 8 Doppelstunden)

Minimalvorschlag 7 Doppelstunden)

1. Doppelstunde	**Einstieg:** Auftaktseite, S. 187 **Erläuterung der Lernaufgabe:** Ein Tagebuch der Entscheidungen führen, S. 188–189	**Bearbeitung der Kompetenzseite:** Moralisch Argumentieren: Argumente abwägen und zu einer Entscheidung finden, S. 190 Kompetenzschritte auf den Beispieltext	**Hausaufgabe:** „… und jetzt du", S. 191
2. Doppelstunde	**Einstieg:** Auswertung der Hausaufgabe **Erarbeitung:** Ein schlechtes Gewissen – warum?, S. 192, Nr. 1–4 **Anwendung:** Ein schlechtes Gewissen – warum?, S. 192, Nr. 5	**Erarbeitung:** Irgendwie dazwischen, S. 193, Nr. 1 **Festigung und Transfer:** Irgendwie dazwischen, S. 193, Nr. 2 **Vertiefende Erarbeitung:** Irgendwie dazwischen, S. 193, Nr. 3	**Hausaufgabe:** Irgendwie dazwischen, S. 193, Nr. 4 **Differenzierung:** Irgendwie dazwischen, S. 193, Nr. 5
3. Doppelstunde	**(Hausaufgabe)** **Einstieg:** Was ist das Gewissen?, S. 194, Nr. 1 **Erarbeitung:** Was ist das Gewissen?, S. 194, Nr. 2–4 **Sicherung:** Was ist das Gewissen?, S. 194, Nr. 5 **Anwendung:** Was ist das Gewissen?, S. 194, Nr. 6	**Erarbeitung:** Das Gewissen – nur eine Frage des Trainings?, S. 195, Nr. 1–3 **Differenzierung:** Das Gewissen – nur eine Frage des Trainings?, S. 195, Nr. 4 **Sicherung:** Das Gewissen – nur eine Frage des Trainings?, S. 195, Nr. 5	**Hausaufgabe:** Das Gewissen – nur eine Frage des Trainings?, S. 195, Nr. 6

4. Doppelstunde	(Hausaufgabe) **Einstieg:** Werte und Normen – Regeln für unser Handeln, S. 196, Nr. 1 **Erarbeitung:** Werte und Normen – Regeln für unser Handeln, S. 196, Nr. 2 und 3	**Anwendung:** Werte und Normen – Regeln für unser Handeln, S. 196, Nr. 4 **Differenzierung:** Werte und Normen – Regeln für unser Handeln, S. 196, Nr. 5	**Hinweis:** Die Anwendungs- und die Differenzierungsaufgaben eignen sich auch als Hausaufgabe
5. Doppelstunde	**Einstieg:** Auf das Gewissen hören: Handlungsmotive erkennen, S. 197, Nr. 1 **Erarbeitung:** Auf das Gewissen hören: Handlungsmotive erkennen, S. 197, Nr. 2 und 3	**Sicherung:** Auf das Gewissen hören: Handlungsmotive erkennen, S. 197, Nr. 4 **Anwendung:** Auf das Gewissen hören: Handlungsmotive erkennen, S. 197, Nr. 5	**Hinweis:** Die Anwendungs- und die Differenzierungsaufgaben eignen sich auch als Hausaufgabe
6. Doppelstunde	**Einstieg:** Werte und Normen im Wandel, S. 198, Nr. 1 **Erarbeitung:** Werte und Normen im Wandel, S. 198, Nr. 2	**Anwendung:** Werte und Normen im Wandel, S. 198, Nr. 3 **Transfer:** Werte und Normen im Wandel, S. 198, Nr. 4	
7. Doppelstunde (Vertiefung)	**Einstieg:** Wie soll ich mich entscheiden?, S. 199, Nr. 1 **Erarbeitung und Sicherung:** Wie soll ich mich entscheiden?, S. 199, Nr. 2	**Transfer:** Wie soll ich mich entscheiden?, S. 202, Nr. 3 und 4	**Hausaufgabe:** Wie soll ich mich entscheiden?, S. 202, Nr. 5
8. Doppelstunde	(Hausaufgabe)	Das weiß ich, S. 203 Das kann ich, S. 204	

8. Medientipps

Für Lehrer

Rainer Erlinger: Gewissensfragen. Streitfälle der Alltagsmoral. Aufgeklärt vom Süddeutsche Zeitung Magazin. München: Süddeutsche Zeitung Edition 2005
In seiner erfolgreichen Kolumne „Gewissensfrage" im Süddeutsche Zeitung Magazin erörtert Dr. Dr. Rainer Erlinger jede Woche von Lesern eingeschickte Ethikprobleme.

Rainer Erlinger: Nachdenken über Moral. Gewissensfragen auf den Grund gegangen. Frankfurt am Main: Fischer Taschenbuch 2012
Rainer Erlinger erläutert die philosophischen Grundlagen der Alltagsethik. Die Themen reichen dabei von ethischen Fragen in Zusammenhang mit Design und Innovationen über die Goldene Regel und ihre Schwächen bis hin zu Wert und Grenzen der Toleranz.

Martin Cohen: 99 moralische Zwickmühlen. Eine unterhaltsame Einführung in die Philosophie des richtigen Handelns. München: Piper 2010
Martin Cohen stellt in 99 unterhaltsamen Geschichten ernste und vergnügliche ethische Zwickmühlen vor, gibt Denkanstöße, diskutiert mögliche Lösungen und berichtet, zu welchen Schlüssen die großen Philosophen gekommen sind.

Für Schüler

Rainer Erlinger: Lügen haben rote Ohren. Gewissensfragen für große und kleine Menschen. Berlin: cbj 2004 (neu als Hörbuch erhältlich)
In diesem Buch werden typische moralische Probleme in Alltagssituationen geschildert und in einer Erzählung mit den Mitgliedern einer Familie deutlich und erlebbar gemacht.

Beim Leben meiner Schwester, New Line Cinema, 105 Minuten
Dieser Film über eine liebevolle Familie, die durch die Krankheit eines Kindes zerrissen und wieder vereint wird, erzählt die Geschichte der elfjährigen Anna, die nur gezeugt wurde, um ihrer leukämiekranken Schwester Körperteile zu spenden. Doch eines Tages verlangt Anna Selbstbestimmung über ihren Körper.

Olivier Adam: Keine Sorge, mir geht's gut. München: Piper 2008
Lilis geliebter Zwillingsbruder Loïc ist weg. Nach einem Streit hat er die Familie verlassen. Alles, was Lili bleibt, ist hin und wieder eine Postkarte. Eines Tages macht sie sich von Paris Richtung Meer auf, um Loïc zu suchen – und entdeckt dabei ein trauriges Familiengeheimnis. Auch in diesem Buch muss eine Figur mit einem moralischen Dilemma zurechtkommen.

Keine Sorge, mir geht's gut. 2006, Nord-Ouest-Production, Studio Canal France 3 Cinéma, 92 Minuten
An der Figur des Vaters, hervorragend verkörpert durch Kad Merad, wird das moralische Dilemma, in dem er sich befindet, besonders deutlich. Die Auflösung erfolgt zwar erst gegen Ende des Films, bietet dann aber zahlreiche Gesprächsanlässe.

9. Bewertungsbogen

Bewertungsbogen für _____

Ein Tagebuch der Entscheidungen führen	☺☺ Prima, weiter so!	☺ Gut gemacht!	😐 Nicht schlecht, aber das geht noch besser!	☹ Oh je, daran musst du arbeiten!	✏ Erläuterungen und Tipps
Die Lösung deiner Lernaufgabe erfüllt folgende Kriterien:					
Inhalt (doppelte Wertung)					
Du hast das Fallbeispiel „Pia" gründlich analysiert.					
Du hast in deinem Tagebuch eigene Dilemmata geschildert.					
Du hast Handlungsmöglichkeiten untersucht und bewertet.					
Du hast Werte und Normen analysiert.					
Du hast moralische Urteile gefällt und die Entscheidungen notiert.					
Du hast Wissen aus dem Unterricht mit deinen eigenen Erfahrungen und Überlegungen verknüpft.					
Formales (einfache Wertung)					
Dein Tagebuch ist vollständig.					
Du hast dein Tagebuch mit deinem Namen und dem Titel beschriftet.					
Du hast passende Fotos / Bilder / Zeichnungen eingefügt.					
Deine Formulierungen sind fehlerfrei (Rechtschreibung, Zeichensetzung, Grammatik).					
Du hast sauber und ordentlich gearbeitet.					
Zusätzliche Bemerkungen:					

Überwiegend ☺☺ = sehr gut   ☺☺ ☺ und ☺ = gut   ☺ und 😐 = befriedigend

☺ und 😐 = ausreichend   Überwiegend 😐 = mangelhaft   Ausschließlich ☹ = ungenügend

Datum: Bewertung:

Unterschrift:

Bildquellen:
Umschlag Klett-Archiv (Martin Jehnichen, Leipzig), Stuttgart

**Sollte es in einem Einzelfall nicht gelungen sein, den korrekten Rechteinhaber ausfindig zu machen,
so werden berechtigte Ansprüche selbstverständlich im Rahmen der üblichen Regelungen abgegolten.**

1. Auflage   1 ⁶ ⁵ ⁴ ³ ² | 24 23 22 21 20

Alle Drucke dieser Auflage sind unverändert und können im Unterricht nebeneinander verwendet werden.
Die letzte Zahl bezeichnet das Jahr des Druckes.
Das Werk und seine Teile sind urheberrechtlich geschützt. Jede Nutzung in anderen als den gesetzlich zugelassenen Fällen bedarf der vorherigen schriftlichen Einwilligung des Verlages. Hinweis § 52 a UrhG: Weder das Werk noch seine Teile dürfen ohne eine solche Einwilligung eingescannt und in ein Netzwerk eingestellt werden. Dies gilt auch für Intranets von Schulen und sonstigen Bildungseinrichtungen. Fotomechanische oder andere Wiedergabeverfahren nur mit Genehmigung des Verlages.

© Ernst Klett Verlag GmbH, Stuttgart 2017. Alle Rechte vorbehalten. www.klett.de

Autorinnen: Götz Distelrath, Freiburg; Andreas Höffle, Karlsruhe; Dr. Anita Rösch, Echzell; Felix Stadtfeld, Marbach am Neckar; Cornelia Vetter, Fellbach

Redaktion: Peter Ley
Herstellung: Dominik Staudacher

Gestaltung: nach Entwürfen von Susanne Hörner, Bollschweil
Umschlaggestaltung: nach Entwürfen von Susanne Hörner, Bollschweil
Satz: krauß-verlagsservice, Ederheim/Hürnheim
Druck: Digitaldruck Tebben GmbH, Biessenhofen

Printed in Germany
ISBN 978-3-12-695305-4